"토론이
수업이
되려면"

토론이 수업이 되려면

초판 1쇄 발행 2019년 4월 12일
초판 3쇄 발행 2023년 3월 10일

지은이 | 경기도토론교육연구회

발행인 | 최윤서
편집장 | 최형임
디자인 | 김수경
마케팅 지원 | 최수정
펴낸 곳 | 교육과실천
도서문의 | 02-2264-7775
인쇄 | 031-945-6554 두성 P&L
일원화 구입처 | 031-407-6368 ㈜태양서적
등록 | 2018년 4월 2일 제2018-000040호
주소 | 서울특별시 중구 창경궁로 18-1 동림비즈센터 505호
ISBN 979-11-963601-9-1 (13370)

생각을 이끌어내는
토론 수업 안내서

"

토론이
수업이
되려면

"

경기도토론교육연구회

지음

교육과 실천

추천사

　　이 책은 경기도토론교육연구회 선생님들이 교실에서 틈틈이 실천한 토론 수업의 결과물을 엮은 것입니다. 그간의 과정이 어떠했는지 잘 알고 있기에 이 책은 특별합니다. 토론 수업을 '생각하는' 수업으로 정의하고 이야기를 풀어나간 점은 탁월합니다. '언변을 키우는' 수업, '논쟁하는' 수업이라는 토론 수업의 통념을 바로 잡고, 특별한 수업이 아닌 '일상적' 수업임을 분명히 했기 때문입니다. 누구나 이 책으로 토론 수업에 도전할 수 있는 용기를 얻기 바랍니다. 토론 수업이 학교 현장에서 활성화되어 학생들의 생각하는 힘을 길러주었으면 합니다.

윤승유, 경기도토론교육연구회 회장, 과천중앙고등학교 교장

　　살아있는 수업을 위해서는 학생들이 스스로 생각하고 이야기해야 합니다. 토론 수업은 기존의 강의식 수업에서 학생 중심 수업으로 자연스럽게 나아가게 합니다. 이 책의 저자들은 토론, 논증, 질문, 교과별 교육과정을 날실과 씨실로 옷감을 짜듯 이리저리 비춰보며 토론과 수업이 조화롭게 어울리도록 고심했습니다. 토론 수업을 부담스럽게 여기는 교사들에게 실제적인 사례를 보여줌으로써 개별 교사들이 자신의 장점을 살려 토론 수업을 디자인할 수 있도록 돕습니다. 수업 목표를 달성하기 위해 학생들의 상호 작용을 조직적이고 체계적으로 돕는 것, 그 실제적인 방법과 전략을 이 책을 통해 얻을 수 있을 것입니다. 이선영, 경인교육대학교 국어교육과 교수

『토론이 수업이 되려면』은 비판만을 위한 토론이 아니라 삶의 문제를 인식하고 해결과 개선을 위한 비판적 사고, 건강한 공동체를 만드는 협업과 소통, 새로운 대안을 제시할 수 있는 창의적 사고를 기르는 토론 수업으로 변화의 디딤돌을 놓은 사례입니다. 토론 수업으로 역량을 기를 수 있는 증거들을 제시하고 교육 혁신과 수업 개선의 외침에 응답하는 책입니다. 삶을 위한 수업을 묵묵히 실천해온 교사들의 진심을 들려줍니다. 교육으로 가슴 아파해본 적 있는 교사라면 이 책이 들려주는 토론 수업 이야기에 위로를 받게 될 것입니다.

황정혜, 경상남도양산교육지원청 장학사, 경남토론교육연구회 자문위원

2015 개정 교육과정에서는 교과 역량 함양을 강조하고 있습니다. 강의식 수업으로 학생들의 교과 역량을 기르는 데는 한계가 있다 보니, 토론 수업과 같은 학생 참여 중심 수업이 주목을 받고 있습니다. 이 책은 토론 수업을 다루고 있습니다. 사실 우리 주변에는 토론 수업을 다루고 있는 책이 많이 있습니다. 그러나 이 책은 교과 역량 함양을 위해 교과 기능 함양과 유관한 토론 수업을 지향해야 한다고 주장하는 점에서 토론 수업을 다룬 기존의 책들과는 차별화됩니다. 또한 다양한 토론 방법을 소개하는 이론서에 그치지 않고, 여러 교과에서 적용한 실제 토론 수업 사례를 구체적으로 보여줍니다. 토론 수업에 두려움이 있는 교사, 토론 수업을 준비하는 교사, 토론 수업을 하고 싶은 교사, 토론 수업을 하고 있는 교사들에게 큰 도움이 될 것입니다. 이영호, 중경고등학교 수석교사

차 례

1장_ 토론 수업을 시작하기 전에 생각해볼 것

2장_ 토론 수업을 위한 준비

3장_ 찬반 토론,
문제 해결을 위한 찬성과 반대

4장_ 소크라틱 세미나,
함께 탐구하며 질문의 답을 찾는 지적 대화

5장_ 하브루타,
자기 생각과 타인의 생각을 비판적으로 숙고하는 질문과 대화

서문

2019년 2월, 글로벌 IT 기업인 IBM은 미국 샌프란시스코에서 흥미진진한 토론 게임을 열었다. 토론 게임은 IBM이 매년 개최하고 전 세계 4만여 명 이상이 참여하는 'Think 2019 콘퍼런스' 전야 행사로 열린 것이다. 토론 주제는 시사 이슈 가운데에서 무작위로 선정하는데, 이날의 주제는 '정부는 유치원에 보조금을 주어야 한다'로 다소 평범했다. 하지만 토론 연사가 특이했다. 찬성 측 연사는 IBM이 개발한 인공지능(AI)인 '프로젝트 디베이터'였고, 반대 측 연사는 각종 세계 토론대회 우승자인 하리시 나타라얀(Harish Natarajan)이었다.

800여 명의 청중이 판정을 했는데, 토론 결과는 어떠했을까? 다행히(?) 판정을 맡은 청중은 나타라얀에게 승리를 안겨주었다. 하지만 '토론을 통해 어느 쪽이 더 지식을 풍부하게 해주었는가?'라는 질문에 절반 이상이 인공지능을 선택했으며, 단 20%만이 나타라얀을 선택했다.

토론하는 인공지능(AI)인 프로젝트 디베이터의 등장이 인간을 위협하는 존재가 될 것인지, 인간의 판단능력을 돕는 존재가 될지는 논쟁의 여지가 있다. 하지만 한 가지 분명한 것은 그동안 인간만의 전유물이라고 여겼던 '생각하기' 영역에 인공지능 기술이 조금씩 도전해나가고 있다는 점이다. 인공지능 시대에 우리 교육의 방향은 무엇이어야 하는가?

고차원적 사고력과 역량 교육

교육에서 사고력과 관련된 최근의 일반적인 설명인 앤더슨의 신교육목표 분류학에 따르면, 사고력은 인지적 측면에서 위계화되어 있다. 기억하기, 인식하기는 저차원적 사고에 해당하고 분석하기, 종합하기, 평가하기, 창조하기는 고차원적 사고에 해당한다. 고차원적 사고를 하기 위해서는 저차원적 사고가 필요하지만, 역은 성립되지 않는다.

학습에 있어서 저차원적 사고만으로는 정해진 답을 반복적으로 찾거나 떠올리는 데만 사용될 뿐 어떤 새로운 문제 상황이나 맥락에서는 활용되기 어렵다. 그러니 교사는 수업에서 지식의 충실한 전달자에서 탈피하여 학생이 스스로 문제를 발견하고 해결하는 사고 기술(thinking skill)을 기르는 교육자가 되어야 한다.

학교 교육을 통한 고차원적 사고력 교육의 중요성은 2000년대 이후 교육 선진국들에 의해 '역량' 교육으로 구체화되고 있다. 우리나라의 2015 개정 교육과정 역시 학교에서 배운 지식을 실제 삶에서 적용, 활용, 응용, 창조할 수 있어야 한다는 관점에서 교육과정 총론에 미래사회에서 갖추어야 하는 핵심역량을 설정하고 개별 교과에서 기를 수 있는 교과 역량을 설정했다. 교과 역량은 교과 기능을 함양하는 수업 활동으로 구체화되고, 수업 활동은 교과 기능 함양을 통해 교과 역량을 구현한다. 이를 그림으로 나타내면 다음과 같다.

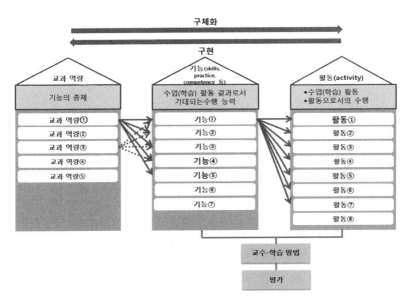

출처: 이광우 외(2015), 「2015 개정교과교육과정시안개발연구」, 국가교육과정각론조정연구, 한국교육과정평가원

이런 맥락에서 교과 시간에 하는 토론 수업 활동도 교과 기능을 익혀 교과 역량에 도달하는 것을 목표로 해야 한다. 수업에서 교사 혼자 쉴새 없이 강의만 하는 경우가 아니라면 보통 학생들은 1~3개의 작은 활동 (activity)을 한다. 연속된 활동들이 교과 기능을 익히는 활동으로 전개될 때 그 교과에서 추구하는 역량이 길러질 것이다. 따라서 토론 수업에서 전개 되는 활동은 교과의 기능과 연계지어 고려되어야 한다.

역량 교육으로서의 토론 수업

　우리가 보통 어떤 사람을 '역량이 있다'라고 평가할 때, 그가 '많은 지식을 갖고 있다'로만 평가하지 않는다. 또는 '문제의 정답을 맞혔다'라고도 하지 않는다. '역량이 있는 사람'은 어떤 구체적인 문제 상황에 직면했을 때, 알고 있는 지식을 잘 연결하고 활용하여 문제를 해결할 수 있는 사람을 말한다. 어떤 새로운 상황이나 문제 앞에 알고 있는 지식을 전이시키는 역량은 고차원적 사고력이 발현된 모습이다.

　고차원적 사고력 수업은 '무엇을 배우는가'보다 '어떻게 배우는가'가 더 중요하다. 고차원적 사고력 수업과 '어려운 내용을 다루는 수업'은 별개이기 때문이다. 쉬운 내용으로 사고력을 높이는 수업이 될 수 있고, 어려운 내용으로도 사고력을 자극하지 못하는 수업이 될 수 있다. 덧셈과 뺄셈을 배우는 초등학교 2학년 학생들을 대상으로도 고차원적 사고력 수업이 불가능하지 않다. 기하와 벡터와 같은 고급 수학을 가르치는 수업이라고 모두 고차원적 사고력 수업으로 이어지지 않는다. 즉 고차원적 사고력 수업은 학습내용의 양이나 질이 아니라 학습하는 방법에 있다.

　토론은 고차원적 사고력이 필요한 의사소통 방법 중 하나이다. 토론을 하려면 토론 주제에 대한 기본 개념은 알고 있어야 할 뿐만 아니라 이 주제에 담겨 있는 기본 가정 파악하기, 그 주제에 대한 상대방과 자신의 생각의 공통점과 차이점을 발견하고 비교하기, 논거의 타당성, 증거의 사실성을 기준으로 논증을 평가하기, 자신과 대립되는 주장이나 자신을 논박하는 상대방의 발언에 대해 인내심을 가지고 경청하기, 현재 자신이 무엇을 논증하고 있고 앞으로 자신의 주장을 보강하려면 어떤 논거를 다듬어야 할 것인지 판단하는 메타인지 기능도 필요하다. 격렬한 논쟁이 발생할 경우 자신의 감정을 절제하고 차분하게 생각하여 문제 해결을 위해 상대를 배려하고 존중하며 대화하는 감정적 역량도 요구된다.

토론 수업이란 학습목표에 이르기 위한 의사소통 방법으로 '토론'을 하는 수업을 말한다. 그러나 토론을 한다고 해서 고차원적 사고력을 높이는 수업이 되는 것은 아니다. 어떻게 수업을 설계하느냐에 따라 때로는 토론이 무의미한 기계적 암기 학습의 수단이 되거나 마음껏 친구랑 잡담하는 수업이 될 수도 있다. 토론을 어떻게 준비시키고 실행시켜 학생들이 무엇을 생각하도록 의도하는가에 따라 토론 수업의 결과가 달라질 것이다

토론 수업과 토론 활동

토론 수업은 크게 '토론을 가르치고 배우는 수업'과 '토론으로 가르치고 배우는 수업'이 있다. 전자는 교육과정 성취기준에 토론의 원리와 절차, 방법, 규칙이 주된 학습내용*이 되고 학생들은 실제로 토론을 해보는 활동을 경험한다. 이에 비해 후자는 수업시간에 성취기준에 도달하기 위한 여러 활동 중 하나를 의미하기도 하고 넓게는 교수학습 방법 전체를 의미하기도 한다. 예를 들어, 어느 수업의 성취기준이 'A 현상의 원인과 해결 방안을 제안한다'라고 해보자. 'A 현상의 원인과 해결 방안'은 학습내

---

* 대표적으로 국어과 교육과정에서는 '설득'이라는 핵심 개념을 익히기 위해 토론을 내용 요소로 하여 논증 구성, 입론, 빈론 방법을 배운다

용이 되며 '제안하기'는 기능이다. 이 성취기준과 관련된 수업 흐름이 아래와 같다고 해보자.

① A의 현상을 번개 토론으로 말하기
② A의 원인을 5WHY 토론 기법으로 밝히기
③ A의 해결 방안을 담은 정책제안서를 쓰고 의회식 토론하기

여기서 ①, ②, ③의 밑줄 친 번개 토론, 5WHY 토론, 의회식 토론은 A 현상의 원인과 해결 방안을 제안하는 과정에서 사용한 좁은 의미의 '토론 활동'에 해당한다. 이런 활동들은 성취기준의 '제안하기'가 구체화된 모습이다. 그러므로 이 수업의 목표는 '토론할 수 있다'가 아니라 'A의 원인과 해결 방안을 '토론하기'로 제안할 수 있다'이다. 이때 ①에서 ③에 이르는 교수학습 방법 전체를 넓은 의미에서 토론 수업이라고도 한다.

그동안 다양한 학생 참여 중심 수업에 다음과 같은 비판들이 있었다.

"수많은 활동 중에서 왜 하필 그 방법인가?"
"꼭 그 수업 방법을 써야 수업의 목표가 달성되는가?"
"수업에서 학생들은 무엇을 배우는가? 활동을 배우는가 아니면 내용을 배우는가?"

토론 수업도 이런 비판을 피해갈 수 없었다. 그동안 토론 수업이 성취기준이나 학습목표 도달이라는 맥락과 관련 없이 학생 참여를 높이기 위한 목적으로만 사용되어 온 측면이 컸다. 이제는 토론 수업이 교육과정 성

취기준에 도달하기 위해 선택된 활동이나 교수학습 방법 맥락에서 사용되어야 한다. 그러할 때 토론 수업이 학생의 학습 과정을 돕고 교사에게는 교수 학습 과정을 개선하는 데 도움이 될 것이다.

그래서 이 책에서는 수업 사례마다 '교육과정 성취기준 속으로'를 통해 수업에서 사용한 토론 방법이 왜 필요했으며, 어떤 교과 기능을 익혀 교과 역량에 이르게 하려고 하였는지를 기술했다.

이 책에서 다룰 내용

이 책의 1장과 2장은 '토론 수업의 준비편'이라고 할 수 있다. 흔히 토론 수업을 한다고 하면 토론 방법을 학생들에게 적용하는 것으로 생각한다. 하지만 토론 방법을 적용하기만 한다고 해서 토론 수업이 되는 것은 아니다. 1장의 '토론과 토론 수업'에서는 토론 수업을 하기 전에 학생이 생각을 준비하고 정리하고 표현하는 원리와 사례를 소개한다. 토론 수업의 핵심은 생각하는 힘을 기르기라는 측면으로 볼 때 교실에서 토론이 잘 안 되는 이유는 말주변이 없어서라기보다 학생들이 스스로 생각하는 데 익숙하지 않아서라고 볼 수 있다. 그런 경우에 주목하여 그 어려움을 해결할 수 있는 방법들을 안내한다.

1장의 '토론의 기본 원리, 논증'에서는 토론의 기본 요소인 논증에 대해 안내한다. 토론의 종류는 무수히 많지만, 토론이 논증적인 사고에 근거한 의사소통이라는 측면에서 토론의 기본 원리는 입증하고 논박하고 판단하는 데 있다. 토론 수업 지도를 위해 교사가 알아야 할 기본적인 논증을 소개한다.

1장에 대한 구체적인 사례를 2장에서 소개한다. 토론하기 전에 자신의 생각을 이끌어내고 표현하며 논증을 만들어가는 다양한 활동을 안내한다. 5WHY, 쌍비교 분석법, 헥사 토론, 바람개비 토론을 통해 토론 활동의 핵심인 주장하기, 주장과 이유를 말하기, 반론하기 등을 익히는 방법을 안내하고 실제 기술가정과에서 적용한 수업 사례를 제시한다.

3장부터는 '토론 수업의 실제편'이라고 할 수 있다. 장별로 하나의 토론 방법을 안내하고 여러 교과에서 적용된 실제 수업 사례를 소개한다. 3장의 찬반 토론은 찬성 측과 반대 측 상호 간의 말싸움이라는 잘못된 인식에서 벗어나 찬성과 반대 측이 주어진 문제 해결을 위해 더 나은 해결책을 모색하는 과정이다. 그리고 단순히 찬반 토론 진행 과정을 서술하는 데 그치지 않고 학생들이 찬반 토론을 진행할 수 있기까지의 과정이 잘 드러나 있다. 4장에서 소개하는 소크라틱 세미나는 소크라테스 대화법을 교실 수업에 적용해서 학생 주도적으로 협력적 탐구 능력을 기르는 방법이다. 5장의 하브루타는 짝을 지어 질문하고 토론하고 논쟁하는 방법이다. 짝에 한정하지 않고 학급 전체가 참여할 수 있는 방법까지 안내한다. 소크라틱 세미나와 하브루타는 학생의 질문이 토론 수업을 이끄는 힘이라는 점을 엿볼 수 있다. 6장 에르디아 토론은 주제나 질문에 대해 자신의 생각을 쓰면서 토론한다. 치열한 논쟁보다는 서로의 생각을 공유하고 공감하는 데 주목하는 토론이다. 마지막 7장의 그림책 토론은 그림책을 활용해서 학생들과 소통하고 공감 능력, 생각하는 힘을 기르는 토론이다. 그림책 토론은 그림책만 있어도 다양한 활동을 연계할 수 있어 변형이 쉬운 방법이다.

이 책은 경기도토론교육연구회 소속 교사들이 숱한 시행착오를 경험하면서 깨달은 바를 하나하나 기록한 결과이다. 다양한 토론 방법이 있지만, 이 책에 소개한 토론 방법들만으로도 제대로 수업에 적용할 수 있으면 토론 수업에 대한 두려움이 자신감으로 변할 것으로 확신한다.

이 책은 다양한 토론 방법을 소개하는 대신 수업에서 어떻게 구체적으로 적용할 수 있는지 여러 교과에서 적용해본 사례들을 제시했다. 하나의 토론 수업 방법이 다양한 교과와 맥락에서도 적용할 수 있음을 확인할 수 있다. 동시에 같은 방법이라도 교과 성취기준과 수업 흐름에 맞게 변형되어 사용되고 있음을 알 수 있다. 이 책의 여러 방법에 대한 활용은 독자의 실천과 고민에 달려 있다.

이 책의 목적은 토론 수업을 하고 싶은 교사들이 가벼운 마음으로 실천해 볼 수 있도록 하기 위함이다. 토론 수업을 하고 싶은데 어디서부터 시작해야 하는지, 어떻게 준비하여 수업을 이끌지, 학생의 반응에 어떻게 피드백해야 하는지 막막할 때 펼쳐볼 책이기를 기대한다.

1장

토론 수업을
시작하기 전에
생각해볼 것

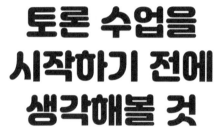

토론과
토론 수업

정은식, 안산강서고등학교

배운다고 할 수 있는 것은 아니다

탁구를 책으로 공부한다고 잘 칠 수 없다. 탁구의 기초 용어, 탁구 라켓을 잡는 각도, 탁구공의 회전 원리를 안다고 해서 탁구를 잘 칠 수 있는 것은 아니다. 탁구를 잘 치려면 탁구대 앞에 서서 부지런히 쳐 봐야 한다. 그렇다고 탁구를 무작정 치면 되는 걸까? 아니다. 그런 경험만으로는 실력이 향상하는 데 한계가 있다. 상대가 주는 탁구공의 변화에 맞게 잘 받아넘겨야 하는데, 그러려면 넘어오는 탁구공의 회전 방향이나 회전력의 원리를 이해하고 있어야 한다. 탁구를 잘 치려면 탁구 이론과 부지런한 연습을 병행해야 한다.

학교 수업에서 배움도 마찬가지다. 학교에서 배운 내용을 안다고 해서 실제로 할 수 있는 것은 아니다. 자신의 삶에서 실제로 그 배운 내용을 쓸 수 있어야 한다. 학교 영어 내신은 1등급인데 외국인 앞에 섰을 때 영어 한

마디도 자유롭게 구사하지 못한다면, 탁구를 책으로 배운 것과 다를 바가 없다.

학생이 학교에서 배운 내용을 실제 상황이나 맥락에 맞게 적용할 수 있으려면 교사의 수업 설계는 학생이 학습한 내용을 실제로 익힐 수 있는 경험을 주도록 계획되어야 한다. 배운 내용을 익히는 수업은 기계적인 반복 학습을 의미하지 않는다. 그것은 학습한 내용을 바탕으로 새로운 상황에서도 적용, 활용하고 창안할 수 있어야 한다는 의미이다.

이를 위해 학습자는 스스로 자신의 학습 능력과 태도를 비판적으로 성찰하고 자신이 무엇을 모르는지, 무엇을 알아야 하는지 스스로 생각할 수 있어야 가능하다. 교사는 중요한 교과 지식일수록 자세히 설명하지 않고 학생이 직접 발견하고 분석하고 비판하고 평가해보는 경험을 제공해야 한다.

토론 수업은 반드시 모두가 동시에 왁자지껄 토론하는 것에 있지 않다. 토론 수업의 본질은 말하기가 아니라 생각하기에 있기 때문이다. 생각하는 수업에서 학생들은 각자 자신의 생각을 잘 표현하고 친구와의 생각 교류를 통해 자신의 생각을 공고히 하거나 변화시켜 나간다. 즉 토론 수업은 나의 생각을 친구의 생각과 교차시키고 다시 나의 생각을 정리하는 수업이다. 그래서 토론 수업의 핵심은 모두가 자신의 생각을 만들 수 있는 경험을 주는 데 있다.

'토론'으로 '생각'하는 '수업'

토론[*]은 어떤 주제에 대해 서로 다른 의견을 가진 사람들이 그 주제와 관련된 문제를 해결하기 위해 각자의 의견을 논증하거나 반박하여 합리적인 판단을 하는 의사소통 방식이다. 논증과 반박, 합리적인 판단은 고차원적 사고력에 해당한다. 논증과 반박을 하려면, 자신의 의견과 다른 사람의 의견을 비교하고 분석하여 어느 의견이 더 나은지 평가하고 판단할 수 있어야 한다. 비교, 분석, 종합, 비판, 평가는 주입된 지식을 떠올리는 회상하기와 차원이 다른 고급 사고 기능이다. 그래서 토론 수업은 '생각하기' 수업이다.

이 책에서 토론 수업은 '화려한 언변을 키우는 수업'이나 '치열히 논쟁하는 수업'이 아니라 '생각하는 수업'이라고 정의하고자 한다. 그러니 토론 실력에 대한 기대를 너무 높게 잡지 말자. 교실의 모든 학생이 토론대회에 출전한 선수처럼 유창한 언변을 갖고 있지는 않다. 토론 수업은 자신의 생각을 발견하고 표현하고 다른 사람의 생각을 듣고 다시 자신의 생각을 평가하는 경험을 주는 수업이다. 그래서 토론 수업은 특별한 수업이 아니다. 일상적인 수업에서 배우는 내용을 생각하면서 자신의 것으로 익히는 수업이다.

---

* 일각에서는 토론 수업에서 토론을 '읽기', '쓰기'와 대비시켜 '말하기'의 장르로 보는 견해가 있다. 그래서 친구들끼리 말로 대결하는 말싸움을 부추기는 수업으로 치부해 버리거나 토론을 전투로 비유하여 승자와 패자를 구분하는 갈등과 대립을 낳는 수업으로 보기도 한다. 그래서 토론 수업의 대척점을 협력 학습으로 보는 견해도 있다. 또는 토론을 경쟁 토론이 아닌 비경쟁식 토론, 승패 토론이 아닌 승승 토론 등의 용어를 사용한다. 우리는 토론을 이런 '말하기'보다 '생각하기'에 주목한다. 수업에서의 토론을 '학습 주제를 생각하도록 돕는 논증적 대화'로 정의한다.

학생 입장에서 토론이 있는 교과 수업은 '나의 생각은 무엇인가?', '나의 생각은 친구의 생각과 어떻게 다른가? 그리고 나의 생각은 어떻게 변화되어 가는가?'를 자꾸 떠 올리는 경험을 하는 수업이 될 것이다. 교사 입장에서는 '그 학생의 생각 수준이 현재 어떠하고 어떻게 변화되어 가는지'를 알아볼 수 있는 수단이 될 것이다. 그래서 자신의 생각을 말이나 글또는 그림 등으로 표현하게 하여 꾸준히 관찰할 필요가 있다.

토론 수업의 시작: 생각을 드러내기

다양한 토론 기법

토론 수업은 준비부터 막막해 보인다. 학생 각자가 자신의 생각을 말하고 친구들의 다른 생각과 자신의 생각을 비교하고 분석하고 종합하여 어떤 결론을 내리게 하고 싶은데 시작부터 마음처럼 쉽게 되지 않는다. 토론 주제에 대해 자신의 의견을 말해 보자고 하면 대다수의 학생은 생각이 없어 보인다. 그나마 의견을 말하는 학생들의 생각두 피상적이다. 토론을 하려면 논리가 촘촘하든 엉성하든 어느 정도는 학생들이 자신의 생각을 드러내야 하는데 그것부터 만만하지 않음을 느낀다. 그렇다고 좌절하지 말자. 학생은 생각이 없어서가 아니라 생각을 드러내는 데 익숙하지 않아서 그런 것뿐이다.

토론 수업을 시작하려는 교사는 학생이 스스로 자기 생각을 명료하게 표현하도록 도울 수 있어야 한다. 구체적인 방법은 2장에서 바람개비 토론, 헥사 토론, 쌍비교 분석법 등으로 수업 사례로 소개하고 있다. 이러한 방법을 '토론 기법'이라고 한다. 토론 기법은 학생 스스로 자신의 생각이 무엇인지, 친구의 생각과 어떻게 같고 다른지, 그래서 어떤 생각이 합리적인지 판단하도록 돕는다. 토론 기법은 비교적 단순하고 활동에 걸리는 시간도 짧아서 생각하는 토론 수업을 해보려는 교사들이 수업에 적용하는 데 유용할 것이다.

논점을 활용한 활동 과제 만들기

토론 주제의 성격과 종류를 알면, 학생들이 생각을 효과적으로 표현하는 데 도움을 줄 수 있다. 몇 개의 주제를 예시로 알아보자. 사회 혹은 과학 수업에서 다음 주제로 토론을 한다고 해보자.

만약 인공지능 로봇이 인간과 구별되지 못할 정도의 도덕적 판단 능력과 지능을 갖고 있다면, 인간의 모든 권리를 주어야 한다.

지능과 도덕적 판단 능력이 있는 로봇에게 인간의 권리를 줄 수 있을까? 논제가 꽤 매력적이다. 그런데 학생들의 응답이 아래와 같이 단편적인 수준이라고 해보자.

- 인공지능 로봇에게 인간의 모든 권리를 주어야 한다. 왜냐하면 권리를 주지 않으면 인공지능이 인간을 해칠 수 있기 때문이다.
- 인공지능 로봇에게 인간의 모든 권리를 주면 안 된다. 왜냐하면 인공지능 로봇은 인간을 해칠 수 있기 때문이다.

이 정도의 생각 수준으로 토론을 바로 하면, 토론은 말꼬리 잡기, 팩트 체크가 필요한 말싸움으로 번지기 쉽다. 그래서 보통 토론 전에 3가지 정도의 논거(이유와 근거)를 준비시킨다. 그런데 인터넷으로 자료를 찾게 하면 논거 준비 과정은 정보 검색 과제가 되어 버린다. 또한 도서관을 이용해 자료를 수집하게 하고 싶지만, 짧은 수업 차시를 고려하면 이것도 쉽지 않다. 어떻게 하면 과제가 아닌 방식이면서도 효율적으로 토론을 준비하게 할 수 있을까?

논점을 활용하여 활동 과제를 만들면 된다. 논점이란 토론 주제에 대한 찬성, 반대 입장에서 전제하고 있는 관점을 말한다.

- 찬성 논점: 인간은 인공지능 로봇과 같다. (그래서 주어야 한다)
- 반대 논점: 인간은 인공지능 로봇과 다르다. (그래서 주어서는 안 된다)

논거(이유와 근거)는 논점에서 나온다. 그래서 논거를 찾을 때는 논점을 제시해주면 학생들이 사고의 방향을 잡아가기 시작한다. 토론 주제를 주고 찬성과 반대 이유를 각각 3가지씩 찾아보라고 했을 때 학생들은 어떻게 해야 할지 몰라 막막해한다면, 대립되는 논점을 적고 그 논점을 파악하기 위해 어떤 생각을 해야 하는지 구체적으로 제시한다.

논거 찾기 과제: 논제에 찬성하는 이유와 반대하는 이유를 3가지씩 찾으시오.

↓

논점 활용 과제: 인공지능과 로봇의 공통점과 차이점을 각각 3가지씩 찾으시오.

이처럼 논거를 직접 찾게 하는 것보다 논점에 이르도록 생각의 징검다리를 놓아주는 생각 과제를 제시해보자. '찾으시오'에서 '공통점과 차이점을 찾으시오'로 구체화되어서 생각의 부담이 훨씬 적어진다. 그리고 공통점과 차이점을 찾을 때 더블 버블맵*같은 활동지를 제공하면 훨씬 직관적으로 생각을 표현하기 쉬워진다. 칠판에 다음과 같이 쓰고 활동지를 배부해보자.

더블 버블맵을 이용하여 인간과 인공지능 로봇의 공통점과 차이점 3가지씩 찾기

이렇게 되면 공통점으로 적은 3가지는 찬성하는 이유가 되고, 차이점 3가지는 반대하는 이유가 된다.

쟁점을 활용한 활동 과제 만들기

'폭력은 때때로 정당화될 수 있다'와 같은 논제로 토론을 하면, 쟁점은 주로 '개념 정의'와 '가치관'의 차이에서 발생한다. 국어 교과, 도덕 교과에서 종종 볼 수 있는 유형으로 가치 논제라고 한다. 이런 논제로 토론을 준비하려면 어떻게 하면 좋을까?

우선 논제에서 표현된 단어를 중심으로 찬성과 반대가 부딪히는 지점인 쟁점을 생각해본다. '폭력'과 '정당화'에 주목하면, 쟁점은 '폭력이란 무엇인가?'와 '정당화될 수 있는 폭력은 없는가?'이다. 찬성 측은 폭력의 범위를 좁게 잡아서 '모든 폭력은 악한 것이므로 결코 정당화될 수 없다'라

＊　서로 다른 2개이 개념이나 속성에 대해 공통점과 차이점을 각각 3개씩 찾아 적는 활동지

고 논증할 것이고, 반대 측은 폭력의 범위를 넓게 잡아 '불가피하게 폭력을 사용할 수밖에 없는 사례가 있다'로 논증할 것이다.

> 논제: 폭력은 때때로 정당화될 수 있다
>
> 핵심어: 폭력, 정당화
>
> 쟁점 1: 폭력이란 무엇인가? (폭력의 범위)
>
> 쟁점 2: 정당화될 수 있는 폭력은 없는가? (폭력의 사례)

교사가 쟁점을 발견했다고 학생들이 발견할 수 있는 것은 아니다. 학생들도 이 쟁점에 접근할 수 있도록 활동 과제를 만들어보자. 이 활동 과제를 하면 자연스럽게 쟁점에 대한 자기 생각이 드러날 것이다. 위 예에서 토론을 통해 '폭력의 범위'(첫번째 쟁점)를 생각하도록 하고 싶다면 마인드맵을 그려보게 한다. 마인드맵은 어떤 것을 유형별로 분류할 수 있는 기법이기 때문에 유용하다. 두 번째 쟁점의 경우 찬성 측은 정당한 폭력에 해당하는 대표 사례를 찾는 활동을, 반대 측은 폭력이 낳은 끔찍한 결과를 사례도 들어 설명하는 활동을 생각해본다.

> [쟁점 1] 토론 준비 활동 1. 폭력의 종류를 마인드맵으로 그리고 폭력을 한 문장으로 정의하기
>
> [쟁점 2] 토론 준비 활동 2. (찬성) 폭력이 정당화될 수 있는 단 하나의 사례 찾기
>
> (반대) 폭력이 낳은 결과를 사례로 들어 설명하기

자료 해석하기와 이유 만들기

토론은 논증적인 대화이다. 논증이란 주장을 뒷받침하는 타당한 '이유'와 이유를 뒷받침하는 객관적인 자료인 '근거'를 논리적으로 결합한 사고의 덩어리다. 논증은 무엇인가를 논리적으로 증명하고 논리적으로 검토하는 것으로 토론은 논증하는 말하기인 셈이다.

그래서 토론 준비는 논증 준비라고 할 수 있다. 논증을 준비하려면 주장을 뒷받침하는 적절한 이유를 세우고, 이유를 뒷받침하는 근거 자료를 확보해야 한다. 그래서 토론의 준비는 학생들이 스스로 '왜 그렇게 생각하는가?'(이유)와 '그렇게 생각할 수 있는 증거나 사례는 무엇인가?'(근거)를 생각하는 데 익숙할 수 있도록 도와주면 된다.

가장 쉽게 할 수 있는 방법은 자신의 주장을 정하고 그 주장을 뒷받침하는 이유를 생각하고 그 이유를 뒷받침하는 근거를 찾아보라는 연역적인 방식이다. 그런데 이 방법은 생각만큼 쉽지 않다. 일반적인 사고 패턴은 연역적이지 않고 귀납적이기 때문이다. 즉 보통 어떤 주제에 관해 잘 모를때 결론(주장)부터 정하고 팩트(근거)를 찾는 것이 아니라 여러 팩트를 종합하여 결론을 내리는 데 익숙하기 때문이다. 논증은 주장 아래 이유, 이유아래 근거로 위계화될 수 있으나 우리의 사고 흐름은 근거를 살펴 종합하여 이유를 만들고, 이유를 종합하여 주장을 세운다.

토론 수업에서는 토론 주제가 정해지면 찬성하는 사람과 반대하는 사람을 구분하고 찬성하는 사람은 찬성의 이유를, 반대하는 사람은 반대의 이유를 정한 후에 이유를 뒷받침하는 근거를 찾아보게 한다. 앞에서 말한 것처럼 일반적인 사고의 흐름과 반대되는 활동이라서 자신의 생각이 잘 표현되지 않는다. 그래서 주로 인터넷 검색과 같은 리서치에 의존하게 된다.

이렇게 다른 사람의 생각부터 찾으면 자신의 생각이 무엇인지 드러나지 않게 된다. 토론 준비가 자료 짜깁기로 그칠 수 있다. 토론 준비를 할 때 누군가에 의해 해석된 자료를 무비판적으로 사용하는 것이 아니라 자료를 스스로 해석하여 논증을 구축하는 수업 방법이 필요하다. 그 방법을 살펴보자.

어느 사회 시간에 토론 주제가 다음과 같다고 해보자.

강제적 게임 셧다운제를 폐지해야 한다. [*]

게임 셧다운제처럼 어떤 제도나 법이 한 사회 안에서 비교적 오랫동안 논의되고 있는 토론 주제는 대체로 학생들이 검색할 수 있는 자료가 풍부하다. 자료가 많으면 학생들의 토론 준비가 잘 될 것 같지만, 학생들은 자료가 너무 많아 자료 수집과 분석, 정리하는 데 시간이 부족하다고 호소할 것이다. 또한 논의가 오래된 주제일수록 찬성 또는 반대하는 나름의 논리체계가 팽팽하게 맞선다. 그래서 학생들은 자료를 조사하다 보면 찬성 측 자료도 맞는 것 같고 반대 측 자료도 일리가 있어 보인다. 자료에 대한 비

---

[*] 이와 같은 토론 주제는 사회 제도나 법의 변화를 요청하는 형태로 정책 논제라고 한다. 정책 논제는 논증하는 패턴이 비슷하다. 이 논제의 '강제적 게임 셧다운제' 자리에 '사형제도', '적극적 안락사', '동성애 차별', '동물 실험'을 넣어보라. 모두 어떤 정책의 '폐지'를 두고 입장이 대립하는 토론 유형이다. '폐지'를 입증하기 위해서는 기존의 정책이 갖는 문제의 심각성과 해결의 시급성을 입증한 후에 그 문제를 해결하기 위해서는 기존 정책을 폐지하는 것이 가장 현실적이면서 효과가 크고 부작용은 작다는 점을 강조하면 된다. 그래서 정책 토론의 쟁점은 문제의 인식, 문제의 원인, 해결 방안의 실효성과 부작용에서 발생한다. 앞의 쟁점을 활용한 토론 준비하기 방법을 활용하려면, 다음 4가지의 질문에 답을 하는 활동 과제를 만들면 된다. ① 강제적 셧다운제가 왜 문제인가? ② 강제적 셧다운제를 폐지하면 그 문제가 해결되는가? ③ 다른 방법으로 그 문제를 해결할 수는 없는가? ④ 강제적 셧다운제를 폐지하면 어떤 부작용이 생기는가?

판적 해석 능력이 필요한 이유이다.

정책 논제는 해당 정책의 시행이나 폐지 등으로 이해관계가 있는 단체들이 생성한 자료가 많다. '강제적 게임 셧다운제를 폐지해야 한다'는 논제의 경우 찬성 측 자료의 출처는 청소년 보호 입장에 선 정부 부처나 시민 단체, 게임 중독 예방을 목적으로 하는 단체가 많고, 반대 측 자료 출처는 청소년의 인권, 게임 산업계 쪽이 많다. 그래서 무작정 자료를 찾게 하면 학생들은 자신의 생각을 표현하는 것이 아니라 이들이 만들어낸 논리를 찾아 대변하는 활동이 되기 쉽다. 토론 수업은 '생각하기' 수업이라는 것을 상기할 때 토론의 질은 수집할 수 있는 자료의 양이 아니라 비판적 사고 수준에 달려 있음을 명심하자.

그렇다면 논거가 풍부한 정책 논제로 토론을 해보려면 수업시간에 어떻게 준비시키면 효과적일까? 교사가 자료를 10개 정도 준비하자. 통계 자료나 한두 문장의 진술문도 좋다. 이것을 학생들에게 나눠 주고 아래 활동을 안내한다.

토론 준비 활동 1. 자료를 해석하여 찬성과 반대 중 어느 의견을 지지하는지 분류하기

토론 준비 활동 2. 2개 이상의 자료를 하나로 묶어 한 문장으로 표현하기

첫 번째 활동으로 자료를 찬성과 반대로 분류한다. 자료는 통계 자료나 한두 문장의 객관적 사실만을 다룬다. 논증으로 보자면 어떤 의견(이유)을 뒷받침하는 증거(근거)에 해당한다. 분류를 하기 위해서는 자료를 해석해야 하고 자료와 주장과의 관련성을 생각해야 한다. 이 활동은 자료(정보)를 그냥 찾는 것이 아니라 직접 비교하고 분석하고 해석하는 사고 능력을 자극한다.

> **활동 1 과제. 자료를 해석하여 찬성과 반대 중 어느 의견을 지지하는지 분류하기**
>
> **활동 결과**
>
> 　찬성 자료: 자료 1, 자료 3, 자료 5, 자료 7, 자료 9
>
> 　반대 자료: 자료 2, 자료 4, 자료 6, 자료 8, 자료 10

　두 번째 활동은 근거 자료를 바탕으로 이유를 만들어 표현하는 활동이다. 찬성과 반대로 분류한 자료 중에서도 서로 해석이 비슷한 자료끼리 모아 한 이유를 한 문장으로 만들도록 한다. 이 한 문장은 논증에서 주장을 뒷받침하는 이유가 된다. '이유는 찾는 것이 아니라 만드는 과정'임을 경험하는 것이 이 활동의 핵심이다. 이 활동의 예시는 다음과 같다.

> **활동 2 과제. 2개 이상의 자료를 하나로 묶어 한 문장으로 표현하기**
>
> **활동 결과**
>
> 　<찬성>
>
> 　주장: 강제적 셧다운제를 폐지해야 한다.
>
> 　이유 1: 현재 시행 중인 강제적 셧다운제는 효과가 없다. ← 자료 1, 5를 종합하여 표현
>
> 　　근거 자료 1: ~~~임을 알 수 있다. ← 자료 1에 대한 해석
>
> 　　근거 자료 5: ~~~임을 알 수 있다. ← 자료 5에 대한 해석
>
> 　이유 2: 현재 시행 중인 강제적 셧다운제의 부작용이 심하다. ← 자료 3, 7

을 종합하여 표현

근거 자료 3: ~~~임을 알 수 있다. ← 자료 3에 대한 해석

근거 자료 7: ~~~임을 알 수 있다. ← 자료 7에 대한 해석

<반대>

주장: 강제적 셧다운제를 폐지해서는 안 된다.

이유 1: 강제적 셧다운제의 정책 효과는 크다. ← 자료 2, 4를 종합하여 표현

근거 자료 2: ~~~임을 알 수 있다. ← 자료 2에 대한 해석

근거 자료 4: ~~~임을 알 수 있다. ← 자료 4에 대한 해석

자료를 해석하여 이유를 만드는 이와 같은 토론 준비 과정은 학생들이 귀납적인 사고 흐름에 친숙하게 논증을 구성하도록 돕는다. 이를 위해 교사는 토론 주제를 대표하는 근거 자료를 준비한다. 학생은 근거 자료를 찾는 것이 아니라 해석하고 분석한다. 여러 해석과 분석을 종합하여 하나의 이유를 창안한다. 이 과정에서 각각의 근거 자료가 무엇을 의미하는지 모둠에서 협의하며 토론하게 된다.

토론의 기본 원리, 논증

오세호, 안산강서고등학교

논증이란 무엇인가?

공동체 생활을 하다 보면 구성원끼리 의견이나 가치 등이 달라 누군가를 설득해야 할 상황이 많이 발생한다. 이런 상황에서 말 한 마디나 한 문장으로 구성원의 생각을 바꿀 수 있다면 좋겠지만, 한 문장으로 이루어진 주장만으로 타인을 설득하는 것은 매우 어렵다. 그래서 주장을 뒷받침해주는 문장이 적절하게 연결된 담화*로 구성된 대화가 대체로 설득력을 높이는 데 도움이 된다.

담화를 이루는 각 문장은 단순하게 연결되는 것이 아니라 그 논하는 과정이 논리적이어야 한다. 즉, 가장 적절한 해결 방안을 모색하고 다른 사람을 설득하기 위해서는 논증(argumention, 논리적인 증명)으로 문제를 풀어가

---

* 둘 이상의 문장이 연속되어 이루어지는 말의 단위.

야 한다. 논리적이란 '이치에 맞다'란 뜻인데, 말이 이치에 맞으려면 주장이 명확하고 이를 뒷받침하는 이유, 근거 등의 요소를 갖추어야 한다는 의미로 볼 수 있다.

2015 교육과정 고등학교 1학년 '국어' 교과의 '듣기 · 말하기' 교육과정에는 논증을 다음과 같이 설명한다.

[10국01-03] 논제에 따라 쟁점별로 논증을 구성하여 토론에 참여한다.

쟁점별로 논증을 구성하여 토론하기 위해서는 쟁점별 찬반 양측에서의 주장, 주장을 지지 해주는 근거 자료, 근거 자료에 기반한 주장을 가능하게 해주는 이유를 갖추어 타당함을 입증해야 한다.

왜 논증인가?

우리는 일상에서 수많은 논쟁의 상황에 맞닥뜨린다. 경우에 따라 논리적인 증명으로 문제를 해결하기도 하고, 논리보다는 정서적인 측면에 의지하여 문제를 해결하기도 한다. 어느 방향으로 우리가 문제를 해결하든 정답은 없다. 가벼운 대화나 담화를 하든, 좀 더 탐구적이고 상호 이해를 추구하는 대화를 하든, 좀 더 형식적이고 논리적이고 협력적인 토의나 토론 같은 다양한 집단적 말하기를 하든 누구나 적절하다고 생각하는 방향을 택할 것이다.

더구나 4차 산업혁명 시대는 사회 구성원들의 개인 의견과 가치가 더욱 다양해지고 이로 인한 개인 간, 집단 간 갈등이 점점 심화될 수밖에 없다.

여러 방법으로 우리는 문제를 해결하며 공동체의 삶을 만들어가겠지만, 상황에 따라 적절한 말하기 유형을 활용하는 지혜가 필요하다.

공동체 생활에서 합리적인 의심으로 문제가 제기되면 우리는 이에 대한 해결 방안을 모색해야 한다. 특히 새로운 해결 방안을 제안하는 쪽과 기존 질서나 상태를 유지하려는 쪽은 각각 자신들의 논리로 구성원을 설득해야 한다. 이 과정은 구성원 간의 의견 대립이 첨예할 수 있지만, 공동체의 문제를 해결하려는 의사소통이란 점에서 경쟁적 협력 관계를 이룬다고 할 수 있다. 그리고 의사 결정과 협력적 문제 해결에 이르기 위해 상대방을 설득하기 위한 논리적인 증명이 이루어져야 한다. 이렇듯 협상, 논쟁, 토론 등 설득을 목적으로 하는 담화에서 꼭 필요한 기본 원리가 '논증'이라 할 수 있다.

학생들은 일상생활이나 수업 상황에서 공동체의 문제를 바라보는 의견을 새로운 자신의 논증으로 표현할 수도 있고, 다른 누군가의 생각에 동조하는 의견을 제시할 수도 있다. 이때 의견은 상황에 대한 주장에, 의미 있고 핵심적인 논리적 이유를 찾아 담화로 구성할 수 있다. 그리고 이유를 뒷받침하는 근거 자료를 객관적인 사실이나 전문가 의견을 중심으로 찾아 논증을 구성하여 설득력 있는 담화 표현을 만들며 논리력을 함양할 수 있다.

논증을 적절하고 타당하게 구성하는 활동은 분석적 사고, 비판적 사고 등을 키우며, 문제를 해결하는 능력을 배양하게 한다. 구체적으로 말하면 학생들은 주장을 세우는 과정을 통해 주체적인 사고의 결과를 표현할 수 있으며, 이유를 생각하고 만들어가는 과정에서 창의적이면서도 합리적인 뒷받침 문장을 생성하는 능력을 기를 수 있다. 근거 자료를 찾으며 자료를 분류하고 분석하는 정보 처리 능력을 함양할 수도 있다.

논증은 어떻게 하는가?

논증 담화는 '주장', '이유', '근거(자료)'의 구조로 구성할 수 있다. 논리학의 전통적인 논증 유형에는 연역법과 귀납법이 있다. 그러나 실제 상황에서는 연역법이나 귀납법이 쉽게 활용되지 않는 경우가 많다. 연역법은 보편적이고 일반적인 원리인 대전제를 생성해야 하는데 그 과정이 쉽지 않으며, 그것이 학생들 수준에서 실질적인 효용성이 있는지도 의문이다. 귀납법의 경우는 근거 자료에 바탕을 둔 결론이 필연적인 주장이 아니라 개연성이 있는, 특수 사례의 일반화에 의한 결론일 수도 있어 탄탄한 논증으로 제안하기 어려운 측면도 있다. 그래서 토론에서는 논증을 대화 상황에 적절해 보이는 친밀한 구조로 재구조화해서, 화자의 의견이 드러나는 주장을 두괄식으로 앞에 제시하고, 뒷받침 문장을 이어 제시하는 구조로 구성하여 활용한다.

'주장(Argument)'은 어떤 문제에 대한 생각과 판단을 담은 문장이다. 논증 전체에서 문제의 해법을 진술하는 문장이며, 논증을 통해 확실하게 세우고자 하는 결론이다. 토론에서는 주장이 논제가 되기도 한다.

- 법이나 제도, 규칙을 통해 문제를 해결하려는 의도가 담긴 문장
- 어떤 사실이나 현상, 가치에 대한 개인의 판단이나 의견을 드러내는 문장

- 어떤 사실이나 현상 등이 맞거나 틀림을 증명하려는 문장
- 자신의 감정이나 느낌을 다른 이에게 드러내는 문장

그러나 주장은 말하는 이의 단언(assertion)이기 때문에 뒷받침 문장의 지지를 받아야 설득력이 커진다.

'이유(Reason)'는 주장을 뒷받침하는 문장으로 말하는 이의 신념이나 생각을 담고 있는 하위 주장이다. 하위 주장이라고 하는 이유는 '주장' 문장을 뒷받침하는 상황에서는 '주장' 문장에 내포되는 하위 요소로 존재하지만, 독립된 문장으로 존재할 때는 독자적인 주장이 될 수 있기 때문이다. 예를 들어 '외모를 위한 성형수술은 필요하다'라는 '주장'을 뒷받침하는 '우리나라는 외모가 경쟁력인 사회이기 때문이다'라는 '이유'는 해당 '주장'을 뒷받침할 때는 하위 주장이지만, 독립적으로 별도의 토론 논제가 될 수도 있다. '이유'는 그래서 말하는 이가 논리적 사고를 통해 창의적으로 생각해낸 문장이며 논제의 상황을 고려하여 '만들어내야 하는 문장'이다.

주장과 이유는 구체적인 '근거(Evidence)'로 더욱 설득력을 높일 수 있다. '근거'는 사실 자료나 전문가의 견해로 구성한다. 즉, 우리가 현실에서 관찰 가능한 사실(facts)이거나 해당 분야 전문가의 설명이나 의견(opinion)이다. '근거'는 말하는 이가 만들어내지 않는다. 우리의 현실 속에서 찾아내는 것이며 인용하는 것이다.

이와 같은 구성 요소들을 결합하여 논증을 만들어보면, 다음과 같은 담화가 생성된다.

국회의원 여성고용할당제를 도입해야 한다. 왜냐하면 여성 국회의원들이 양성평등 사회를 만드는 입법을 더 적극적으로 추진하기 때문이다. ○○신문에 의하면 18대 국회 입법 현황 중 여성 국회의원들의 양성평등 관련 법안 마련 비율이 남성 국회의원들보다 1.5배 더 높은 것으로 나타났다.

[주장] 국회의원 여성고용할당제를 도입해야 한다.

[이유] 여성 국회의원들이 양성평등 사회를 만드는 입법을 더 적극적으로 추진하기 때문이다.

[근거] ○○신문에 의하면 18대 국회 입법 현황 중 여성 국회의원들의 양성평등 관련 법안 마련 비율이 남성 국회의원들보다 1.5배 더 높은 것으로 나타났다.

선사시대 인류들도 창의성을 지니고 있었다. 그들도 존재하지 않는 것을 미리 보거나 상상할 수 있었다. 피라미드, 스톤헨지, 파르테논과 같이 자연물을 이용하여 새로운 것들을 만들어냈다. 라스코 동물벽화를 보면 흙에서 얻은 물감이나 불로 구운 석탄을 사용하여 돌 색과 조화를 이루는 우아한 그림을 그리기도 했다.[*]

[주장] 선사시대 인류들도 창의성을 지니고 있었다.

[이유] 그들도 존재하지 않는 것을 미리 보거나 상상할 수 있었다.

[근거] 1) 피라미드, 스톤헨지, 파르테논과 같이 자연물을 이용하여 새로운 것들을 만들어냈다.

2) 라스코 동물벽화를 보면 흙에서 얻은 물감이나 불로 구운 석탄을 사용하여 돌 색과 조화를 이루는 우아한 그림을 그리기도 했다.

---

[*]   낸시 C. 안드리아센(2006), 『천재들의 뇌를 열다』, 허원미디어 재정리

그런데 이와 같은 구조를 갖추는 것만으로 논증이 논리적으로 적절하거나 타당하다고 할 수는 없다. 논증이 논리력을 갖추려면 주장, 이유, 근거 간의 탄탄한 구성력이 필요하다. 즉, 좋은 논증의 조건을 충족해야 한다.

좋은 논증이 되려면, 우선 이유와 근거가 신뢰할 만한 것이어야 한다. 신뢰성을 갖는다는 것은 진술이 사실이거나 사회적으로 수용 가능(acceptability)하다는 의미이다. 이유와 근거가 각각 사실이어야 하며, 수용 가능해야 하며, 정확해야 한다. 앞의 논증 사례 중 이유인 '여성 국회의원들이 양성평등 사회를 만드는 입법을 더 적극적으로 추진한다' 와 '선사 인류가 존재하지 않는 것을 미리 보거나 상상할 수 있었다' 는 진술이 사실이어야 하며, 근거인 '○○신문 자료' 와 '피라미드 ~ 라스코 동굴벽화'가 진술대로 사실이어야 한다. 반대 측에서 이 부분 중 하나를 사실이 아니라고 주장하며 반대 근거 자료를 제시하면 반증에 성공하는 것이다.

이유와 근거가 각각 사실이라고 해서 모두 좋은 논증이 되는 것은 아니다. 이것만으로는 충분하지 않다. 그래서 좋은 논증이 되기 위해서는 주장과 이유, 이유와 근거가 서로 관련성이 있어야 한다. 다시 말해 서로 연관이 있어야 한다는 것이다. 예를 들어 '국회의원 여성고용할당제를 도입해야 한다. 왜냐하면 현대사회는 정보 통신 기술이 크게 발달하였기 때문이다' 라는 논증은 주장과 이유가 모두 사실이라 하더라도 이유가 주장을 뒷받침하는 연관성이 없어 타당한 논증이라 할 수 없다.

주장과 이유, 이유와 근거의 타당성이 있는지를 점검하는 방법으로 두 문장 사이에 존재하는 전제(warrant)* 문장을 찾아 그것이 참인지를 살펴

---

* 　토론에서는 '전제'라는 용어 대신 '연결고리', '보증', '설명' 등의 용어들이 사용됨.

는 방법이 있다. '국회의원 여성고용할당제를 도입해야 한다. 왜냐하면 여성 국회의원들이 양성평등 사회를 만드는 입법을 더 적극적으로 추진하기 때문이다'에는 '양성평등 관련 입법을 추진할 수 있다면 제도를 도입해야 한다'라는 진술이, '선사시대 인류들도 창의성을 지니고 있었다. 그들도 존재하지 않는 것을 미리 보거나 상상할 수 있었다'에는 '존재하지 않는 것을 미리 보거나 상상한다면 창의성을 지닌 것이다'라는 진술이 전제로 깔려 있는데, 이 두 문장이 참인지 점검하면 논증의 타당성을 파악할 수 있다.

국회의원 여성고용할당제를 도입해야 한다.

　→ 양성평등 관련 입법을 추진할 수 있다면 제도를 도입해야 한다.

여성 국회의원들이 양성평등 사회를 만드는 입법을 더 적극적으로 추진하기 때문이다.

선사시대 인류들도 창의성을 지니고 있었다.

　→ 존재하지 않는 것을 미리 보거나 상상한다면 창의성을 지닌 것이다.

그들도 존재하지 않는 것을 미리 보거나 상상할 수 있었다.

　또한 이유와 근거는 각각 주장과 이유를 뒷받침하기에 충분하고 공정한 진술이나 자료이어야 한다. 이유는 주장을 뒷받침하기에 가장 핵심적인 하위 주장이어야 하고, 근거는 이유를 뒷받침하는 일반화가 가능한 것이어야 한다. '교내 공공장소에 CCTV를 설치해야 한다. CCTV가 범죄 예방의 효과가 있기 때문이다. ○○도교육청 자료에 의하면~'으로 구성된 논증에서 이유인 'CCTV 설치 목적이 범죄 예방'이란 점이 가장 중요한가, 근거 자료인 '○○도교육청 자료'가 전국 모든 학교에 일반화할 수 있는 자료인가 등을 고려하여 논증을 구성해야 한다. 아울러 이유와 근거가 공정성을 갖는 것도 중요하다.

Q&A

Q. 이미 널리 사용되는 연역 논증이나 귀납 논증이 있는데 새로운 형태의 논증을 활용하는 이유는 무엇인가?

A. 글에서 소개한 논증은 토론 활동을 하는 사람들 사이에서 구성 요소인 주장(Argument), 이유(Reason), 근거(Evidence)'의 첫 문자를 따서 ARE 논증이라고 한다. 전통적인 논증 방식이 문제가 있거나 불합리한 것은 아니다. 다만 연역 논증의 경우 학생들이 대전제인 보편적 원칙이나 일반적 원리를 찾아내고 이의 하위 범주로 소전제를 제시한 후 결론을 이끌어내는 방식이라 실제 준비 과정이나 토론 상황에서는 활용이 어려울 수 있다. 또 귀납 논증의 경우 특수한 사례들의 일반적 결론이므로 예외 사항이 발견되거나 사례와 결론의 관련성이 부족한 부분이 나타나면 논증의 타당성이 의문 받을 수 있다. 이러한 점을 고려하여 좀 더 명확한 구조로 재정리한 ARE 논증을 활용하는 것이다. 더구나 2015 국어과 교육과정에서도 논증의 구조를 이와 같이 제시하고 있어 활용하게 된 측면도 있다.

Q. 논증을 구성하는 활동을 효과적으로 학습하는 방법이 있는가?

A. 학생들은 현실에서 해결해야 할 문제에 직접 주장을 제시하며, 또는 교수자의 의도에 의해 제안된 주장을 출발점으로 하여 나머지 논증 구성 요소를 만드는 활동을 할 수 있다. 이때 주장에 대한 이유를 먼저 만들고 이유에 맞는 근거를 찾을 것인지, 아니면 근거 자료를 최대한 찾은 후 이를 적절한 이유로 묶어 구성할 것인지 고민하게 된다. 어느 방법이 적절하다고 단언하기는 어렵지만, 전자는 주장에 대해 꼭 다루어야 하는 쟁점을 중심으로 이유 문장을 3~4개 만든 후 각각을 뒷받침할 수 있는 근거들을 찾아보는 방법이고, 후자는 주장과 관련이 있는 자료를 최대한 많이 찾은 후 이들을 유사한 항목끼리, 쟁점을 고려하여 묶은 후 이를 포괄할 수 있는 이유 문장을 만들어내는 방식이다. 토론 경험이 많지 않은 학생이라면 후자처럼 자료를 모으고 이를 분류하는 방식이 부담이 적을 수 있다. 주장과 이유를 주고 모둠별로 관련 근거 자료를 찾아 논증을 만드는 활동을 하거나 주장과 근거 자료를 주고 관련이 있는 이유 문장을 만들어보게 하는 활동을 하면서 논증 구조를 연습할 수 있다.

2장

토론 수업을
위한 준비

토론하도록 생각을 이끄는 4가지 활동

고영애, 관양고등학교

'토론하도록 생각을 이끄는 활동'이란 무엇인가?

토론을 연습 없이 처음부터 능숙하게 잘하는 학생은 드물다. 생각을 이끄는 활동을 통해 토론 활동의 핵심인 주장하기, 주장과 이유를 말하기, 반론하기 등을 익히게 해야 한다. 이를 토론 준비를 위한 활동이라 한다. 이런 활동은 토론을 위한 준비운동이라 할 수 있으며 5WHY 활동, 쌍비교 분석법, 헥사 토론, 바람개비 토론 등이 있다.

먼저 5WHY 활동은 5번의 왜(why)를 반복 질문하여 주제에 대한 이유를 찾아감으로써 좀 더 근본적이며 중요한 이유를 생각해볼 수 있는 기법이다. 쌍비교 분석법(Paired Comparison Analysis, PCA)[*]은 여러 대안을 두 개씩 상대적으로 비교하여 중요한 것이나 필요한 것을 결정하는 방식으로 미국

---

[*] 정문성(2017), 『토의토론 수업방법 84』, pp.316~319 참고

의 심리학자 서스톤(Louis Leon Thurstone)이 19개의 범죄유형을 짝으로 제시하여 어떤 것이 더 심각한 것인지 측정한 것에서 유래했다. 헥사(Hexa) 토론*은 육각형 모양의 보드에 자신의 주장을 기록한 후, 붙이면서 하는 토론을 말한다. 마지막으로 바람개비 토론**은 바람개비가 돌아가듯 모둠 안에서 종이를 한 방향으로 돌려가며 자신의 주장 또는 주장에 대한 반론을 기록하면서 토론하는 방식이다.

어떤 활동이 있는가?

5WHY

이 활동 자체가 토론이라고 볼 수는 없지만, 토론에서 중요한 이유를 찾는 연습 활동이다. 따라서 토론을 하기 전 단계에서 하는 활동이다. 5WHY 활동에서 혼자 질문에 대한 이유를 찾는 것은 힘들다. 그러나 단계별로 생각하는 역할과 요약하여 기록하는 역할을 돌아가면서 맡이 공동 책임을 지게 하여 참여를 독려한다. 5WHY 활동은 근본적인 이유를 찾기 위해 생각을 유도함으로써 깊은 사고력을 기를 수 있다. 학생들은 깊이 사고하는 과정을 통해 표면적인 이유뿐만 아니라 심층이고 근본적인 이유까지 찾아갈 수 있다.

---

* 　관양고등학교 수석교사 고영애가 처음으로 적용하였다.
** 　관양고등학교 수석교사 고영애가 처음으로 적용하였다.

쌍비교 분석법

두 가지의 내용을 비교 분석하면서 자신의 선택 이유를 말하며 자신과는 다른 선택을 한 모둠원과 논쟁의 과정을 거친다. 이런 과정을 통해 자연스럽게 토론을 하게 된다. 또한 쌍비교 분석법은 개별적으로 선택, 선택의 이유를 공유, 최종 거수로 결정하는 과정에서 의견을 충분히 표출하게 되어 결국, 모든 토론 참여자의 의견이 반영된다. 여러 가지 내용 중 하나를 선택할 때는 각 내용에 대해 깊이 생각하지 못하는 경우가 많은데, 두 가지씩 장단점 등을 비교하게 되므로 분석력을 키우는 데 용이하다.

헥사 토론과 바람개비 토론

헥사 토론은 헥사 보드를 빈틈없이 붙여가면서 진행한다. 주장을 강화, 주장에 대한 반박 등도 가능한 구조로 토론을 이어갈 수 있다. 더 나아가 바람개비 토론은 옆 친구의 주장에 반론하는 과정을 통해 토론의 기본 구조를 익힐 수 있다. 헥사 토론은 자신의 생각을 기록하고, 기록된 다른 친구들의 생각을 보고 내용을 추가하거나 반론 등을 하면서 적극적으로 참여하게 된다. 또한 학생마다 다양한 모양으로 생각을 펼쳐 나갈 수 있다. 모양을 만들면서 흥미가 유발되어 참여도도 높아진다. 바람개비 토론은 모둠원들이 하나의 종이에 자신이 앉아 있는 위치에서 기록하기 때문에 짧은 시간 모둠원들의 생각을 동시에 모을 수 있다.

헥사 토론과 바람개비 토론은 쓰면서 하는 토론이기 때문에 기록된 내용을 꼼꼼히 읽게 된다. 주장에 대한 지지나 보충, 더 나아가 반론은 주장을 정확히 이해해야 할 수 있다. 따라서 첫 번째 주장부터 마지막 반론까지 흐름을 파악해야 한다. 이러는 과정에서 논리의 흐름을 찾게 된다. 또한 친구들을 보며 배움의 기회를 가질 수 있는데, 다른 모둠원들의 생각을 읽으면서 자신의 부족한 부분을 인지하거나 어떻게 논리적으로 주장할 수 있는지를 생각할 수 있기 때문이다.

토론하도록 생각을 이끄는 활동을 어떻게 하는가?

5WHY

1단계. 자신의 색펜을 정하기

모둠 안에서 서로 다른 색펜을 정하여 기록하게 한다. 이는 무임승차자를 방지하고 책임을 부여하기 위함이다.

2단계. 첫 번째 학생 기록하기

제시된 주제를 활동지에 적고, '(1) why'의 질문 칸에 주제를 질문 형태로 적는다. 그런 뒤 종이를 오른쪽 친구에게 넘긴다.

3단계. 두 번째 학생 기록하기

두 번째 학생은 질문을 읽어주고, 모둠원들의 생각을 들으며 간단히 메모한다. 자신의 생각을 포함한 다양한 의견 중 모둠원과 합의하여 '(1) why'의 이유(또는 원인) 칸에 내용을 기록한다. '(2) why'의 질문 칸에 '(1) why'의 이유를 질문의 형태로 적는다. 그런 뒤 종이를 오른쪽 친구에게 넘긴다.

주제	A를 해야 한다.	
why	질문	이유
(1) why?	왜 'A'가 필요한가?	왜냐하면 'B'이기 때문에
(2) why?	왜 'B'가 필요한가?	왜냐하면 'C'이기 때문에
(3) why?	왜 'C'가 필요한가?	왜냐하면 'D'이기 때문에
(4) why?	왜 'D'가 필요한가?	왜냐하면 'E'이기 때문에
(5) why?	왜 'E'가 필요한가?	왜냐하면 'F'이기 때문에
결론	그러므로 'A'가 필요한(중요한) 이유는 'F'이기 때문이다.	

4단계. 3단계의 활동 반복하기

'(5) why'의 이유가 나올 때까지 3단계의 활동을 반복한다. 이유(또는 원인)를 찾아 기록하고 꼬리 물어 질문 만들기를 반복한다.

5단계. 결론 기록하기

모둠원의 토론을 거쳐 최종 결론을 합의하여 기록한 후, 칠판에 부착하여 반 전체와 공유한다. 이때 결론 합의는 (1)~(5) why의 이유를 종합해서 결정해도 되며 (5) why의 이유가 결론이 되어도 된다.

쌍비교 분석법

1단계. 브레인스토밍하기

비교하고자 하는 모든 내용을 열거한다.(1인당 최소 3~5개) 자신이 적은 내용을 설명하고 모둠 안에서 비슷한 내용끼리 분류한 뒤, 격자(GRID) 활동

[예시: 여행지 선택을 위한 쌍비교 분석표]

점수 부여 방법 :

	비용	숙박 장소	음식	관광지
비용		비용 2	0	관광지 1
숙박 장소			음식 1	관광지 2
음식				음식 1
결론	비용 2	숙박 장소 0	음식 2	관광지 3
	결론, 가장 중요한 것은 관광지			

지에 들어갈 내용을 합의하여 선정한다.

2단계. 격자 활동지의 가로축과 세로축에 내용 적기

모둠에서 합의하여 선정한 내용을 활동지의 가로축과 세로축에 적는다. 내용이 길 경우 기호로 표시해도 된다. 이때 쌍비교 대상은 3~10개가 적절하다.

3단계. 쌍으로 비교하며 토론하기

모둠원이 차례대로 쌍 비교를 하여 둘 중 하나를 선택하고 선택한 이유를 말한다. 모둠원 전체의 발언이 끝난 후, 제시된 의견에 대한 보충 및 추가 의견을 말한다.

4단계. 점수 부여하기

모둠원이 쌍 비교한 내용 중 하나를 거수로 선택한다. 모둠의 의견, 즉

점수 부여 방법	
두 기준 [A], [B]의 차이가 없을 때 = 0	두 기준 [A], [B]를 선택한 모둠원이 동수일 때
[A] 기준이 더 좋을 때 = A 1	[A] 기준을 모둠원의 다수가 선택했을 때
[B] 기준이 매우 좋을 때 = B 2	[B] 기준을 모둠원이 만장일치로 선택했을 때

선택한 사람의 숫자에 따라 점수를 부여한다. 예를 들면 만장일치로 하나를 선택하면 2점, 한 명이라도 다른 선택을 했으면 다수가 선택한 것에 1점, 동일하게 선택하면 0점을 부여한다.

5단계. 총점 구하기

4단계에서 부여한 각 내용의 총점을 구하여 결론 칸에 기록한다. 가장 높은 점수를 얻은 내용이 모둠원이 가장 좋다고 생각한 것이다.

헥사 토론

1단계. 모둠에서 하나의 논제를 선택하기

반에서 정한 여러 가지 논제 중 토론하고 싶은 논제를 선택한다. 단, 가급적 모둠마다 논제가 달라야 한다. 이것이 어려울 때는 하나의 논제에 대해 2모둠씩 선택해도 된다.

2단계. 1차 토론하기

모둠 안에서 찬성이면 파란색 헥사 보드, 반대이면 빨간색 헥사 보드를 선택하여 개인의 의견을 적는다. 모둠 책상 위에 보드를 놓으면서 자신의

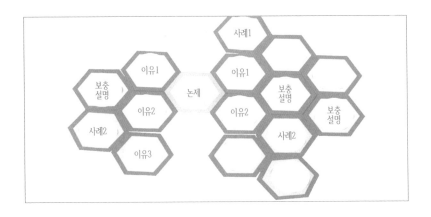

주장을 이야기한다. 토론을 하면서 추가 하고 싶은 내용이 있다면 새로운 헥사 보드에 기록하여 놓는다.

3단계. 자리 이동하기

관심이 있는 논제가 있는 모둠으로 자리를 이동한다.

4단계. 2차 토론하기

논제에 대한 1차 의견을 보고 자신의 생각을 헥사 보드에 기록하여 놓는다. 이때 1차 의견과 동일한 내용이 아닌 추가, 보충 등의 내용을 적는다. 기록된 내용을 바탕으로 2차 토론을 한다. 3단계와 4단계를 반복한다.

5단계. 의견 확인하기

자기 모둠 판에 추가된 다양한 의견을 확인한 후, 논제에 대한 생각을 글로 정리한다. 이때 다양한 의견을 참고한다.

바람개비 토론

1단계. 논제에 대한 자신의 입장 선택하기

모둠장이 종이의 가운데에 논제를 적는다. 논제를 중심으로 자신의 색 펜으로 논제에 대한 자신의 입장 또는 주장을 적는다. 예를 들면, 찬성 또는 반대라고 적는다. 자신이 선택한 입장 또는 주장의 바로 하단에 그에 대한 가장 중요한 이유를 적는다.

2단계. 모둠활동지 돌리기

모둠활동지를 한쪽 방향, 즉 오른쪽 또는 왼쪽으로 돌려 옆 학생이 기록한 내용이 자신의 앞으로 오도록 이동시킨다.

3단계. 주장과 이유에 대한 반론하기

자신의 앞으로 온 친구의 주장과 이유가 기록된 하단에 화살표를 하고 그에 대한 반론을 적는다. 즉, 꼬리를 물고 반론을 하는 것이다.

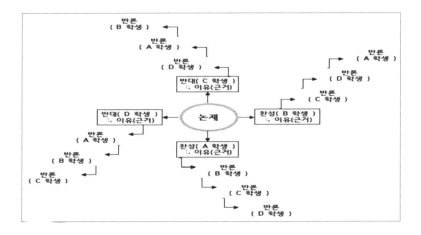

4단계. 2~3단계를 반복하기

활동지가 돌아가면서 자신의 앞으로 온 부분의 마지막 내용에 대해 반론을 한다. 자신이 처음 주장한 내용이 자신의 앞으로 올 때까지 반복한다.

5단계. 보충이나 질문하기

친구들이 기록한 내용을 읽고, 서로에게 궁금한 내용이나 보충하고 싶은 내용을 토론한다. 이 단계에서는 기록하지 않고 말로 진행한다.

6단계. 최종 자신의 입장 정리하기

토론을 마치면 최종 자신의 입장을 정리하여 간단한 글쓰기를 한다. 글쓰기는 논제에 대한 자신의 입장 선택, 이유, 예상되는 반론, 강조의 단계로 쓴다.

Q&A

Q. 5WHY 활동이 잘 이루어지지 않는 경우에는 어떻게 하는가?

A. 5WHY 활동을 하다 보면 질문과 이유가 깊어지지 않고 반복되는 경우가 있다. WHY에 대한 대답에 필요성과 원인이 뒤섞일 때 그렇다. 이유를 찾는 5WHY 활동은 주제문이 "――― 해야 한다"라는 당위적인 내용일 때 적합하다. 활동 시 질문에 "왜 ―――이 중요할까?", "왜 ―――이 필요할까?"의 질문의 패턴으로 진행하면 된다. 단순히 "왜 그럴까?"의 형태로 질문이 만들어지면 배경과 원인을 찾는 답으로 연결되어 질문과 이유가 반

복되는 현상이 나타난다.

Q. 쌍비교 분석법을 실시할 때 유의점은 무엇인가?

A. 쌍비교 분석법은 3단계 '쌍으로 비교하며 토론하기'가 중요하다. 학생들은 쉽게 가기 위해 3단계를 생략하고 4단계로 넘어가는 경우가 많다. 그럴 경우 깊이 생각하고 토론하는 과정은 없어지고 둘 중 하나를 선택하는 거수, 그에 따른 점수 부여만 하게 된다. 즉 다수결로만 결정이 된다. 따라서 3단계 토론의 필요성을 강조하고 교사는 3단계가 잘 진행되는지를 점검해야 한다.

Q. 헥사 토론과 바람개비 토론이 많은 참여와 깊이 있는 토론이 되기 위해 필요한 것은 무엇인가?

A. 헥사 토론과 바람개비 토론은 짧은 시간 진행되는 토론이다. 여기에 깊이 있는 내용으로 토론이 진행되려면 논제에 대한 배경지식이 있어야 한다. 지식이 없으면 토론에 참여하고 싶어도, 깊이 있는 토론을 하고 싶어도 할 수 없다. 학생들이 자료를 조사해오는 것이 가장 좋지만, 현실적으로 어렵다면 교과서에 있는 자료나 교사가 준비한 자료를 제시하여 학습한 후 토론을 하는 것이 도움이 된다. 또한 헥사 토론은 모둠 안에서만 활동하는 것이 아니라 모둠 간 이동을 통해 내용을 확장하는 것이 좋다. 반면 바람개비 토론은 자연스럽게 찬성과 반대의 입장에서 생각해보기 위해 꼬리를 물고 반론하기 활동을 하는 것이므로 모둠 안에서 활동하는 것이 의미가 있다.

수업 들여다보기 1

토론하도록 생각을 이끄는 4가지 활동 _기술가정

김재란, 장곡중학교

5WHY 기법

총 8차시 '적정기술의 사례를 조사하고, 적정기술이 적용된 발명품 만들기 프로젝트 수업'을 실시했다. 적정기술의 각 사례를 조사하면서, 왜 적정기술이 필요하며, 필요한 지역의 부족한 점은 무엇이고, 우리가 도와줄 방법에는 무엇이 있는지를 알아보고, 마지막으로 페트병 전구를 직접 만들어 봄으로써 우리도 도와주고자 하는 마음만 있으면 충분히 도와줄 수 있는 기술들이 있다는 것을 깨닫게 하고자 하는 것이 수업의 목표이다.

적정기술의 사례들인 페트병 전구, 생명의 빨대, 항아리 냉장고, 발판 펌프*, 지세이버**, 기라도라***, 큐드럼의 자료를 찾고, 정리하는 시간을 준

---

*   방글라데시의 가난한 농부들을 위해 개발된 수동 펌프
** 몽골 유목민들이 맹추위에 견딜 수 있도록 개발된 친환경 난방장치
*** 전기가 없는 빈민촌을 위한 발로 돌리는 세탁기

다. 예를 들면, 1~3차시 걸쳐서 제시된 7가지 적정기술의 사례를 정리한다. 1차시에 기라도라를 조사한다면, 관련 자료를 써클맵을 활용하여 기라도라의 의미와 원리, 기라도라가 필요한 장소, 발명자의 의도, 기라도라가 필요한 나라의 부족한 점 등을 조사하여 정리한다. 2~3차시에는 기라도라를 뺀 나머지 사례 중에서 2~3개씩 골라 조사하도록 한다. 이때 모둠을 4명으로 정해주고 각자 아래와 같은 방식으로 정리하게 한다. 이런 식으로 적정기술 7가지 사례를 정리해나간다.

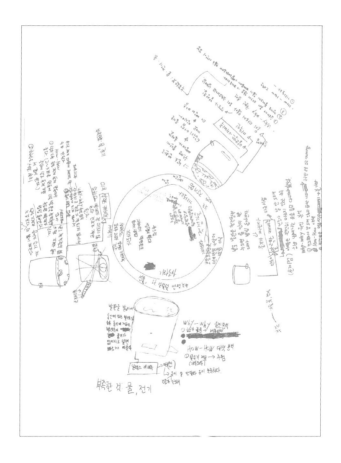

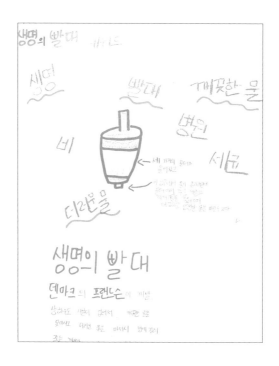

    4차시 수업에서는 1~3차시를 통해 조사한 7가지의 적정기술 사례에 익숙하도록 하기 위해 지난 시간까지 조사하고 정리하면서 배운 적정기술의 사례 중 가상 훌륭하다고 생각하는 것을 1가지 골라서 특징을 잡아서 그려보게 하고, 의미와 원리를 작성하여 발표하게 한다.

    4차시 동안 적정기술의 사례 7가지를 탐색한 후에 5차시에 7가지 적정기술 발명품들이 왜 중요한지에 관해서 모둠원들과 함께 정리해보고 심층적이고 근본적인 이유를 찾아보게 하고자 5WHY 기법을 선택했다. 5WHY로 토론할 논제는 '생명의 빨대 발명품은 중요하다', '기라도라 발명품은 중요하다', '큐드럼 발명품은 중요하다', '지세이버 발명품은 중요하다', '발판 펌프 발명품은 중요하다', '항아리 냉장고 발명품은 중요하다', '페트병 전구 발명품은 중요하다' 등이다. 7가지 논제 중에서 하나를 모둠장이 뽑아서 정하게 한다. 5번의 why를 반복해서 질문하고 이유를 활동지에 적게 한다. 적는 역할은 모둠장이 하도록 했다. 마지막에 결론은 모둠에서 함께 정리하여 문장을 작성하게 했다.

먼저 활동지의 왼쪽 질문(1)에 논제를 의문형으로 바꾸어 적는다. 예를 들면, 선택한 논제가 '큐드럼 발명품은 중요하다'이면 질문(1)에 '왜 큐드럼은 중요한가?'라고 의문형으로 작성한다. 그러고 나서 모둠원들과 질문 (1)의 이유에 대해서 대화를 나누고, 모둠원들과 합의한 최선의 이유를 활동지에 적는다. 이유(1)에 '시간도 절약되고 10일 이상 물을 마실 수 있기 때문이다'라고 썼다면, 다시 질문(2)에는 '왜 시간이 절약되고 10일 이상 물을 마실 수 있는 게 중요한가?'라고 적는다. 이런 식으로 질문(5)까지 적고, 이유(5)까지 작성한다. 5WHY 기법은 혼자의 의견을 쓰는 것이 아니라 모둠원들과 함께 이야기를 나누고, 합의한 것 하나를 적는다는 점이 중요하다.

절반 정도의 모둠이 활동을 마치면 이유를 작성하는 활동을 멈추게 하고 결론을 작성하게 한다. 결론은 제시된 논제를 먼저 쓰고 '왜냐하면'이라고 쓴 후 작성하거나 대화로 나눈 이유를 써주면 된다. 결론을 작성하면 모둠끼리 공유할 수 있도록 발표를 한다. 혼자 활동지를 정리할 때보다 친구들과 함께 '왜'라는 질문을 통해서 다양한 생각을 하게 되고, 서로 다른 의견을 듣고, 한 가지 의견으로 종합하는 역량을 키울 수 있다. 또한 2~3단계에서는 표면적인 이유가 나오지만, why가 계속 될수록 좀 더 깊게 적정기술이 왜 중요한지에 대한 이유를 학생들이 찾아간다.

A는 _____ 이다.

큐드럼 발명품은 중요하다,

WHY	질문	이유
1	왜 A인가? 왜 큐드럼은 중요한가?	왜냐하면 B이기 때문이다. 왜냐하면 시간도 절약되고 10일 이상 물을 마실 수 있기 때문이다,
2	왜 B인가? 왜 시간이 절약되고 10일 이상 물을 마실 수 있는 게 중요한가?	왜냐하면 C이기 때문이다. 왜냐하면 시간은 금이고 10일 이상 강을 왔다갔다 하지 않고 편하게 지낼 수 있기 때문이다,
3	왜 C인가? 왜 시간이 금이고 강을 10일 이상 왔다갔다 하지 않고 편하게 지내는 게 중요한가?	왜냐하면 D이기 때문이다. 왜냐하면 금같은 시간에 편하게 학교를 다닐 수 있기 때문이다,
4	왜 D인가? 왜 금 같은 시간에 편하게 학교를 다닐 수 있는 것이 중요한가?	왜냐하면 E이기 때문이다. 왜냐하면 배움에도 때가 있기 때문에 어린 아이들은 학교를 가서 배워야 하기 때문이다,
5	왜 E인가? 왜 어린 아이들이 학교를 가서 배우는 것이 중요한가?	왜냐하면 F이기 때문이다. 왜냐하면 어릴 때 배운 것을 가지고 삶의 행복하게 살아야 하기 때문이다,

> 결론
>
> 큐드럼이 있으면 물을 길러오는 시간도 절약되고, 힘도 들지 않아서 한 번에 많은 물을 길러 올 수 있어서 편하게 학교를 다닐 수 있게 하는 좋은 발명품이다.

학생들이 나눈 대화는 다음과 같다.

학생 1　　'큐드럼 발명품은 중요하다' 이것을 질문 1로 만들면 '왜 큐드럼 발명품은 중요한가?' 인데 이유를 얘기해볼래? 내가 합의된 것을 활동지에 적을게.

학생 2　　큐드럼은 정말 중요한 발명품이지. 물 나오는 수도 시설이 없어서 가족이 마실 물을 어린 학생들이 매일 매일 왕복 4㎞가 되는 거리의 물이 있는 곳까지 가야 하니까. 그럼 이유를 '왜냐하면 물 나오는 시설이 없기 때문이다' 어때?

학생 3　　좋아. 그런데 어린이가 물을 길어오면 2ℓ짜리 병으로 몇 개 못 가져오겠지. 그럼 이유를 '왜냐하면 많은 물을 한 번에 길어올 수 있기 때문이다' 라고 쓰는 것이 더 낫지 않니?

학생 4　　글쎄, 한 번에 10일 정도 마실 물을 길어온다고 했잖아. 30ℓ 이상 말이야.

학생 1　　그럼 이렇게 쓸까? '왜냐하면 시간도 절약되고, 10일 정도 마실 물을 길어올 수 있기 때문이다.' 아니면 '왜냐하면 물 나오는 수도 시설이 없기 때문이다' 라고 쓸까? 어느 것이 좋겠니?

학생 2   내 생각에는 '왜냐하면 시간도 절약되고, 10일 정도 마실 물을 길어올 수 있기 때문이다' 가 더 좋은 이유 같은데. '왜냐하면 시설이 없기 때문이다' 보다는 큐드럼의 좋은 점을 쓰는 것이 좋을 것 같아. 너희 생각은 어떠니?

학생들   좋아.

학생 1   질문 2를 만들어보자.

질문 1에 대한 대답 중에서 합의된 이유를 작성해야 하기 때문에 다양한 이유에 대해 친구들과 토론하게 된다. 이런 과정을 질문 5까지 진행하면 5가지의 이유에 대해서 많은 내용을 토론하게 된다. 배운 내용 또는 자신의 추리와 친구들에게 들은 내용에서 이유를 찾게 된다. 마지막 질문 5에 대한 이유 5가 작성되면 모둠원들이 동의하는 내용을 바탕으로 한 문장으로 적정기술의 중요성에 대해서 나온 이유를 요약하여 정리한다. 직성헌 에는 다음과 같다.

- 큐드럼 발명품은 중요하다. 왜냐하면 큐드럼이 있으면 시간도 절약되고 힘들지 않고, 학교에도 갈 수 있고, 10일 이상 물을 마실 수 있기 때문이다.
- 항아리 냉장고 발명품은 중요하다. 왜냐하면 돈을 벌 수 있게 해주어 가족과 함께 살 수 있게 되기 때문이다.
- 발판 펌프 발명품은 중요하다. 왜냐하면 농작물 재배를 할 가능성이

커지면서 사람들이 먹고살며, 생명을 유지할 수 있기 때문이다.

- 기라도라 발명품은 중요하다, 왜냐하면 사계절 내내 마른 옷을 입을 수 있기 때문이다.

바람개비 토론

재료의 특성을 배우는 단원에서 수행과제를 목재를 이용하여 생활에 필요한 물건을 만드는 프로젝트로 하고자 했다. 학교 안에 목공 수업이 가능한 목공 공작실이 있어서 가능했다. 학생들에게 무엇을 만들면 좋겠냐고 학기 초에 조사를 했더니 학교에 학생들이 앉아서 이야기 나눌 공간이 없으니, 학생들이 앉아서 쉴 수 있는 의자가 있으면 좋겠다는 의견이 많았다. 예산과 제작시간, 모둠 인원, 평가 방법 등을 고려하여 4명씩 한 모둠으로 집성재를 활용한 3인용 의자를 만드는 '목재를 이용한 3인용 의자 만들기 프로젝트' 수업을 진행했다. 솔리드 무절 집성재를 이용하여 등받

이 없는 3인용 의자를 만들고, 제작한 의자는 모둠 평가 후 학교의 각 층과 엘리베이터 옆에 학생들이 쉴 수 있는 공간으로 배치했다.

이 프로젝트를 진행하는 시기에 '전국 나무 장난감 만들기 공모전'이 실시되고 있었다. 학생들에게 나무와 플라스틱 장난감의 장단점을 생각해보게 하면서, 쉽게 쓰고 버리는 플라스틱 제품에 익숙한 학생들에게 따뜻하고 부드러운 느낌의 나무를 이용한 친환경적인 가구와 장난감을 포함한 소품 등에 관심을 갖게 하고 싶었다. 그래서 재료의 특성도 공부하면서 장난감을 만들 때 목재와 플라스틱 중에 어떤 것이 좋은지 자신들의 생각을 정하고, 찬성 또는 반대를 주장하는 각자의 이유를 찾아서 적고, 자신의 주장과 다른 의견에 대해 반론도 적어 봄으로써 양쪽의 생각을 알 수 있게 하는 바람개비 토론을 했다.

논제는 '플라스틱 장난감보다 나무 장난감이 좋다'로 정했다. 논제가 어렵지 않아서인지 기본적으로 학생들이 자신의 경험에 비추어 찬성과 반대의 주장을 쉽게 정했다. 플라스틱과 나무의 특징을 잘 모르는 상태에서 선입견을 갖고 자기 주장을 정할 수 있기 때문에 15분 정도 컴퓨터를 활용하여 나무와 플라스틱의 장단점을 찾아 정리하는 시간을 준다. 지식이 없으면 토론에 참여할 수 없기 때문에 자료를 찾는 시간을 짧더라도 꼭 주어야 한다. 자료를 찾아서 정리하게 한 후 앉은 자리에서 앞뒤로 4명씩 모둠을 정해준다. 모둠별로 4절지 종이와 사인펜을 나눠준다. 사인펜은 각자 좋아하는 색을 고르게 하고, 수업이 마칠 때까지 선택한 색을 사용하게 한다. 모둠 종이에 이름도 선택한 색으로 쓰게 하면, 누가 어떻게 수업에 참여했는지를 알 수 있다.

오른쪽 사진처럼 그날 수업의 모둠장이 논제를 4절지 가운데에 논제를

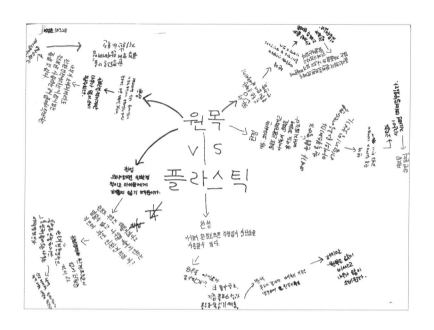

적는데 '플라스틱 장난감보다 원목 장난감이 좋다'라는 논제대로 길게 쓰지 않고 '원목 vs 플라스틱'이라고 간단하게 적는다. 그리고 가운데 논제에서 자신의 방향으로 선택한 사인펜을 활용하여 짧은 화살표(↓)를 그리고 각자의 주장을 '찬성' 또는 '반대'로 적게 한다. 그리고 바로 아래 자신이 선택한 주장을 위한 이유를 적는다. 4명이 모두 찬성일 수도 있고, 반대일 수도 있지만 그대로 자신의 생각을 적는다.

4명이 자신의 주장과 이유를 적은 후에 시계방향으로 모둠종이(4절지, 전지 사용 가능)를 90도 방향으로 돌린다. 자신의 앞으로 온 친구의 주장과 이유를 읽어보고, 바로 밑에 앞에서 한 것처럼 짧은 화살표(↓)를 그리고 이번에는 그 이유에 반대하는 반론을 적는다. 찬성했던 학생들이 반대의 이유를 만나게 되면 고민을 해서 반론을 써야 한다. 찬성했던 학생이 반대하는 이유의 반론을 쓰기는 쉽겠지만, 찬성한 이유에 대한 반론을 쓰기는 쉽지 않다. 생각을 많이 해야 한다. 이 과정을 통해서 찬성과 반대 양쪽 의견에 대해 생각하는 시간과 생각한 내용을 짧은 글로 정리해보는 학습이 함께 진행된다.

작성을 했으면 다시 90도를 돌린다. 이번에도 마찬가지로 자신의 앞으로 온 이유에 대한 반론을 쓰거나, 반론을 보충하는 의견을 적어도 된다. 학생들이 쓸 말이 없다고 불평을 하기도 하고, 자신이 생각했던 것이 다 쓰여 있다면서 난감해한다. 그래도 다시 한번 짚고 넘어갈 것은 없는지 친구들의 글을 잘 읽어보고 생각해보라고 격려하면서, 자신의 말로 정리하여 쓰게 한다.

이런 방식으로 자신이 쓴 내용이 자신에게 오게 되면 전체적인 내용을 읽어보고, 서로에게 궁금한 내용이나 보충하고 싶은 내용을 나눈다. 서로의 생각을 나누는 과정을 통해 찬성이 반대 주장으로 내용을 정리할 수도 있고, 찬성을 주장했던 친구들은 다양한 이유를 들어서 찬성의 주장을 더 풍부하게 할 수 있다.

다음은 바람개비 토론 수업 후 학생들의 반응을 정리한 것이다. 수업의 팁으로 활용하면 좋다.

활동지에 각자 정리하여 쓰게 하는 것보다 친구들과 함께 쓰는 활동이 더 학생들을 자기 주도적으로 수업에 참여하게 하는 것 같다. 또한 바람개비 토론을 한 후 논제에 대한 자신의 주장과 이유를 포스트잇에 작성하라고 하면, 글자 제한을 주지 않았는데도 자신의 주장과 이유를 길게 쓰는 것을 알 수 있다. 수업에 잘 참여하지 않는 학생들도 길게 자신의 주장을 작성한다. 이렇게 작성한 포스트잇의 내용을 말로 발표할 때 친구들 앞에서 말하는 것을 어려워하는 학생들이 꼭 있다. 이때는 보고 읽어도 되니, 글로 잘 작성해보라고 하면, 성의 있게 작성하고, 부담 없이 친구들 앞에서 발표를 하게 된다. 이 바람개비 토론을 할 때 싫어하는 학생들이 있다. '억지로 반론을 쓰라고 해서 너무 힘들어요', '말도 안 되는 것을 쓰고 있어요', '반론을 찾기 어려워요, 쓰기 어려워요'라고 하는 학생들도 있다. 하지만 생각 자체를 귀찮아하고 싫어하는 요즘 학생들에게 새롭고 재미있는 바람개비 토론을 통해서 생각을 하게 하고, 생각한 내용을 정리할 수 있게 하며, 자신이 주장하는 이유를 발표하게 함으로써 논제 '플라스틱 장난감보다 나무 장난감이 좋다'는 것에 대한 고민을 해보게 한 것으로 수업은 성공이라고 생각한다. 모둠별로 각자의 주장을 쓴 전지를 내려다보면 자신이 고른 색깔로 쓴 글들이 바람개비처럼 한 바퀴 도는 것처럼 보인다. 도는 모습을 보면서 이렇게 얘기한다. '아, 이래서 바람개비 토론이라고 하는구나.'

쌍비교 분석법

'목재를 이용한 3인용 의자 만들기 프로젝트'를 실시하면 학급별로 보통 7개의 의자가 완성된다. 보통 수업시간에 제작한 작품에 동료평가를 반영하려고 할 때 학생들에게 스티커를 나누어주고 개인별로 마음에 드는 작품에 스티커를 붙이게 하여 최종적으로 스티커 개수에 따라 평가하는 방법을 자주 이용했다. 그럴 때마다 학생들이 각 작품을 선택하는 기준에 대한 객관적 분석이 부족함을 느꼈다. 그러던 중에 개개인의 선호도를 반영하여 대안을 민주적으로 토론하여 결정하는 쌍비교 분석법을 적용해보았다.

　우선 각 모둠에서 만든 의자에 대해 2분 정도 발표할 수 있도록 발표자를 뽑고, 모둠원들은 함께 의자의 이름과 디자인이 나오게 된 이유와 장점을 설명하고, 만들면서 어려웠던 점을 간단하게 작성하게 한다. 다 작성하면 각 모둠의 책상 위에 의자가 잘 보이도록 올려놓는다. 먼저 모둠 내에서 발표자가 2분 정도 의자에 관해 설명한다. 발표자가 의자를 설명하고 나면 모둠 친구들이 부족하거나 개선할 점 등을 발표자에게 피드백해주고 발표 자료를 수정한다.

　이제 각 모둠에 발표자와 의자만 남고, 모둠의 나머지 학생들은 옆 모둠으로 이동한다. 7개 모둠인 경우 발표자가 7번을 발표하면 다시 자기 모둠으로 오게 된다. 각 모둠의 발표자가 준비한 설명을 들으면서 의자가 튼튼한지, 흔들리지는 않는지, 색은 잘 칠했는지, 바니시(Varnish)*는 두 번 얇게 잘 칠했는지, 스텐실**로 모둠의 이름은 잘 찍었는지, 목심제작***은 빠짐없이 했는지를 꼼꼼하게 살핀다. 그리고 발표하는 학생의 발표 준비상태와 발표 태도도 체크한다. 발표가 다 끝나면 자신의 모둠으로 학생들이 다시 돌아온다. 그리고 쌍비교 분석법 활동지를 모둠에 한 장씩 준 후 모둠장이 작성하게 한다. 그러고 나서 학생들에게 비교 평가하고자 하는 각 모둠의 의자명을 활동지 안의 작은 표에 차례대로 적게 한다.

---

* 　목재 가공의 미무리 공정에서 광택과 보호의 목적으로 얇게 칠하는 무색으로 투명한 도료
** 　글자나 무늬, 그림 따위의 모양을 오려 낸 후, 그 구멍에 물감을 넣어 그림을 찍어내는 기법
*** 　가구조립 피스 자국을 메우는 것

쌍비교 분석법을 활용한 모둠 평가

1. 의자 2개를 쌍비교하여 자신의 의견을 제시
2. 합의한 의자 기호 적기
3. 총계 기록

날짜 :   모둠원: 모둠장:

	A	B	C	D	E	F	G	H	I	J
A		B	C	A	A	F	G			
B			B	B	B	B	B			
C				C	C	C	C			
D					E	F	G			
E						F	G			
F							F			
G										
H										
I										
총계	A:2	B:6	C:5	D:0	E:1	F:4	G:3	H	I	J

A: 좋다콜라!
B: 마지막 잎새
C: 맥심
D: 계단
E: 무당이야!
F: 여기에 넣을 수 있수납!
G: 심플A

<모둠에서 토론한 내용을 요약 정리>

A: 다른 모둠과 비교했을 때 견교함이나 디자인 부분이 아쉬웠다.

B: 견고했고, 상판에 판 홈 디자인이 인상 깊었다.

C: 스테인이 깔끔하지 못했지만 완성도가 좋다.

D: 다른 의자들과 비교시 견고함이나 의자로써의 편리성이 부족했다.

E: 머리 부분이 흔들렸다.

F: 수납공간이라는 아이디어가 좋았다.

G: 다리 디자인과 견고함이 좋았다.

모둠별로 활동지에 쓴 순서대로 의자 두 개씩 정하여, 어느 쪽의 의자가 더 우수한지 토론을 한 후 정리하고, 둘 중에서 더 많은 선택을 받은 의자의 알파벳을 적는다. 이때 쌍비교 분석법을 학생들이 복잡하게 생각하고 어려워하기 때문에 선택한 개수에 따라서 가산점을 주는 방법이 아닌, 간단하게 다수의 결정에 따라서 선정하여 기록하게 했다.

학생 1 A와 B를 비교해보면 어떤 것이 좋은 것 같니? 돌아가면서 얘기해보자. 난 견고함에서 A가 좀 약해 보였고, 흔들면 흔들리더라. 그래서 B가 더 좋은데, 튼튼해 보여서. B는 흔들어도 다리가 흔들리지 않아서 안정적이잖아. 의자는 뭐니 뭐니 해도 튼튼한 게 제일인 것 같아.

학생 2   맞아. 의자는 튼튼해야 하지. 그런데 굳이 세게 흔들지만 않으면 앉는 데는 A도 지장이 없어 보여. 그래서 나는 A의 견고함이 괜찮기 때문에 A의 스텐실 아이디어와 처리에 점수를 주고 싶어. 코카콜라 모양과 모양의 조합이 단순히 잎새를 스텐실 한 B보다 독창적이고 아름다워 보이거든. 그래서 나는 A가 우수해 보여.

학생 3   B의 잎새도 스텐실 하기가 쉽지는 않았을 것 같은데, 단순하지도 않고. 나는 스텐실과 견고함에서 B가 더 좋은 것 같아.

학생 2   코카콜라 병 디자인의 개수와 나뭇잎의 개수를 비교해도 코카콜라 병 디자인의 개수가 더 많아. A 의자가 더 정교하게 했다는 것을 알 수 있고, 시간도 더 많이 들었을 거야.

학생 3   나는 내가 했던 작업이 상판과 다리를 잇는 것을 해서 그런지 B 의자의 상판과 옆을 이은 디자인이 우수하다고 생각해. 특이하기도 하고 만들기 어려웠을 것 같아. 무엇보다 B 모둠에서 하기 힘든 작업을 꼼꼼하게 한 것 같아. 그래서 ○○(학생1)이의 주장이 나오는 이유가 A는 상판과 다리 연결 부분이 약하게 연결되었거든. B는 디자인 자체가 안정적인 거지. 그래서 난 ○○이의 의견에 동의하면서 B의 의자가 우수한 것 같아.

학생 4   나도 B의 의자 상판과 다리를 잇는 홈 부분이 인상적이야. 그리고 A의 다리가 우리가 자꾸 흔드니까 더 흔들리는 것 같아. 나사가 빠질 수도 있겠어.

학생 1   그럼 의견을 정리해보면 스텐실에 대해서는 의견이 나뉘지만, 견고함에 대해서는 B가 A보다 더 튼튼하고 상판과 다리를 잇는 홈 부분이 특이하고 좋았다는 의견이 더 많은 것 같아. 그럼 견고함에서는

3대 1로 B가 더 많네. B라고 적어도 될까?

목재 의자를 평가할 비교 기준을 정해주지 않았지만, 학생들 스스로 튼튼함, 디자인, 스텐실 기법 등 기준을 찾아서 평가했다. 학생마다 기준은 달랐지만, 모둠원들의 평가 기준에 대한 설명을 들은 후 둘 중에서 좋은 평을 많이 받은 쪽으로 결정을 한다. 예를 들면, 의자 A와 B를 비교하여 모둠원들의 합의가 되면, 합의된 A 또는 B를 적는다. 이때 왜 A가 B보다 좋았는지 또는 B가 A보다 왜 좋았는지에 대한 이유를 주고받고, 제시된 이유를 활동지 아래 칸에 정리하여 적는다. 다음은 의자 A와 C를 비교하여, 더 좋다고 합의된 의자의 알파벳을 적고, 합의된 이유도 정리하여 기록한다. 이런 방식으로 의자 G와 F의 비교까지 실시한다.

의자 7개의 비교와 협의 후 선택이 끝났으면, 적혀 있는 알파벳의 개수를 세어서 결과를 활동지 아래의 총계 란에 숫자로 적는다. 모둠별 결과값 계산이 끝나면, 함께 공유하는 시간을 갖는다. 각 모둠장은 7개의 의자 중 가장 높은 숫자를 받은 의자에 대해 활동지에 정리한 이유를 대표로 발표한다.

단순히 우수한 의자에 스티커를 붙이는 방법으로 평가했을 때보다 쌍비교 분석을 통해 비교, 분석, 선택하게 하는 방법이 더 객관적이다. 그리고 학생들 스스로 평가 기준을 견고함, 아이디어, 수납공간, 예술성 등으로 유목화하여 평가하는 것을 배워가는 것도 좋은 점이다.

평가 전에 쌍비교 분석을 하는 이유와 평가하는 방법에 대해서 설명을 해주었지만 다소 어려워했다. 쌍비교 분석 평가를 한 학생들의 느낀 점은 다음과 같다.

좀 더 객관적으로 평가할 수 있어서 좋았다. 그냥 종이에 스티커 붙이는 것보다 하나하나를 비교하면서 평가를 하니까 평가의 결과가 신뢰가 간다. 각 의자의 평가를 위해서 꼼꼼하게 친구들의 의자를 다시 보게 되는 것이 좋았다. 평가 기준이 친구마다 다양해서 합의하는 데 시간이 오래 걸리고 복잡해서 싫었지만 제대로 된 평가를 한다는 생각이 든다.

헥사 토론

기술가정 2의 Ⅳ. 제조기술과 자동화 단원 수업을 하면서 자동화, 공장의 자동화, 스마트공장에 대한 다양한 자료를 조사하여 정리했다. 조사한 내용을 바탕으로 실제 제조산업 현장에 적용하게 되면, 사업자 쪽과 노동자 쪽이 부딪히는 쟁점이 있다. 사업자 입장에서는 효율성의 문제가, 노동자 입장에서는 일자리 감소라는 큰 문제가 발생한다. 이렇게 발생하는 실제적인 문제를 학생들이 토론을 통해 자신의 생각과 친구들의 생각을 듣고, 다양한 공유를 통하여 자신의 생각을 폭넓게 정리해보게 하고 싶었다.

그래서 전 시간에 배운 자동화, 공장의 자동화, 스마트공장, 인공지능 로봇 등의 내용을 바탕으로 4가지 주제를 정하고, 4가지 주제를 1교시 안에 반 학생들이 모두 쉽고 빠르게 공유할 수 있도록 헥사 토론을 진행했다. 이전까지 배운 것을 토대로 다양한 관점에서 쉽게 자신의 생각을 적을 수 있도록 비슷한 내용으로 4가지 논제를 정했다.

1, 2모둠: 자동화는 인간을 행복하게 한다.

3, 4모둠: 인공지능 로봇과 친구가 될 수 있다.

5, 6모둠: 인공지능 로봇과 인간은 평등하다

7, 8모둠: 공장 자동화에 찬성한다.

　모둠장들이 아래 사진의 점선 부분처럼 노란 헥사 카드 1장에 논제를 적어 가운데에 놓는다. 각자 논제를 읽어보고, 논제에 찬성하면 파랑 헥사 카드를 가져가고, 반대하면 빨간 헥사 카드를 선택하여 찬성 또는 반대하는 이유를 적은 다음 가운데 노란색 논제 카드의 육각 모서리에 놓아준다. 다 쓴 것이 확인되면 모둠을 이동하여 돌면서 새로운 논제에 학생들이 쓴 헥사 카드를 읽어보고, 거기에 찬성 또는 반대의 주장을 첨가하여 작성한다. 그런 다음 비슷한 내용의 헥사 카드 모서리에 맞추어서 연결하여 붙여주면 된다. 혹 찬성에 반대하는 경우도 관련된 헥사 카드에 연결하여 붙여

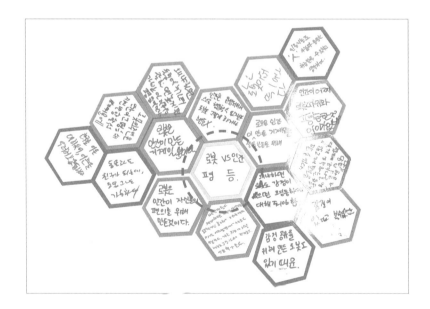

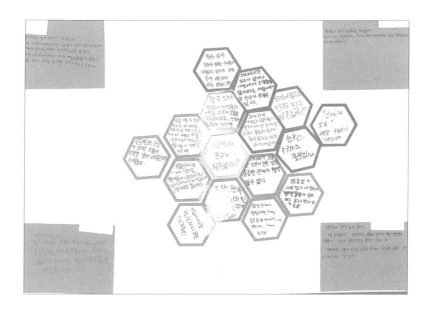

주면 된다. 카드가 붙어 있는 것만 봐도 학생들의 의견이 찬성인지 반대인지를 파악하기 쉽다.

자신의 원래 모둠으로 돌아올 때까지 반복한다. 자신의 모둠으로 돌아와서는 친구들이 써놓은 다양한 이유를 읽어보고, 모둠원들과 생각을 공유한다. '인공지능 로봇과 인간은 친구가 될 수 있다' 라는 논제에 붙어 있는 육각 카드의 내용을 보면서 동시에 자신의 생각을 육각 카드에 작성한다. 이때 모둠 친구들과 자연스러운 대화를 통해 생각을 공유하는데, 그 내용을 옮겨보면 다음과 같다.

학생 1 　난 누구와도 친구가 될 수 있다고 생각해. 그래서 찬성이야.

학생 2 　로봇은 감정이 없잖아. 감정이 없으면 우정이라는 것이 생기지 않으니까 친구가 된다고 할 수 없지.

학생 1   감정이 없어도 내가 좋아하고, 나에게 기쁨과 위로를 준다면 친구가 될 수 있지 않을까?

학생 2   그니까, 감정이 없는 로봇이 어떻게 기쁨을 주냐고? 비서면 몰라도.

학생 3   비서랑 친구 하면 안 되냐?

학생 4   나는 친구가 될 수 있다고 생각해. 도라에몽과 진구도 친구잖아. 근데 친구의 범위를 어디까지 인정할 것인지를 정하는 것이 먼저인 것 같은데.

학생 3   그러네. 친구의 정의를 먼저 해야겠네. 각자가 생각하는 친구의 정의가 다르니까.

이런 식으로 학생들이 친구들이 쓴 내용과 자신이 조사하여 알고 있는 내용을 기초로 대화와 토론을 통해서 서로 생각을 공유하고, 자신의 생각을 확장해나간다. 또한 토론을 하기 위해서는 친구의 정의니 범위를 성해아 함도 알게 된다.

그 후에 포스트잇을 주고, 4가지 논제 중에서 1개의 논제를 선택하여 각자 자신의 주장과 이유를 정리하여 쓰게 한다. 친구들이 쓴 이유를 읽어봤고, 서로의 생각도 공유했기 때문에 쓰는 것을 어려워하고 귀찮아하던 학생들도 자신의 주장과 이유를 길게 잘 작성했다. 또한 수업에서 소외되었던 학생들도 평소보다 적극적으로 친구들의 주장을 읽어보고, 자신의 생각을 정리하여 작성하는 모습을 볼 수 있다.

학생들이 서로 자신의 주장과 이유를 공유한 후 정리하여 쓴 글을 보면 다음과 같다.

- 나는 자동화가 인간을 행복하게 할 수 있다고 생각한다. 왜냐하면, 초반에는 실업률이 증가하여 어려움을 겪는 시기가 있을 수 있겠지만, 장기적인 측면에서 보면 긍정적 효과를 불러일으킬 수 있다. 영국 산업혁명 때 실업률 증가 문제로 러다이트 운동이 전개되기도 하였지만, 후에 풍요로운 생활을 누리게 되었다. 즉 인간에게 많은 도움이 될 것이다.
- 나는 자동화가 인간을 불행하게 만들 것이라 생각한다. 왜냐하면 환경적인 문제가 일어나고, 일하는 행복이 없어진다는 이유 때문이다. 노력은 배신하지 않는다는 말을 위반하는 것이다. 그러므로 불행하게 될 것이다.
- 나는 '인간과 인공지능 로봇은 친구가 될 수 있다'에 반대한다. 왜냐하면 로봇은 인간이 만든 것이기 때문이다. 동등한 관계가 아니면 친구가 되어도 금방 싸우게 될 것이다.
- '인간과 인공지능 로봇은 친구가 될 수 있다'에 찬성한다. 왜냐하면 인공지능이 발전하여 인공지능 로봇에 인격이 생겨난다면 똑같은 사람으로 볼 수 있기 때문에 친구가 될 수 있다. 자기 자신이 그 무엇이든 친구라 생각을 한다면 친구가 될 수 있을 것이다.

한 학생은 수업에 대한 소감을 다음과 같이 작성해서 제출했다. 읽어보면 교사가 의도하고자 했던 것을 학생들도 알게 된 것 같다.

혁사 토론을 하면서 많은 친구의 의견을 한꺼번에 볼 수 있어서 좋았고, 생각이 비슷할 줄 알았는데 찬반의 이유가 다 달라서 재미있었다. 자리 이동이 귀찮았지만, 색다른 토론이 재미있었다. 서로의 의견을 알아보고 공유하기에 정말 효율적이고, 참여도가 매우 높은 활동 같다. 다양한 주제를 빠른 시간에 접할 수 있어서 굉장히 실용적이라고 생각한다. 친구들의 의견을 말로만 듣는 것이 아니라 시각적으로도 볼 수 있어서 좋았다. 여러 가지 주제로 하기 때문에 깊은 생각은 어려웠지만 여러 친구의 의견을 들어서 좋았다.

교육과정 성취기준 속으로

1. '5WHY 기법'은 적정기술의 중요성에 대한 이유를 찾아보고, 찾은 이유를 바탕으로 정리할 수 있게 한다. 5WHY를 활용한 수업은 성취기준 '적정기술과 지속가능 발전의 의미를 이해하고, 적정기술 체험활동을 통하여 문제를 창의적으로 탐색하고 실현하고 평가한다'를 달성하기 위해서 도의토론학습을 적용한다. 5WHY 기법을 통해 조사한 내용을 토론을 통해 분석하고, 전체적인 내용을 모둠별 또는 개인별로 종합할 수 있는 기능을 기르는 데 효과적이다.

2. '바람개비 토론'은 논제에 대해서 자신의 주장을 쓰고, 찬성과 반대의 주장에 대한 이유를 고민하여 글로 반론할 수 있게 하는 토론이다. 바람개비 토론을 적용한 수업은 성취기준인 '제조기술의 특징과 발달과정, 재료의 특성과 이용을 설명하고, 제조 기술의 발달 전망을 예측한다'에 두

달하기 위하여 수업 활동으로 대화하고 토론하는 학습, 발표학습을 활용한다. 바람개비 토론을 활용한 수업은 조사한 내용을 비판적으로 작성하여 토론하고, 토론한 내용을 바탕으로 종합 판단하여 자신의 주장을 작성할 수 있는 기능을 키우는 데 효과적이다.

3. '쌍비교 분석법'은 각각의 판단기준을 바탕으로 토론을 통해 객관적인 판단기준을 찾아내어, 비교·분석할 수 있게 하는 데 효과적이다. 쌍비교 분석법을 적용한 수업은 성취기준 '생활 속 문제를 찾아 아이디어를 구상하고 확산적·수렴적 사고 기법을 활용하여 창의적으로 해결한다'에 도달하기 위해서 수업 방법으로 토의토론학습, 발표학습을 선택하여 적용한다. 또한 쌍비교 분석법을 통해 창의적 제작물에 대한 토의토론 관찰평가를 이용하여 동료평가가 가능하다. 그리고 완성품에 대한 탐색하기를 통해 비교 평가하기가 가능하고, 비교평가를 통해 종합하여 판단할 수 있는 기능을 발달시키는 데 효과적인 방법이다.

4. '헥사 토론'은 한 시간에 4개의 논제에 대한 자신의 주장과 주장하는 이유를 작성하게 하며, 친구들이 작성한 주장과 이유를 빠르게 공유할 수 있다. 헥사 토론을 활용한 수업은 성취기준 '제조기술과 관련된 문제를 이해하고, 해결책을 창의적으로 탐색하고 실현하며 평가한다'에 도달하기 위해서 토의토론학습, 발표학습을 적용한다. 헥사 토론 수업을 통해 조사한 내용을 탐색하게 하고, 친구들의 주장과 이유를 통해 자신의 생각의 폭을 넓게 하여 자신의 가치에 따라 평가하여 선택하는 기능을 기르는 데 효과적이다.

3장

찬반 토론

—

문제 해결을
위한
찬성과 반대

비판적 사고력과
문제 해결 능력을 기르는
찬반 토론

오세호, 안산강서고등학교

찬반 토론이란 무엇인가?

개인의 삶이나 공동체의 삶에서 우리를 고민하게 하는 문제들은 늘 발생한다. 개인의 문제는 스스로 해결할 수도 있다. 하지만 공동체의 문제는 구성원들과의 소통을 통해 해결해야 한다. 그런데 공동체의 문제는 저절로 구성원들에게 드러나지 않는다. 구성원 가운데 누군가 또는 어떤 집단이 기존의 질서나 상태에 의문을 제기하거나 변화를 요구할 때 나타난다. 즉, 합리적 의심의 결과를 판단과 의견을 담아 제안해야 문제가 구성원들의 과제로 드러나게 된다. 이렇게 논제가 만들어지고, 서로 다른 의견을 가진 구성원들이 생기며, 의견이 찬성과 반대로 양립할 때 찬반 토론을 해야 한다.

찬반 토론은 변화를 추구하거나 문제를 해결하려는 논제에 찬성하는 측과 기존의 질서나 상태를 지키려는 반대 측이 맞서는 상황에서 시작된다.

논제에 대한 의견을 조사하여 찬성과 반대를 정하고 역할을 구성하여 토론을 시작할 수도 있고, 교육 토론의 경우 교사가 임의로 학생들을 찬성과 반대로 나누어 진행할 수도 있다. 양측은 논리적인 담화를 통해 구성원들을 설득하기 위한 소통을 하게 된다. 찬성 측은 논제가 받아들여야 할 사실, 가치, 정책 등임을 논리적으로 증명하려 하며, 반대 측은 찬성 측 의견의 모순과 허점을 논리적으로 증명하려 한다. 양측은 절차와 규칙에 따라 입론, 반론, 최종발언 등의 과정으로 상호 작용하며 적극적인 의사소통으로 문제를 해결하려는 집단적 말하기를 하게 된다.

논제를 놓고 찬성 측 입증과 반대 측 반증의 상호 작용이 이루어졌다면, 토론을 접한 청중은 문제 해결을 위한 선택을 해야 한다. 양측의 논리력을 기반으로 어느 측이 더 설득력이 있는지 판단해야 한다. '판정'이라고 하는 이 선택의 과정이 공동체 문제의 해결이라는 토론의 사회적 역할을 달성하게 하는 요소이다.

왜 찬반 토론 수업인가?

삶은 고민과 갈등의 연속이다. 사회 여러 분야에서 문제가 생겼을 때 의문을 갖고 접근해야 토론이 시작된다. 아렌트(Hannah Arendt)는 '악의 평범성'을 언급하며 불합리한 현실에 한 번도 질문을 던지지 않거나 자신의 역할에 대해 질문을 던지지 않고, 자기 언어가 없는 사람, 자기 언어가 없기에 자기를 돌아볼 수 없는 사람이 괴물이 된다고 했다. 토론 수업은 삶을 개선하려는 태도와 불합리한 부분에 대한 의문을 품을 수 있는 의지를 길러줄 수 있다.

또한 학생들은 자신들의 의견을 설득력 있게 제시하는 과정에서 이유와 근거로 논증 구조를 형성하는 활동을 하면서 정보를 분석하고 분류하는 능력, 창의적인 사고 능력, 논리적인 사고 능력을 함양할 수 있다.

그리고 학생들은 찬반 토론 활동을 하면서 자신의 역할에 따라 적절한 의견과 신념, 태도, 가치 등을 표현하게 된다. 자신의 역할에 따라 모둠원들과 협력하여 자기 측 주장에 대한 입증과 상대 측 주장에 대한 반증을 수행하는 과정에서 공동체나 사회의 구성원들과 함께하는 경쟁적 협력을 하면서 의사소통 능력, 비판적 사고 능력 등을 기를 수 있다. 모둠 내에서의 협력은 물론, 반대 의견을 가진 구성원과도 논리적인 추론으로 가장 합리적인 방안을 도출하는 공정한 경쟁과 협력을 하면서 공동체 역량을 키울 수도 있다.

찬반 토론 수업은 어떻게 하는가?

1단계. 토론의 시작, '논제' 만들기

논제(論題)란 논해야 할 문제(問題)를 말한다. 문제는 해결해야 할 과제이다. 논제는 교과 학습내용을 고려하여 도출할 수도 있고 현실에서 일어나는 문제를 교과와 연결하여 생성할 수도 있다.

논제를 만들 때는 형식적 측면과 내용적 측면에서 몇 가지를 염두에 두는 것이 좋다. 형식적인 측면에서 논제는 평서문의 명제로 구성하는 것이 좋다. 표현하는 이의 단정적이고 명확한 태도를 반영하여 논의의 초점을 분명하게 할 수 있기 때문이다. 또한 긍정문의 형식으로 진술되는 것이 좋다. '안', '못' 부정문의 형태로 진술되면 찬성 측과 반대 측이 서로 입장이 뒤바뀌어 토론하는 경우가 발생하거나 청중이 논점을 뚜렷하게 인지하는 데 방해가 되는 표현들이 등장할 수도 있다.

　내용적 측면에서도 몇 가지 요건을 갖추는 것이 좋다. 우선, 찬반의 대립이 뚜렷한 진술이 좋다. 찬반의 분명하고 명확한 대립 구도는 문제의 본질을 파악하기 위한 쟁점을 선명하게 드러내주며, 논제의 전반적인 흐름을 파악하고 조정하는 사회자의 개입 없이도 원활하게 토론이 진행되기 때문이다. 다음으로 논제 문장은 하나의 주장만을 담고 있어야 한다. 즉, 한 가지 명제만 포함해야 한다. 두 가지 이상의 의미를 내포하면, 토론의 진행이 두 방향으로 흘러갈 수 있고 그로 인해 토론의 초점이 흐려질 수 있다. 또한 구체적이고 분명한 내용으로 서술되어야 한다. 애매하거나 모호하지 않은 어휘로 진술하고 꼭 필요한 수식어만 사용하는 것이 좋다. 현 상태나 기존의 질서에 대한 변화의 의도를 드러내는 진술이 좋다. 찬성 측이 기존 질서나 상태에 문제를 제기하는 것에서 토론이 시작되므로 찬성 측의 입장을 뚜렷하게 드러내는 내용으로 표현되는 것이 좋다. 찬반 어느 측에도 유리하지 않게 중립을 유지하는 것이 필요하다. 논제를 만들 때는 찬반 어느 한 편에 유리하게 작용하는 정서적 감정이 담긴 표현은 될 수 있으면 배제해야 한다. 공정하고 평등한 기회를 주어 어느 측 주장과 근거가 더욱 설득력이 있는가를 청중이나 판정관이 판단하게 하는 것이다. 참고로 토론 당사자들의 관심과 흥미를 끌 수 있는 문제로 토론을 하면 더 의미 있는 토론을 할 수 있다.

- 형식적 측면
  - 긍정문의 진술로 표현되어야 한다.
  - 부정문의 진술로 표현하지 말아야 한다.

- 내용적 측면
  - 찬반 대립이 뚜렷한 것이 좋다.
  - 진술이 하나의 주장만을 담고 있어야 한다.
  - 구체적이고 분명한 내용으로 서술되는 것이 좋다.
  - 현 상태나 기존 질서에 대한 변화를 추구하는 것이 좋다.
  - 중립성을 유지하는 내용이어야 한다.

다양한 논제로 토론을 하다 보면 논제별로 어떤 특징이 나타난다. 즉, 논제의 유형을 나눌 수 있는데 유형에 따라 논제를 분석하는 방법과 증명하는 방법에 차이가 있으므로 이에 대한 고려도 필요하다.

사실 논제는 사실 여부에 대한 주장으로 진술이 참이냐 거짓이냐를 증명하는 주장이다. 과거, 현재, 미래 시제의 진술로 제시될 수 있으며, 재판 상황이 주로 사실 논제를 다루는 경우가 많다. 가치 논제는 가치 판단에 관한 주장으로 어떤 가치를 우선적인 것으로 볼 것인가에 대한 명제이다. '좋으냐, 나쁘냐', '바람직하냐, 바람직하지 못하냐', '가치가 있는 것이냐, 없는 것이냐'를 가려야 하는 주장이다. 정책 논제는 정해진 입장에 대해 구체적인 실행 방법 또는 문제에 대한 해결안을 포함하는 주장이다. 제시된 방안이 현재 상황의 문제를 해결할 수 있는지, 그 방안을 실행할 가능성이 있는지, 그 방안을 실행하는 데 따르는 긍정적인 영향과 부정적인 영향은 어떤 것인지 등을 논의하고 그 방안을 실행해야 할지 말아야 할지를 판단하는 주장이다. 교과 수업에 따라 적절한 유형을 선택해야 한다.

2단계. 토론의 기초, 입론

토론이 시작되면 논증을 바탕으로 자신의 의견을 세워야 한다. 상대측을 설득하거나 자신의 제안을 강화하려면 적절한 말하기의 구조가 필요하다. 이것이 논증인데 찬성 측은 이 구조를 이용하여 논제를 증명해야 한다. 이렇게 논증을 이용하여 논제의 이유와 근거를 제시하며 그 주장을 정당화하는 과정이 '입론'이다. 입론은 상대방의 반론에 대비하여 자신의 주장과 근거를 제시함으로써 튼튼한 방어벽을 쌓는 것이다. 그래서 입론을 구성할 때는 청중이나 판정단의 입장에서 봤을 때 최대한 탄탄한 논증을 토대로 해야 하며 문제를 해결하기 위한 입증의 의무*를 다해야 한다.

입론에서는 논제의 의미를 정확하게 해석하고, 사용한 용어를 분명하게 정의하며, 논제가 부각된 배경을 밝혀야 한다. 배경을 밝히는 이유는 논제에 관심과 문제의식을 갖게 하기 위해서이다. 해당 논제가 토론을 해야만 하는 사회적, 공동체적 가치가 있음을 밝히는 과정도 필요하다.

그래서 입론은 논의의 배경 설명, 논제 용어 정의, 논증 등으로 구성한다. 배경 설명은 해당 논제를 토론하는 의의를 설명하는 역할을 하는 것으로, 논제의 시급성, 중요성, 개선 필요성 등을 중심으로 구성한다.

---

*   주장이 참임을 증명하는 책임. 상대나 청중을 설득할 수 있는 이유와 근거가 필요. 주로 문제를 제기한 찬성 측이 가지는 의무

- 시급성: 제안이나 주장이 우리 사회에서 절박하고 급하게 해결해야 할 문제인가?
- 중요성: 논제가 사회적으로 중요한 문제인가?
- 개선 필요성: 현재 상황에서 개선할 필요성이 있는가?

논제의 용어 정의는 토론 참가자들이 논제의 의미를 공유하게 하고 논의 범위를 규정하는 역할을 할 수 있다. 해당 논제를 왜 토론까지 해야 하는지를 고려하고 토론의 의도를 반영하여 주요 개념을 설명할 필요가 있다. 정의는 다음을 고려한다.

- 사전적 정의: 국어사전에서 찾아서 그대로 하는 정의
- 법률적 정의: 현재 우리 사회에서 적용되는 관련 법률에서 제시하는 정의
- 전문가들의 정의: 학자들의 논문이나 저서, 학계에서 제시하는 정의

논증 부분은 앞에서 언급한 논증의 원리를 바탕으로 발언 시간을 고려하여 논증의 개수를 설정하고 근거 자료의 수를 조절하여 발표한다. 추가로, 시간의 여유가 있다면 상대방의 예상 반론을 고려하여 예상 반론 막기를 할 수도 있다.

3단계. 토론의 핵심, 반론

토론은 일방적인 자기주장을 하는 말하기가 아니라 제시된 의견에 대해 대립적인 의견을 가진 이들의 반박을 특징으로 하는 상호 작용하는 말하

기이다. 토론 참가자는 찬성 측이든 반대 측이든 자신의 견해를 논리적인 구조로 제시해야 하며 자신의 의견을 강화하고 보완하는 논리를 펼쳐야 한다. 논제를 입증하는 측과 마찬가지로 반대하는 측도 반중의 의무*를 수행해야 한다.

반론은 입론에서 상대측이 제안한 이유와 근거를 분석하여 양측의 생각과 의견이 처음으로 만나서 연결되는 부분이다. 준비한 자료를 바탕으로 상대와 상호 작용하는 부분이므로 토론을 가장 역동적이고 흥미 있게 만드는 핵심 요소라 할 수 있다. 찬성 측도 반대 측의 반론을 듣고 재반론의 기회를 갖게 되므로 토론이 문제 해결을 위한 집단적 의사소통의 과정임을 느낄 수 있는 단계이다. 상대가 제시한 이유와 근거의 생각이나 의견, 이론과 통계, 사실, 사례 등이 참인지 거짓인지 검증해 거짓됨을 공격하는 것이며, 상대방이 구축해놓은 논증을 타당성이 없다거나 충분한 뒷받침이 없다는 점을 들어 비판하는 것이다. 상대방의 주장−이유−근거 사이의 연관성도 점검하여 적절한지를 판단한다. 아울러 상대방에 대한 반박뿐만 아니라 자기편 의견을 보완하거나 추가 근거를 제시하는 것도 필요하다.

반론을 하기 위해서는 오른쪽 도표와 같은 사고 과정을 따른다. 반론은 논증 부분에서 제시한 좋은 논증의 조건을 점검하여 허점과 모순을 찾아낸 후 자기 측이 준비한 자료를 근거로 반대 논증을 만들면 된다. 논증의 구성 요소인 이유와 근거를 조목조목 분석한 후 사실성, 관련성, 충분성 등을 검토하여 각 요소를 직접 반박하는 방법이 효율적이다.

---

* 찬성 측의 주장과 근거의 허점과 모순을 지적하며 반대 이유와 근거로 자신들의 입장을 증명해야 하는 반대 측의 의무

상대의 논증이 무엇인지 정확하게 분석하기

↓

각 논증의 이유와 근거에 드러나는 문제점 찾기 (사실 여부, 관련성 여부, 충분성 여부)

↓

우리 측이 준비한 자료를 바탕으로 쟁점 형성하기

↓

반론을 위한 논증 구성하기

↓

반론 결과, 상대 논증의 어떤 부분이 약화되고
자신의 논증의 어떤 부분이 강화되었는지를 밝히기

- 사실성: 제시된 논증의 각 요소가 사실인가? 정확한가?
  - 상대방이 제시한 이유 및 근거가 사실(진리)인가? 또는 정확한가?
  - 상대방이 인용한 요소들은 믿을 만한 것인가? 받아들일 수 있는 것(수용 가능성)인가?
- 관련성: 논증 구조 구성 요소 간 관련성이 있는가?
  - 제시된 사실들은 모순이 없는가?
  - 상대방이 제시한 '주장과 이유' 및 '이유와 근거'가 서로 관련(연관)성은 있는가?
  - 추론 과정에서 오류는 없는가?
- 충분성: 주장을 위한 충분한 뒷받침 요소가 제시되었는가?
  - 제시된 사실들이 주장을 지지하기에 충분한가?(부족하지 않은가?)
  - 의견이 제대로 된 출처에서 나온 것인가? 출처가 공정한가?

– 근거가 일반화될 수 있는 것들인가?(성급한 일반화의 오류는 아닌가?)

반론을 구성할 때도 이유와 근거의 논증 구조를 갖추어야 하며, 반론자도 적절하고 타당한 이유와 근거를 모두 제시해야 의미 있는 반론을 할 수 있다.

4단계. 토론의 마무리, 최종발언

최종발언은 모든 토론의 과정 중 마지막으로 하는 발언이다. 토론 모형에 따라 입론과 반론으로만 구성되는 경우 최종발언을 별도로 하지 않을 수 있다. 마지막 발언이기 때문에 입론과 반론보다 청중이나 판정자들이 더 잘 기억할 수 있다. 따라서 자기 측의 입장을 각인시킬 기회이다. 재판 장면에서 보면 최종 변론이라는 것이 있는데, 이 부분이 마지막으로 판사 또는 배심원에게 호소하는 중요한 순간이듯 토론에서도 선택을 위한 최종 퍼즐의 기능을 한다.

최종발언은 미흡한 반론의 보완, 자기편 논증의 정리 및 강조, 쟁점을 중심으로 토론 정리하기, 깊은 인상 남기기 등의 구조로 구성한다.

반론 보완 부분에서는 상대방 주장에 대해서 남은 반론이 있을 경우 시행한다. 이때 앞에서 언급한 반론을 되풀이하기보다는 반론을 펼치지 못했거나 재반론이 필요한 부분을 반론한다.

일반 청중이 앞선 토론 과정의 내용을 모두 기억하기는 힘들다. 토론의 과정을 요약해주는 것이 필요하다. 요약은 자기편의 논증을 단순히 되풀이하지 말고 쟁점별로 내용을 정리하는 것이 좋다. 토론의 과정을 정리한다는 것은 단순한 요약이 아니라 양측이 논쟁한 쟁점을 찾아 각 쟁점에서 자기편의 주장과 반론이 더 효과적이었음을 드러내는 정리를 의미한다.

적절한 예화나 비유, 인용문을 효과적으로 활용하면 판정단에게 깊은 인상을 줄 수 있다. 단, 이때 활용되는 예화나 비유, 인용문의 내용은 신뢰성이 있어야 한다. 따라서 그 논제와 관련이 있거나 잘 알려져 있는 사람들의 명언이나 전문가의 견해 등을 활용하는 것이 좋다.

Q&A

Q. 찬반 토론에서 학생들이 자신의 생각과는 다르게 찬성과 반대 입장을 맡는 것이 적절한가?

A. 토론 참여자 각각의 의견을 들어 정하는 것이 가장 합리적이긴 하지만, 자신의 생각과는 다른 측의 토론을 하는 것도 가치 있다. 자신의 생각과 신념에 매몰되기보다 다른 관점에서 토론을 준비하고 자신이 생각하는 입장의 의견을 반박하다 보면, 자기 생각을 성찰하고 정리하는 효과가 있다. 또한 토론 교육이 탄탄한 논증 구성력과 의사소통 능력을 기르는 것으로 볼 때 찬반 결정의 방법은 융통성을 발휘해도 되는 부분이다.

Q. 토론에서 판정이 꼭 필요한가?

A. 학교 현장에는 토론 과정 중 판정이 미치는 부정적인 영향을 지적하며 판정을 빼고 진행하는 경우가 종종 있다. 학생들을 경쟁 상황으로 몰고 승패를 통해 부정적인 영향을 주어 비교육적이라 생각할 수 있다. 그러나 판정을 문제 해결을 위해 이루어진 상호 소통 내용 중 청중이 설득력이 있

다고 생각하는 의견을 선택하는 행위, 또는 토론 활동에 대한 피드백의 관점으로 받아들인다면 토론 활동이 더 유용하고 생산적인 성과로 이어질 것이다. 그런 측면에서 판정은 필요하다고 할 수 있다. 물론 토론 활동에 대한 평가는 철저히 논리적인 측면을 중심으로, 문제 해결의 관점에서 해야 할 필요가 있다.

찬반 토론
_도덕

김준호, 장곡중학교

나를 소개하는 '하얀 거짓말'*

학생들과의 첫 만남은 중요하다. 학생들은 '올해 어떤 선생님이 들어오실까' 하는 설레는 마음으로 교사를 기다린다. 그런 학생들의 기대를 충족시켜 주고 싶다. 학생들에게 인상 깊게 다가가는 첫 만남이기를 소망한다.

자기소개를 잘하기 위해 연수 등을 들으며 여러 방법을 고민했다. 그중에서 내게 가장 좋아하는 방법은 하얀 거짓말 기법을 활용한 자기소개이다. 하얀 거짓말은 매력적인 오답을 포함한 나에 관한 정보를 선다형 문제형태로 제시하는 방법이다. 학생들에게 내가 어떤 사람인지에 대해 진술하게 알려줄 수 있어서 좋다. 그래서 매년 첫 시간에는 하얀 거짓말 토론기법을 활용한다.

---

*   유동걸(2012), 『토론의 전사 2 - 디베이트의 방법을 찾다』, 해냄에듀, pp.25~28 참고

① 가장 즐겨 하는 운동은 농구이다.

② 아내는 첫사랑이자 초등학교 동창이다.

③ 드라마나 영화보다는 예능 프로그램을 자주 시청한다.

④ 남자 아이돌 그룹 ○○○을 좋아하고, 그들의 노래를 즐겨 듣는다.

⑤ 토론을 통해 학생들의 생각하는 힘을 길러주는 수업을 한다.

이렇게 문제를 제시하면 학생들은 생각보다 뜨겁게 반응한다. 학생들이 궁금해하는 첫사랑, 남학생들이 좋아하는 운동, 여학생들이 관심 갖는 아이돌 그룹 등 학생들이 관심 있어 할만한 내용이 많기 때문이다.

문제를 보자마자, 학생들이 놀라는 동시에 웅성웅성한다. 예상대로 반응이 괜찮다. 마음속으로 미소를 짓고 질문을 던진다.

"만나서 반가워요. 우선 나를 소개할게요. 나는 이런 사람입니다. 그런데 이 중에서 사실이 아닌 것이 하나 있어요. 무엇일까요? 잠시 생각해보세요."

학생들의 대답은 다양하지만, 어느 반에서나 가장 많이 꼽는 것은 '지금의 아내가 첫사랑이자 초등학교 동창이다'이다. 이번에도 어김없이 대다수 학생이 이 문장을 골랐다. 나는 다시 물었다.

"왜 지금의 아내가 첫사랑이 아니라고 생각하나요?"

"첫사랑과 결혼할 확률이 거의 없어요. 그런데 초등학교 동창이기까지. 그건 거의 불가능해요. 이런 경우는 본 적이 없어요."

그러자 다른 학생들이 한 마디씩 한다.

"초등학교 동창하고 결혼할 확률이 별로 없지만, 가끔 그런 경우가 있어. 지난번 텔레비전에서 선생님 경우와 비슷한 사연을 본 적이 있어. 선생님 맞죠?"

"우선 여러분의 답변은 선생님을 아주 놀라게 했어요. 왜 그럴까요? 중학생들이 많이 사용하는 '몰라요', '그냥요' 라고 대답하지 않았기 때문이에요. 선생님이 첫사랑과 결혼했을 가능성이 없는 것 같은데, '그냥'이 아니라 주변에서 이런 경우를 본 적이 없다는 자기 나름대로의 경험을 이유로 제시했기 때문이에요. 또 하나 그 대답에 대해 텔레비전에서 사연을 본적이 있어서 선생님도 첫사랑과 결혼했을 수 있다고 반론을 펼친 것도 너무나도 멋졌어요."

이후에 학생들은 '그냥요, 몰라요' 라는 말을 사용하지 않고 이유를 찾아서 다른 답들을 제시한다.

"선생님은 도덕 선생님이잖아. 토론은 국어 시간에 배우는 것이니까 토론 수업을 하지 않을 거예요."

"보통 남자들은 여자 아이돌을 좋아해요. 선생님도 남자니까 ○○○을 좋아하지는 않을 것 같아요."

이처럼 다양한 답변과 반대 의견이 자연스럽게 나온다. 나는 학생들의 답변을 들으면서 적극적인 호응과 격려만 하면 된다. 그렇다. 학생들은 토론을 제대로 배우지 않고도 논증적 사고를 할 수 있다. 자기소개 소재 하나로 학생들은 이유를 들어가며 주장을 펼치고 반대 의견을 제시한다.

논증 구조를 활용한 학생 자기 소개하기

내 소개가 끝나면 학생들의 자기소개 시간을 갖는다. 토론의 핵심인 논증이 담겨 있는 자기소개 방법을 주로 사용한다.

> 내가 가장 좋아하는 것은 ＿＿＿＿＿＿＿＿＿＿이다.
>
> 왜냐하면 ＿＿＿＿＿＿＿＿＿＿＿＿＿＿＿＿.
>
> 예를 들어 ＿＿＿＿＿＿＿＿＿＿＿＿＿＿＿＿.

　아주 간단하다. 가장 좋아하는 것을 이유와 근거를 들어 설명하면 된다. 그런데 학생들은 이 문제를 보고 두 가지 이유로 어렵게 느낀다. 첫 번째 는 자신이 가장 좋아하는 것을 생각해본 적이 없어서 무엇을 적어야 할지 모르기 때문이다. 두 번째 이유는 '예를 들어' 부분에서 무엇을 적어야 할 지 모르기 때문이다. 첫 번째 이유는 자신에 관해 잠시 생각해보는 것으로 해결된다. '예를 들어'에 무엇을 쓸지 모르는 경우에는 자신의 경험을 써 보라고 하면 대부분 쉽게 이해한다.

　5분 정도면 학생들은 자기소개 문장을 완성한다. 다음은 한 학생이 작성 한 것이다.

> 내가 가장 좋아하는 것은 운동과 게임이다.
>
> 왜냐하면 운동을 할 때 즐겁기 때문이다.
>
> 예를 들어 나는 주로 방과 후 학원 가기 전에 친구들과 운동을 한다.

　"□□이는 운동과 게임을 좋아하는구나. 어떤 운동과 게임을 좋아해?"

　"축구와 피파 게임이요. 제가 축구를 좋아하거든요."

　"우와, 멋지고 부럽다. 선생님은 힘들어서 축구를 못 하거든. 축구를 5분만 해도 토할 것 같아. 자기소개를 해줘서 고마워."

이렇게 학생들의 소개를 받고 대화를 나눈다. 그런데 여기서 그치지 않고 전체 학생에게 다음과 같이 질문한다.

"'내가 가장 좋아하는 것은 운동과 게임이다'라고 방금 □□이가 소개해줬는데, 이 문장에서 살짝 아쉬운 부분이 있어요. 여러분이 함께 수정해주면 좋을 것 같아요."

학생들은 당황한다. 뭐가 잘못되었다니. 선생님께서 무슨 말씀을 하시는 거지. 학생들의 눈빛이 흔들리기 시작한다.

"'내가 가장 좋아하는 것은 운동과 게임이다'라는 문장에는 오류가 있어요. 무엇인지 찾아보는 거예요. 같이 찾아볼까요?

잠시 후 한 학생이 말한다.

"선생님, 찾았어요. 가장 좋아하는 것이 운동과 게임이 될 수 없어요. 가장 좋아하는 것은 한 가지를 선택해야 하는데, 운동과 게임 둘 모두를 가장 좋아할 수는 없잖아요."

"우와~~~" 다른 학생들에게서 감탄사가 마구 쏟아진다.

"그래요. 아주 훌륭해요. 여러분이 찾아낼 줄 알았어요. 그럼 어떻게 바꾸어야 할까요?"

"'내가 가장 좋아하는 것은 운동이다.' 이렇게 바꾸면 좋겠어요."

다른 학생들이 "맞아요. 이제 완벽해졌어요"라고 한다.

"네, 그렇군요. 내가 가장 좋아하는 것은 운동이다. 그런데 여러분이 방금 수정한 이 문장도 여전히 조금 아쉬운 부분이 있어요. 상대방에게 자신의 생각을 전달기에 분명하지 않은데 무엇일까요?"

이번에는 이전보다 더 크게 웅성거리며 당황스러워한다. 무엇이 문제인지 도저히 알 수 없다는 표정으로 혹시 선생님이 농담하시는 건 아닐까 하고 의심의 눈길을 보내기도 한다. 그리고 다들 내 대답을 듣고 싶어 나의 말에 귀를 기울인다.

"□□이는 운동을 좋아한다고 했어요. 그런데 어떤 운동을 좋아한다고 했죠?"

"축구요."

"그래요. 축구를 좋아해요. 그럼 다시 물어볼게요. □□이는 모든 종류의 운동을 좋아하나요? 좋아하지 않는 운동은 없나요?"

"축구를 가장 좋아해요. 그리고 다른 운동은 별로 좋아하지 않아요."

"그렇군요. 여러분 어떤가요? □□이가 모든 운동을 좋아하지는 않네요. 그런데 '가장 좋아하는 것은 운동입니다'라고 하면 사실과 다를 뿐만 아니라 듣는 사람들에게 자신이 가장 좋아하는 것을 명료하게 전달할 수 없어요. 자신이 전달하고자 하는 내용은 분명하고 명료해야 해요."

학생들은 놀라는 표정을 지으며 무언가를 알겠다는 반응이다.

한 학생이 "난 '내가 가장 좋아하는 것은 게임이다'라고 했는데, 이것도 잘못되었는걸. 분명하지 않잖아. 수정해야지"라고 한다.

이제 다음 문장을 제시하면서 다시 묻는다.

"그럼 이 문장은 어떤가요? 첫 번째 문장은 수정했으니. 이제 첫 번째와 두 번째 문장의 관련성을 생각해보세요?"

내가 가장 좋아하는 것은 운동과 게임이다.

왜냐하면 운동을 할 때 즐겁기 때문이다.

이 두 문장에서는 별다른 이상이 없어 보인다는 반응들이다. 조금 더 생각할 시간을 준 후 말한다.

"송중기는 멋지다. 왜냐하면 근사하기 때문이다."

잠시 침묵이 흐른 후 한 학생이 말한다.

"선생님 '멋지다' 와 '근사하다' 는 거의 비슷한 말 아닌가요? 같은 말을 반복한 것 같아요."

"그래요. 잘 찾았어요. 그럼 다시 위 두 문장을 살펴보세요."

"아하, 좋아하는 것과 즐거운 것은 거의 비슷한 말 같아요. 이유를 제시한 것이 아니라, 같은 말을 반복했어요."

이렇게 학생들은 주장과 이유의 관련성에 대해 자연스럽게 익혀간다.

그리고 다시 질문한다.

왜냐하면 운동을 할 때 즐겁기 때문이다.

예를 들어 나는 주로 방과 후 학원 가기 전에 친구들과 운동을 한다.

"그럼 이 두 문장은 어떤가요?"

학생들은 이제 좀 더 진지하게 고민한다. 하지만 무엇이 잘못되었는지 알아차리기 힘들어한다.

"'예를 들어' 부분은 이유에 대한 예를 제시해야 해요. 운동을 할 때 재밌다면, 운동을 할 때 어떻게 재밌는지, 운동을 하면서 재밌었던 자신의 경험을 이야기해주어야 해요. 그런데 방금 문장에는 방과 후에 농구를 한다고만 했지. 이유를 뒷받침하는 경험을 제시하지 못했어요."

이런 과정을 거친 다음 수정할 시간을 주고 자기소개를 다시 작성하게 한다. 이 활동이 끝나갈 때쯤 방금 작성한 것이 주장-이유-근거를 제시하는 논증 구조를 활용한 자기소개라고 설명해준다.

"논증이란 이유와 근거를 들어 주장을 펼치는 것이에요. 논리적으로 말하고 생각한다는 것은 어려운 것이 아니에요. 방금 자기소개한 것처럼 주장-이유-근거를 잘 연결하면 충분해요. 모두가 논증을 활용할 수 있어요. 논증적으로 말하면 토론이고, 논증적으로 글을 쓰면 그게 바로 논술이에요. 앞으로 도덕 시간에는 최소한 자신의 생각을 말할 때 이유를 제시하길 바라요."

코미디 프로그램 '사망토론'으로 논증 연습하기*

자기소개로 논증을 경험했으니 논증을 좀 더 깊이 알아보는 시간을 갖고 싶었다. 학생들이 논증 자체를 워낙 어렵고 재미없게 받아들이기에 쉽게 접근하는 방법을 고민하다 찾은 것이 바로 코미디 프로그램 '사망토론'이다. 이 프로그램은 재미있는 주제를 가지고 찬반 토론의 형식으로 코미디를 하는 것인데, 이를 활용하여 논증을 가르칠 수 있다면, 학생들도 몰입하면서 논증을 쉽게 접할 수 있을 것으로 생각했다. '사망토론'은 단순히 즐거움을 주는 코미디 프로그램으로 생각할 수도 있지만, 토론 교육을 위한 훌륭한 자료로 활용할 수 있다. 영상을 틀어주자마자 학생들은 잔뜩 기대를 하고 영상에 집중하기 시작한다.

---

* 오세호(2014), 토론의 원리 및 방법 - 논제와 논증, 음곡중학교 교사 연수 삼고

토론 주제는 '당신의 결혼 상대, 플레이보이 vs. 마마보이'이다. 먼저 플레이보이 찬성 측이 1차 발언을 한다. "여성분들 우리가 꿈꾸는 남자친구는 어떤 남자입니까? 일단 잘생기고, 키 크고, 옷 잘 입고, 능력 있어야 되고…. 그게 플레이보이입니다. 얼마나 매력적이면 수많은 여자를 만나고 다니겠어요. 플레이보이는 많은 여자를 만나봤기 때문에 여자에 대해서 잘 알아서 매일매일 설레게 해줍니다. 어느 날 갑자기 남자친구가 여자친구 머리에 리본을 달아줬을 때 '오빠 이게 뭐야', '아, 오늘 내 생일이잖아. 근데 이 세상에서 가장 큰 선물은 바로 너야.' 이게 플레이보입니다. 매일 이렇게 설레게 하는 말을 해줘서 심장이 멎지 않게 펌프질을 해줍니다. 근데 마마보이랑 사귀면 자기 생일날 갑자기 목에다 스카프를 걸어주면서 '이제 우리 엄마 같다.' 이런 마마보이랑 어떻게 사귀겠습니까. 차라리 플레이보이가 낫습니다."

이어서 마마보이 찬성 측이 1차 발언을 한다. "여러분 플레이보이와 마마보이 중에서 선택하기 힘드시죠. 저는 마마보이가 낫다고 생각합니다. 잘 생각해보십시오. 마마보이는 그냥 엄마 말을 잘 듣는 것뿐이에요. 엄마 말 잘 들으면 자다가도 떡이 생깁니다. 앞에 있는 여자분(관객) 잘 생각해보세요. 옆에 있는 남자친구가 지난주에 다른 여자랑 이 자리에 그대로 앉아서 손을 꼭 잡고 왔다면 그럼 화나죠? 열 받죠? 헤어지고 싶고 때리고 싶고 죽이고 싶겠죠? 그런데 같이 온 여자가 엄마였어. 그럼 괜찮잖아. 그러니까 플레이보이보다 마마보이가 낫습니다."

여기에서 영상을 멈추고 학생들에게 질문한다.

"지난 시간에 토론은 논증적 말하기이며, 논증은 이유와 근거를 들어 자신의 주장을 펼치는 것이라고 했어요. 그럼 지금까지 플레이보이 측과 마마보이 측이 한 번씩 발언했는데 지금까지 누가 더 논증적 말하기, 즉 토론을 잘했나요?"

누가 더 잘했는지 손을 들게 해 확인해보면 90% 정도의 학생들이 마마보이가 잘했다고 생각한다. 왜 그렇게 생각하는지 이유를 물어보면 다음과 같이 답한다.

"마마보이 측이 조금 더 예의 있게 말했어요."

"마마보이 측이 청중과 호흡을 맞춰가면서 말을 했어요."

"마마보이 측이 든 예시가 너무 인상적이었어요."

플레이보이 측이 잘했다고 생각하는 소수의 학생은 플레이보이가 왜 잘했는지에 대한 확실한 이유를 갖지 못하고 단지 플레이보이 측의 발표 전달력이 더 뛰어났다 정도로 이유를 댄다. 그러면서 마마보이 측이 잘했다는 반응에 조금 위축이 된다.

판정을 하기 위해서 양측의 입장을 주장–이유–근거 형태로 살펴보자. 우선 양측의 주장은 분명하다.

	플레이보이	마마보이
주장	결혼 상대자로 플레이보이가 마마보이보다 낫다.	결혼 상대자로 마마보이가 플레이보이보다 낫다.

이제 주장을 뒷받침하는 이유를 찾아보자. 학생들에게 결혼 상대자로 플레이보이가 마마보이보다 낫다에 대한 플레이보이 측 이유를 물어보면 쉽게 찾지 못한다. 왜냐하면 영상을 시청하면서 토론 내용을 적지 않았기 때문이다. 우리의 기억력은 그리 뛰어나지 못하다. 들을 때는 다 알 것 같

지만, 방금 들은 내용도 기억하지 못하는 경우가 많다. 그래서 학생들에게 토론을 잘하고 싶다면 토론 내용을 반드시 적어야 한다고 강조한다. 다시 한번 1차 발언 내용을 보여준다. 많은 학생이 이유를 찾는다.

	플레이보이	마마보이
이유	여자에 대해서 잘 알아서 매일매일 설레게 해준다.	엄마 말 잘 들으면 자다가도 떡이 생긴다.

이번에는 이유에 대한 근거를 찾았는지 확인해본다.

	플레이보이	마마보이
근거	어느 날 갑자기 남자친구가 여자친구 머리에 리본을 달아 줬을 때 "오빠 이게 뭐야" "아, 오늘 내 생일이잖아. 근데 이 세상에서 가장 큰 선물은 바로 너야"라는 설레는 말을 해줘 심장이 멎지 않게 해준다.	옆에 있는 남자친구가 지난주에 다른 여자랑 이 자리에 그대로 앉아서 손을 꽉 잡고 왔다면 그럼 화나죠? 열 받죠? 헤어지고 싶고 때리고 싶고 죽이고 싶겠죠? 그런데 같이 온 여자가 엄마였어. 그럼 괜찮다.

주장과 이유, 근거를 찾고 나서 다시 묻는다.

"토론은 논증적 말하기이고, 논증은 주장-이유-근거 말하기입니다. 주장-이유-근거 말하기가 잘 되었나요? 플레이보이 측은 여자를 잘 알아서 매일매일 설레게 해주는 예를 제시했나요? 마마보이 측은 엄마 말 잘 들으면 자다가도 떡이 생기는 예를 제시했나요?"

이 질문에 대다수의 학생은 '아하' 하며 뭔가를 깨달았다는 반응을 보인다.

"선생님, 마마보이 측이 든 예가 엄마 말 잘 들어서 떡, 즉 어떤 이득이 생긴 사례와는 관련이 없어요. 반면에 플레이보이는 주장과 이유, 근거가 잘 연결된 것 같아요."

그렇다. 마마보이 측은 청중의 긍정적 반응을 이끌어내며 얼핏 보면 말을 잘한 것 같지만, 이유와 관계없는 근거를 들었기 때문에 논증적 말하기를 잘하지 못한 것이다. 이 과정을 거치고 나면 학생들은 논증에 대한 이해도가 높아진다.

뒤이어 플레이보이 측과 마마보이 측의 2차 발언이 진행된다. 먼저 플레이보이 측 발언을 들어보자.

"마마보이랑 결혼하면 결혼식장에서부터 스트레스를 받습니다. 보통 '신랑 입장' 하면 옷매무새를 가다듬고 서 있습니다. 그런데 마마보이가 결혼하면 혼주석에 엄마가 앉아 있다가 '잠깐만요. 이놈의 자식아, 옷을 이렇게 입지 말랬잖아. 티셔츠와 속옷을 바지에 넣어서 입으라니까' 하면서 옷 정리를 해줍니다. 그리고 결혼식이 끝나면 신랑이 신부에게 이렇게 얘기합니다. '자기야 우리, 신혼여행 엄마 데리고 가면 안 돼?' 플레이보이기 '잇습니다."

"마마보이와 결혼하면 참 편합니다. 아들을 엄청 끔찍하게 생각하는 우리 시어머니가 있습니다. 시어머니가 아들 깨끗한 곳에서 자야 한다고 매일 와서 집 청소해줘, 빨래해줘, 또 아들 입맛에 맞는 반찬 매일 와서 해줍니다. 시어머니가 나를 이렇게 편안하게 해주니 그런 시어머니에게 남편 조금 양보하면 되지 않겠습니까?"

이제 학생들에게 플레이보이와 마마보이 측의 논증이 어땠는지 물어보면 이번에는 논증 구조를 대부분 파악한다. 플레이보이 측은 결혼식장에서 시어머니가 옷 정리해주는 사례, 신혼여행을 엄마와 함께 가는 것을 근거로 제시한다. 2차 발언에서는 이유에 맞는 2가지 근거를 제시한 것이다. 마마보이 측도 결혼하면 편하다는 이유에 맞는 청소, 빨래, 반찬이라는 근거를 제시했다. 양측 모두 논증 구조에 맞게 발언을 잘하고 있다. 이렇게 학생들과 이야기하다 보면 논증을 쉽게 이해할 수 있게 된다.

이어지는 영상에서는 2차 발언 이후에 서로 반론을 치열하게 주고받는다. 이후 아주 인상 깊은 최종발언까지 하고 청중의 판정 결과를 받는다. 이 과정을 모두 시청하고 나면 논증뿐만 아니라 찬반 토론의 기본 원리를 이해할 수 있게 된다.

반장 이야기로 배우는 반론하기*

논증을 배우고 이유와 근거를 바탕으로 자기주장을 할 수 있게 되면, 이제 상대방 의견에 반론하는 것을 배운다. 어찌 보면 찬반 토론의 핵심이라 할 수 있다. 찬반 토론의 핵심은 서로 반론하기를 통해서 쟁점이 부딪치는 바로 그 지점이 아닐까 생각한다. 그런데 학생들은 반론을 어려워한다. 상대 의견을 듣고 바로 반론하는 것은 엄청난 순발력과 사고력이 필요하기 때문이다. 때마침 곧 반장 선거가 진행될 예정이라 반장이 갖추어야 할 자격 문제로 접근해봤다. 칠판에 3개의 문장을 적었다.

---

*   정은식(2014), 반론 방법 이해 및 실습, 응곡중학교 교사 연수 참고

주장: 철수는 반장이 되어야 한다.

이유: 왜냐하면 성실하기 때문이다.

근거: 저는 지난 몇 년 동안 철수와 같은 반이었는데, 철수가 남들이 싫어하는 분리수거를 도맡아 해왔습니다.

그리고 모둠별로 협력해서 5개의 반론을 만들어보라고 했다. 실제 반장 선거를 앞두고 있어서 반장이 갖추어야 할 자격에 흥미를 갖고 임했다. 하지만 역시나 반론을 쉽게 만들어내지는 못했다. 대부분의 모둠에서 '성실하다고 꼭 반장이 되어야 하는 것은 아니다', '지난 몇 년 동안 남들이 싫어하는 분리수거를 도맡아 해온 것이 성실한 것은 아니다.' 이 두 개의 반론을 작성하고 더 이상 반론을 만들어내지 못했다. 생각할 시간을 더 주었지만, 어려움을 느끼자 모둠 활동을 멈추고 공유를 시작했다.

"여러분이 찾은 반론을 말해줄래요?"

"성실하다고 꼭 반장이 되는 것은 아닌 것 같아요. 반장이 되는 데 성실은 관련이 없는 것 같아요."

"잘 찾았네요. 그래요. 성실이 반장이 되는 데 관련이 없을 수도 있겠네요. 이와 같은 반론을 관련성 반론이라고 해요. 주장과 이유, 이유와 근거가 관련이 있는지 따져보는 것이지요."

"그렇다면 '지난 몇 년 동안 남들이 싫어하는 분리수거를 도맡아 해온 것이 성실한 것은 아니다'는 이유와 근거의 관련성에 대한 반론이네요."

"그래요. 관련성 반론을 이해했네요. 그럼 다른 반론은 없을까요?"

"다소 삐딱한 생각인데요. 철수가 분리수거를 도맡아 한 것이 사실이 아닐 수 있을 것 같아요."

"토론에서 가장 중요한 것은 사실에 기반해서 생각을 주고받는 거예요. 그게 토론자의 기본적인 의무이죠. 그런데 그렇지 않은 경우가 있어요. 또한 사실을 잘못 파악하는 경우도 많아요. 그래서 상대방 의견이 우선 사실인지 아닌지 따져보는 것이 중요해요. 그렇다면 방금 반론은 삐딱한 것이 아니라 아주 기본적이고 중요한 반론이에요. 이와 같은 반론을 사실성 반론이라고 해요."

"선생님, 철수가 분리수거를 도맡아 해왔고 성실하다는 점은 인정하더라도 지난 몇 년 동안 분리수거를 도맡아 해왔다는 것만으로 성실하다고 할 수 있을까요? 성실하다고 하기 위해서는 다른 사례가 더 필요할 것 같아요."

"그렇군요. 분리수거 한 가지 사례만으로 성실하다고 말할 수 없겠네요. 이와 같은 반론을 충분성 반론이라고 해요. 관련성 반론과 비슷해 보이지만 달라요. 충분성 반론은 관련은 있지만 충분하지 않다는 거예요. 분리수거 하는 것이 성실하다는 것과 관련은 있으나 충분하지 않다는 것이지요. '마치 까마귀는 날 수 있다. 기러기도 날 수 있다. 따라서 모든 새는 날 수 있다' 와 같이 몇 개의 사례만으로 일반화하는 오류를 범할 수 있어요."

"지금까지 사실성 반론, 관련성 반론, 충분성 반론 3가지를 배웠는데, 다른 두 가지 반론이 남았어요. 좀 더 생각해봐요."

"도저히 모르겠어요."

"여러분은 반장이 되는 데 무슨 조건이 가장 중요하다고 생각하나요?"

"아, 선생님. 반장이 되는 데 성실보다 리더십이 중요하다고 반론을 제시할 수 있어요. 철수는 성실하지만 영희가 리더십이 훨씬 뛰어나니 영희가 반장으로 더 적합하다고 반론하면 좋겠어요."

"잘 찾았어요. 성실보다 리더십을, 철수보다 영희를, 즉 새로운 대안을 제시하는 반론이에요. 철수가 분리수거를 도맡아 해온 것과 성실하다는 것을 인정하지만, 그보다 더 나은 대안을 제시하는 거죠. 기존 안보다 더 나은 대안이 있다면, 기존 안은 자연스럽게 힘이 약해지게 되겠죠."

"그렇군요."

"마지막이네요. 여러분 성실한 친구가 반장이 되면 좋아요? 선생님은 학창시절에 성실한 친구가 반장이 되었을 때 불편하던데."

"맞아요. 성실한 친구가 반장이 되면 좋은 점도 많아요. 하지만 마치 선생님인 것처럼 우리를 간섭하는 경우가 있어요. 제2의 담임선생님이 생긴 것 같이 불편해요."

"불편한 점이 생기면 성실한 철수가 반장이 되면 안 되겠네요. 이렇게 성실한 철수가 반장이 되었을 때 발생할 수 있는 부작용을 제시하는 반론을 부작용 반론이라고 해요. 새로운 대안 제시 반론과 부작용 반론은 상대방 의견을 우선 인정하고 반론을 한다고 해서 간접 반론에 해당해요. 반면에 처음에 배웠던 사실성 반론, 관련성 반론, 충분성 반론은 상대방 논증을 직접적으로 반론한다고 해서 직접 반론이라고 해요."

이렇게 반론 방법을 배우고 나면, 학생들이 제대로 배웠는지 심화 문제를 제시한다.

> 주장: 교내 공공장소에 CCTV를 설치해야 한다.
> 이유: 왜냐하면 CCTV를 설치하면 범죄를 예방할 수 있기 때문이다.
> 근거: 서울시에서 2015년부터 올해까지 500억 원을 들여 동네 곳곳에 3,000여
> 대의 CCTV 추가로 설치했는데, CCTV를 설치한 후에 범죄 발생률이 30%

이상 줄어들었다고 한다.

그리고 사실성 반론, 관련성 반론, 충분성 반론, 부작용 반론, 새로운 대안 제시 반론에 맞춰 5개 반론을 만들어보게 한다. 이 과정을 거치면, 대부분의 학생이 반론하는 방법을 알게 된다.

10분 만에 끝내는 입론과 최종발언

기본 논증과 반론을 배우고 나면, 이제 토론을 다 배웠다고 할 수 있다. 주장과 반박을 주고받는 것이 토론이라면 굳이 다른 것을 더 배우지 않더라도 충분하다. 그러나 이번 토론 수업은 4:4 찬반 토론으로 수행평가를 실시하기 위한 것이므로 입론과 최종발언을 배우는 시간이 필요했다. 찬반 토론의 시작이 입론이고, 끝이 최종발언이다.

토론에서 찬성과 반대 측이 자신들의 입장을 정리해서 발표하는 입론은 아주 중요하다. 입론에서는 필수 쟁점(stock issue)*이라 해서 반드시 다루어야 할 요소들이 있다. 그러나 수업시간이 많지도 않고 토론만을 배울 수 없는 상황에서 입론 부분을 상세히 설명할 필요는 없다. 입론의 기본적 요소만 이해하고 넘어가도 충분히 찬반 토론 수행평가를 할 수 있다. 또한

---

* 입증 책임을 지기 위하여 첫 번째 입론에서 필수적으로 언급해야 할 내용이 있는데 이를 필수 쟁점이라고 한다. 필수 쟁점에 대해서는 논저마다 약간의 차이가 있으나 보편적으로 '피해(harms), 내재성(inherency), 해결성(solvency), 이익(advantages) 등이 있다. _박재현(2018), 『교육토론의 원리와 실재』, 사회평론아카데미, p.150 인용

이후 다시 설명하겠지만, 실제 수행평가에서 입론을 간략하게 작성하게 하기 때문에 입론의 기본만 교육했다.

아래 표*는 스마트폰은 학습에 도움이 된다는 입론이다. A~H까지는 입론의 구성 요소인 논제의 배경, 용어의 개념, 주장, 이유 근거, 정리에 해당한다. 단, 표에 나와 있는 대로 입론의 처음 중간 끝의 순서대로 배열되어 있지 않다. 학생들이 각 문장이 입론의 구성 요소 중 어디에 해당하는지 찾아보게 하고 배열된 순서에 맞게 읽어봄으로써 입론을 이해할 수 있다. 이렇게 샘플을 보여주고 따라 하게 하는 방식이 학생들도 접근하기 쉽다.

A. '스마트폰'은 휴대전화로 인터넷 통신과 정보 검색 등이 가능하도록 컴퓨터에 있는 기능을 추가한 지능형 단말기를 의미하고, '학습'은 학교 교육과정에서의 교과 학습을 의미합니다.

B. 둘째, 스마트폰으로 SNS에 접속해 다른 이와 쌍방향으로 소통하여 학습을 할 수 있습니다.

C. 정보 통신 기술의 발달로 스마트폰이 대중화되어 2012년 한국의 스마트폰 사용자 수가 3,200만 명을 넘어섰다고 합니다. 실제로 넘녀노소 할 것 없이 스마트폰을 사용하는 모습을 쉽게 볼 수 있습니다. 이제 교육 현장에 스마트 기기를 도입하려는 움직임이 활발해지고 있습니다. 이런 가운데 스마트폰이 학습에 도움이 된다는 주장과 스마트폰으로 웹 서핑이나 게임을 주로 하게 되어 스마트폰이 학습에 방해가 된다는 주장이 대립하고 있습니다.

D. 앱을 다운받을 수 있는 '앱 스토어'의 '교육' 카테고리에는 다양한 분야의 교육용 앱이 1,000개 이상 있습니다. 그리고 많은 사람이 자신에게 필요한 앱을 다운받아 학습에 이용하고 있습니다. 2011년 6월 15자 'OO투데이' 기사에 따르면 대학생 ☆☆☆ 양은 스마트폰으로 휴대전화를 바꾼 후, 집과 학교를 오가는 약 1시간 30분 동안 스마트폰의 교육용 앱을 이용하여 토익 공부를 한다고 합니다.

---

* 신광재 외(2013), 『즐거운 토론 수업을 위한 토론교과서』, 창비, pp.28~29 인용

E. 여러분, 저희는 스마트폰에 있는 다양한 교육용 앱으로 학습을 할 수 있다는 점과 스마트폰으로 SNS에 접속해 사람들과 소통하며 학습할 수 있다는 점을 들어 '스마트폰은 학습에 도움이 된다'는 것에 찬성합니다. 판정관 여러분은 저희의 주장이 타당한지 판정해주십시오.

F. 저희 팀은 스마트폰이 학습에 도움이 된다고 주장합니다.

G. 공부를 하다 어려움이 생기면 친구나 선생님과 SNS로 소통하여 문제를 해결하고 정보를 공유할 수 있습니다. 2012년 11월 23일 자 '☆☆뉴스'에 따르면 대학생 ○○○ 씨는 "교수님 설명이 잘 이해가 되지 않으면 같은 수업을 듣는 학생들이 모인 SNS 단체방에 '방금 설명이 무슨 뜻이냐'고 물어본다"라며 "수업 중에 스마트폰으로 수업 내용을 묻고 답하기도 하며, 수업의 질과 난이도가 어떤지 등을 평가해 정보를 나누기도 한다"라고 했습니다.

H. 첫째, 스마트폰으로 이용할 수 있는 교육용 앱이 많아서 이를 이용해 시간과 장소를 구애받지 않고 학습을 할 수 있기 때문입니다.

논제: 스마트폰은 학습에 도움이 된다.

처음	논제의 배경	
	용어의 개념	
중간	주장	
	이유 1	
	근거 1	
	이유 2	
	근거 2	
끝	정리	

최종발언은 토론에서 마지막 발언이다. 최종발언에서는 자기 측의 논리가 더 우세했음을 청중 또는 판정관에게 설득해야 한다. 그러기 위해서는 토론에서 발생한 쟁점이 무엇인지 설명하고 각각의 쟁점에서 어떤 논박이 이루어졌는지를 파악해야 한다. 상당히 어려운 과정이다. 그래서 학생들에게 예시를 알려주면 좋다.

오늘 토론에서 발생한 쟁점은 ~, ~, ~입니다. 첫 번째 쟁점은 ~입니다. 이 쟁점에서 저희 측은 ~ 한 근거를 제시하며 주장했는데, 상대측은 ~ 근거로 반박을 했습니다. 하지만 저희 측이 ~ 한 근거로 재반박하자 상대측은 여기에 대해 명확한 근거를 들어 반박하지 못했습니다. 따라서 첫 번째 쟁점에서는 저희 측이 설득력 있는 것으로 생각됩니다.

그리고 마지막 부분에 예화나 비유, 인용문 등을 활용하여 깊은 인상을 남기며 발언을 마치면 된다. '특목고를 폐지해야 한다'는 논제로 실시한 토론대회 결승전에서 최종발언을 하는 학생이 마지막에 다음과 같이 발언했다.

"여러분 자동차가 다니는 도로가 파손이 되어서 더 이상 도로의 역할을 하지 못한다면, 도로를 무너뜨리고 새로운 도로를 만들어야 합니다. 특목고가 설립 목적에 맞는 역할을 이행하지 못하고 있으니 폐지해야 합니다."

상대측 최종발언 담당 학생은 쟁점을 정리하고 나서 이렇게 말했다.

"여러분, 자동차가 다니는 도로가 완전히 파손되지 않고 수리해서 사용할 수 있다면 도로를 굳이 없애야 할까요? 특목고에 문제가 있다는 점은 인정합니다. 하지만 문제가 있다고 바로 없애는 것은 옳지 않습니다. 특목고 문제 해결을 통해 더 나은 특목고를 만들 수 있습니다. 특목고 폐지에 반대합니다."

결과가 어떻게 되었을까? 최종발언에서 인상 깊게 마무리하는 것이 이렇게 중요하다.

가슴 뛰게 하는 토론 수행평가

토론 수행평가를 위한 토론 기본 이론 학습은 끝마쳤다. 이렇게 하려면 수업시간을 많이 확보해야 하지만, 교육과정을 재구성하면서 토론을 전면에 배치했기 때문에 큰 무리 없이 매년 진행하고 있다.

찬반 토론 수행평가를 하기 위해 가장 먼저 고려해야 할 점이 토론 모형이다. 수많은 토론 모형 중에 선택을 해야 한다. 찬반 토론의 일반적인 형태는 입론, 확인 심문, 반론, 최종발언이 포함되어 있지만, 세부적으로 들어가면 너무나도 다양한 형태가 존재한다. 그런데 굳이 기존 모형을 그대로 따라 할 필요는 없다. 교사마다 자신에게 맞는 모형이 있기 때문이다. 학생 수준도 고려하면서 자신에게 맞게 조금씩 변형해가면서 토론 모형을 적용하면 좋다. 나 또한 많은 시행착오를 거치면서 내게 어울리는 토론 모형을 만들게 되었다.

내가 만든 모형은 기본적으로 4:4 토론 형태이다. 대부분 학급의 학생 수가 30명 내외여서 2:2 또는 3:3 토론을 할 경우에는 전체 학생이 토론 수행평가를 하는 데 많은 시간이 걸린다. 그래서 제한된 수업 시수를 고려해서 4:4 토론으로 진행한다. 기존 모형과 차이점이 많은데, 우선 첫 번째 토

[김준호식 토론 모형]

	찬성	반대
1 토론자	입론(약식)	입론(약식)
2 토론자	첫 번째 이유 및 근거 제시	첫 번째 이유 및 근거 제시
3 토론자	두 번째 이유 및 근거 제시	두 번째 이유 및 근거 제시
4 토론자	세 번째 이유 및 근거 제시	세 번째 이유 및 근거 제시
작전타임		
1, 2, 3, 4 토론자	자유토론(모두 토론)	
1, 2, 3, 4 토론자	청중 질의응답	
1 토론자	최종발언	최종발언

론자가 입론과 최종발언을 한다는 점이다. 입론을 약식으로 하기 때문에 가능하다. 보통 입론에서 언급하는 찬성과 반대 입장의 이유와 근거를 입론자가 발표하지 않게 했다. 입론에서 논제의 배경, 개념 정의 후 자기 팀 이유 3가지가 무엇인지만 발표하면 끝인 것이다. 그러면 부담이 적기 때문에 최종발언까지 담당할 수 있다. 만약 학생 수가 35명 이상이면, 입론과 최종발언도 각각 따로 담당하게 하여 5:5 토론으로도 진행할 수 있다.

기존 토론과는 달리 입론에서 이유와 근거를 나열하지 않고 2, 3, 4 토론자들이 이유와 근거를 각각 제시하게 하는 이유는 찬반 토론의 부담감을 줄이고, 열심히 자료를 조사하고 준비한 학생들이 높은 점수를 받게 하기 위해서다. 일반적인 토론 모형에서는 입론자가 자기 입장의 논거들을 모두 제시하고 나면 확인 심문, 반론으로 이어진다. 그런데 처음 찬반 토론을 접하는 학생들이 확인 심문과 반론을 바로 하기는 무리가 있다. 아무리 미리 배우더라도 실전에서 활용하는 것은 어렵다. 각 학급 대표가 참가하는 학교 토론대회에서도 확인 심문과 반론을 담당한 학생들은 몇 마디 못 하고 자신의 발언 순서를 마치곤 한다.

실제로 팀별로 역할을 정할 때 확인 심문이나 반론을 담당하지 않으려고 다투기까지 한다. 특히 수행평가에서는 입론은 외워서 발표하면 되지만, 확인 심문과 반론은 상대측 입론을 듣고 즉석에서 준비해야 하기 때문에 토론 능력이 부족한 학생들은 좋은 점수를 받지 못하게 된다. 준비를 열심히 하지 않고도 평소 말하기를 좋아하고 논리적 사고력이 뛰어난 학생들이 반론을 담당하고 좋은 점수를 받아가곤 했는데 뭔가 불합리해 보였다. 비록 말하는 게 어눌하고 표현 능력이 부족하더라도 열심히 자료 조사한 학생들이 좋은 결과를 받을 수 있는 방법이 무엇일까 고민했다. 내가 찾은 해결책은 바로 확인 심문과 반론을 없애고 자유토론(모두 토론)을 포함하는 것이었다. 자유토론이란 전체 토론자가 자유롭게 상대 의견에 대해 질문과 반론 등을 하는 것이다. 평소 친구와 대화를 하듯이 물어보고 대답하면 되기 때문에 학생들이 부담을 적게 느꼈다.

팀별로 논제에 가장 적절한 이유와 근거를 찾고 2, 3, 4 토론자가 한 가지 논거씩 담당해서 더 자세히 자료를 조사한 후 발표한다. 내용을 암기해서 발표해야 하지만 발표에 대한 부담을 줄이기 위해 근거자료는 PPT로 준비해서 화면으로 보여주면서 설명해도 된다. 이렇게 하면 엄청난 양의 자료를 암기해야 하는 부담에서 벗어날 수 있다. 또한 자료를 열심히 찾고 발표를 준비한 학생들이 보상을 받을 수 있게 되어 말하는 것이 부담스러운 학생들도 찬반 토론 수행평가에 적극적으로 참여할 수 있다.

그리고 청중과의 질의응답 시간을 두어서 토론을 지켜보는 학생들에게도 토론에 참여할 기회를 주는 것이 좋다. 토론자들의 토론을 듣다 보면, 의문이 들거나 반박하고 싶은 내용이 반드시 생기기 마련이다. 물론 청중 학생들은 그냥 보고만 있는 것이 아니고 토론자들을 평가하는 판정관 역할을 하게 한다. 이렇게 하면 전체 학생이 토론에 참여하게 된다.

판정관 역할을 하려면 단순히 듣기만 해서는 안 된다. 인간의 기억은 한계가 있어서 토론이 끝나면 잘 기억하지 못한다. 그래서 판정관 학생들에게 토론 내용을 기록하게 한다. 물론 기록한 내용은 수행평가 학습지 점수로 반영하거나 토론 평가에 반영한다.

평가에서 승패를 중요하게 여겨서는 안 된다. 중요한 것은 승패가 아니라 문제에 대해 더 나은 판단을 추구하는 것이다. 찬반 토론은 공동체가

[토론 기록지]

	찬성 입장 측	반대 입장 측
입론		
첫 번째 이유 및 근거		
두 번째 이유 및 근거		
세 번째 이유 및 근거		
자유(모두) 토론		
최종발언		

지닌 문제를 해결하기 위해 더 나은 판단(해결책)을 추구하는 과정이다. 따라서 팀별 승패를 점수에 포함하지 않는 것이 좋다. 예전에 승리 팀에게 가산점을 부여했더니 패배 팀에서 갈등이 생겼다. 잘하지 못한 친구 때문에 졌다면서 비난을 하는 것이었다. 그 이후부터는 팀 승패를 점수에 반영하지 않는다.

토론 모형과 토론 순서 등에 대한 고민이 끝나면, 다음으로 생각해야 할 것이 바로 논제이다. 어떤 논제로 수행평가를 해야 할지 고민이 필요하다. 논제는 교육과정에 맞는 것으로 정해야 한다. 학기에 배워야 할 내용을 토론 논제로 한다면, 교사가 힘들여가면서 설명할 필요가 없이 토론 준비와 토론 활동만으로도 학생들이 더 많은 내용을 알게 된다. 더욱이 자신이 담당한 논제와 관련해서는 깊이 있게 배울 수 있다.

도덕 시간에 주로 활용한 토론 논제 몇 가지를 소개한다.

- 사형제도를 폐지해야 한다.
- 의무투표제를 시행해야 한다.
- 군가산점제도를 시행해야 한다.
- 특목고를 폐지해야 한다.
- 데이 문화를 폐지해야 한다.
- 교복 착용 제도를 폐지해야 한다.

위 논제의 특징은 바로 정책 논제라는 점이다. 정책 논제는 사실 논제와 가치 논제를 함께 다룰 수 있어 도덕적 추론의 과정과 비판적 사고의 역할을 이해하는 성취기준에 도달하기 적합하기 때문에 정책 논제를 주로 활용한다. 또 다른 특징은 사실적 자료가 풍부한 논제들이라는 점이다. 학생들에게는 사실적 자료가 풍부한 논제가 쉽다. 가령 '학교에 매점을 설치해야 한다'는 논제로 토론하면 학생들이 쉽게 토론할 수 있을 것 같지만, 토론 준비를 해보면 마땅한 자료를 찾을 수 없어 많은 어려움을 겪는다. 실제 토론할 때도 같은 말을 반복하거나 별로 할 이야기가 없어 토론이 지루하고 논제를 제대로 다루지 못하게 된다.

　팀별로 논제를 선택하게 할 때는 제비뽑기로 결정한다. 논제마다 찬성과 반대를 구분해서 무작위로 선택해서 결정한다. 찬반 토론에서는 논제가 지니고 있는 문제를 제대로 파악하고 나와 의견이 다른 사람들의 입장을 이해하기 위해서라도 자신들이 원하는 논제만 선택하게 하는 것은 좋지 않다.

　토론 모형과 순서를 설명한 후 논제를 안내하고 논제를 팀별로 결정하고 나면 2~3시간 정도 토론 개요서를 작성할 시간을 준다. 휴대폰을 나눠주어 인터넷 검색을 하게 하거나 학교에 컴퓨터실이 있다면 컴퓨터실을 활용하여 자료 조사할 시간을 충분히 준다. 사전 준비가 철저해야 실제 토론에서 당황하지 않는다.

　토론 개요서 작성까지 끝나면, 이제 진짜 가슴 뛰게 하는 찬반 토론 수행평가가 시작된다. 학생들은 토론 전 너무나도 긴장된다고 한마디씩 하곤 한다. 실제로 발표할 때도 친구들 앞에 서서 발표하다 보니 얼굴이 빨개지는 학생이 대부분이다. 심호흡을 하기도 하고 때로는 발표 중에 잠시 휴식을 요청하기도 한다. 수년간의 경험으로 학생들은 토론을 시작할 때는 긴장하지만, 토론을 마치고 나면 뿌듯해한다. 시작할 때 긴장으로 생기는 설렘이 토론을 마친 후에는 해냈다는 자신감으로 바뀐다.

[토론 개요서]

3학년 ( )반 ( ) 모둠			발표일 : 월 일 교시	
논제				
입장				
팀원 및 역할분담	이름 : 입론 / 최종발언	이름 : 이유 1 및 근거	이름 : 이유 2 및 근거	이름 : 이유 3 및 근거

입론				
	이유	근거	나의 주장에 대해 예상되는 상대 측 반론	상대 측 반론에 대한 나의 재반론
1				
2				
3				
최종 발언				

토론해야 한다는 말을 들었을 때 매우 막막했다. 토론 자체를 접해보지 못했고 막연히 '어려운 것'이라고 생각했기 때문이다. 또 선생님과 친구들이 지켜보는 가운데 설득력 있는 근거를 들어 내 주장을 내세워야 한다는 점이 큰 부담이었다. 그러나 토론은 내 생각과는 달리 수월하게 진행되었다. 나에게 집중해주는 청중을 보니 긴장이 조금씩 풀렸기 때문이다. 어렵게만 생각했던 토론을 해보니 큰 성취감을 맛볼 수 있었고 다음에 또 할 수 있을 것 같다는 생각이 들었다. 내 생각을 논리적으로 표현하는 것의 즐거움을 느낄 수 있는 좋은 시간이었던 것 같다.

논술평가 두렵지 않아요

현재 모든 교과에서 논술평가를 하는데, 토론 없이 논술평가가 진행되기 때문에 학생들이 어려워한다. 교사가 자료를 나눠주고 각자 준비해서 치르는 논술평가는 학생들에게 과도한 부담을 준다. 학생들이 개별적으로 준비하는 것은 한계가 있다. 논술평가를 하기 전에 토론하는 과정이 반드시 필요하나. 실제 토론 수행평가 이후에 토론 논제로 논술 수행평가를 치르면 논술 내용이 아주 풍부해진다.

보통 30명 내외 학생이 토론하면, 4개 논제 정도로 토론 수행평가가 진행된다. 이후 논술 수행평가를 볼 때는 자신이 담당했던 토론 논제를 제외하고 나머지 3가지 논제 중에 마음에 드는 논제를 선택해 작성하게 한다. 그래서 다른 친구들이 토론할 때도 귀 기울여 듣고 열심히 기록한다. 토론 내용 정리와 경청이 바로 논술평가로 이어지기 때문이다. 토론 내용이 논술로 이어지다 보니 논술 작성도 쉽게 할 수 있으며 1,500자 내외로 작성하는 것인데도 대부분 학생이 2,000자 내외로 작성한다.

　논술문 서론 부분에는 입론에 해당하는 논제 배경, 개념 정의 등을 소개하고 본론 부분에서는 주장–이유–근거–상대방 반박–나의 재반박 형태로 논거 3가지를 작성하게 한다. 마지막 결론 부분에서는 최종발언 형태로 작성하게 하니 논술문 작성이 어렵지 않다. 이렇게 논술문 작성까지 끝나면, 자신이 토론한 논제 1개, 논술 작성한 논제 1개에 관해서 많은 배움이 일어난다.

　끝으로 올해 실시한 논술 수행평가 학생 결과물을 소개한다.

　우리가 살아가고 있는 세상에는 여러 가지 흉악범죄가 일어나고 있고, 이로 인한 피해 역시 만만치 않은 것이 현실이다. 이와 관련하여 흉악범들이 잡혔을 때 이들에게 어떤 형벌을 내려야 할지에 대해서 사형제도가 필요하다는 의견과 그것을 반대하는 의견이 대립하고 있다. 사형제도란 범죄를 저지른 사람을 처형하는 제도인데, 현재 우리나라에서는 사형제도가 존재하기는 하나 장기간 시행되지 않고 있는 상태이다. 이러한 상황에서 흉악범죄를 줄이기 위해서는 사형제도가 유지되어야 한다는 것이 나의 주장이다.

　첫째, 우리나라 헌법에서 사형제도를 지지하고 있다. 헌법 제37조 2항에서는 '필요한 경우 사람의 인권을 어느 정도 제한할 수 있다'라고 나와 있고, 헌법재판소에서도 사형제도를 합법이라고 인정해왔다. 이에 대해서 '헌법은 언제든 바뀔 수 있다' 는 반론을 제기할 수 있으나, 실제 헌법은 대다수의 사람들이 오랜 시간 의논한 결과 만들어지는 것이므로 쉽게 바뀌기 어렵고, 또한 그만큼 많은 사람들이 오랫동안 사형제도의 필요성을 인정했다고 볼 수 있다.

둘째, 사형제도가 없다면 흉악범들이 감옥에서 너무 많은 비용을 사용하게 된다. 사형제도를 실행하지 않는다면 우리나라에서 가장 강한 처벌은 무기징역이다. 무기징역을 하다 보면 죄수에게 많은 비용이 드는데, 여기에 국민이 내는 소중한 세금이 쓰이고 있다. 우리나라의 저소득층 중에는 돈이 없어서 밥을 굶고 잠잘 곳이 없는 사람들도 많은데, 이러한 저소득층을 위해 사용해야 할 세금을 흉악범들의 의식주를 위해 허비하는 것은 옳지 않다고 생각한다. '죄수 1인에게 들어가는 비용은 아주 적다' 고 반박할 수도 있겠지만, 범죄의 피해자나 피해자의 가족들은 가해지를 위해 단 1원의 돈도 내고 싶지 않을 것이며, 그 비용으로 다른 저소득층을 돕는 것이 나라를 위해 더 효율적일 것이다.

셋째, 흉악범들이 징역을 끝내고 사회에 나와서 다시 범죄를 일으킬 위험이 있다. 현재 흉악범들이 재범을 일으키는 확률이 50%가 넘는다고 한다. 예전에 조두순이라는 사람이 어린 여자아이를 성폭행한 사건이 있었다. 조두순이 곧 출소를 한다고 하는데, 그 여자아이와 가족들은 얼마나 무섭고 불안하겠는가? 출소할 때 조두순은 아직 60대이고, 피해 여자아이는 20살이 된다고 한다. 조두순은 얼마든지 재범할 수 있는 가능성이 있는 나이이고, 피해자 입장에서는 어렸을 때의 상처를 충분히 극복하지 못한 상태일 것이다. '피해자에게 경찰들을 붙이면 된다'고 반론할 수도 있으나, 이는 사생활 침해라는 또 다른 피해와 범죄를 유발할 수 있다.

지금까지 사형제도가 유지되어야 한다는 주장에 대해 우리나라 헌법에서 지지하고 있고, 흉악범들을 위해 세금이 낭비되고, 재범이 일어날 확률이 높다는 근거를 들어 말하였다. 옛말에 '소 잃고 외양간 고친다'는 속담이 있는데, 우리는 지금 흉악범들이 출소 후 재범을 일으킬 위험성을 알면서도 수수방관하고 있는 것은 아닐까? 재범으로 인한 피해자들이 늘어나는 것을 방치한다면 소 잃고 외양간 고치는 격이 될 것이다. 이런 일이 일어나지 않게 하기 위해서는 흉악범들에 대한 사형제도를 유지해야 한다고 생각한다.

교육과정 성취기준 속으로

지금까지 살펴본 수업은 2015 교육과정 성취기준 '도덕적 행동을 위한 도덕적 상상력과 민감성, 도덕적 추론의 과정과 비판적 사고의 역할을 이해하고, 자신의 삶을 도덕적으로 성찰하는 태도를 기를 수 있다'에 도달하기 위해 실시한 찬반 토론 활용 수업이다.

일상생활에서 도덕적 행동을 하기 위해서는 도덕적 문제 상황을 이해하고 더 나은 해결책을 찾을 수 있어야 한다. 이때 우선 필요한 것이 비판적 사고 능력이다. 비판적 사고는 타당한 이유나 적절한 근거를 바탕으로 옳고 그름을 따져보는 것이다. 따라서 성취기준 중에서 비판적 사고의 역할 이해를 강조하고 싶어 선택한 토론 방법이 찬반 토론이다. 찬반 토론은 다른 어떤 토론보다 비판적인 사고력을 키울 수 있는 방법이다. 자신의 입장을 이유와 근거를 바탕으로 입론으로 구성하고 반론과 재반론 등의 단계를 거치면서 학생들의 비판적 사고력은 키워진다.

비판적 사고력의 함양은 도덕적 성찰을 하는 데 도움을 준다. 성찰이란 자신을 반성하고 주변 환경에 대하여 깊이 생각하면서 살피는 것이다. 도덕적 성찰은 삶의 목적을 고민하게 하고 바람직한 인격 및 사회를 형성하게 한다. 찬반 토론에서는 주로 가치 논제 활용 찬반 토론을 통해 더 나은 삶의 목적에 대해 고민하면서 바람직한 인격을 형성한다. 또한 정책 논제 활용 찬반 토론을 통해서는 공동체를 위해 더 나은 판단과 행동이 무엇인지 따져 봄으로써 바람직한 사회를 만드는 데 기여한다.

4장

소크라틱 세미나

함께 탐구하며
질문의 답을 찾는
지적 대화

협력적 탐구 능력을 기르는
소크라틱 세미나

경윤영, 송호중학교

소크라틱 세미나란 무엇인가?

스콧 뷰캐넌(Scott Buchanan)이 세인트존스칼리지(St. John's College)의 프로그램에서 처음 쓴 '소크라틱 세미나(Socratic seminar)'라는 용어는 '소크라테스'라는 인물을 떠올리게 한다. 소크라테스는 학생들에게 정답을 알려주기보다는 '탐구를 불러일으키는 질문'을 통해 학생 각자가 지닌 지식과 이해의 저장고를 자극해 스스로 답을 찾는 배움이 일어나기를 기대했다. 여기서 '탐구를 불러일으키는 질문'이란 답을 모르겠거나 만족스럽지 않은 답이 여러 개가 나올 수 있는 질문이며, 이런 혼란스러움을 통해 학생들의 기본적인 생각과 가치에 대한 이해가 깊어진다.

세미나는 교육자가 피교육자에게 일방적으로 어떤 결론을 주입하는 것이 아니라 피교육자가 토론이라는 형식으로 교육과정에 참여해 교육 효과를 높이는 것을 목적으로 한다.

결국, 소크라틱 세미나는 기존 교육에서의 교사 주도형 질의응답이 아닌 교사가 제공하는 엄선된 텍스트를 바탕으로 스스로가 만든 질문에 여럿이 함께 탐구하며 답을 찾는 지적인 대화라 할 수 있다.

왜 소크라틱 세미나인가?

소크라틱 세미나에서 학생들은 다른 학생의 발언을 적극적으로 듣고, 의견을 수렴하며 아이디어를 공유한다. 답을 찾는 과정에서 서로 의견이 다르다면, 자신의 가설과 관점을 주어진 텍스트를 근거로 밝혀 상대를 설득하는 논쟁을 거친다. 이때 반드시 대립 상황을 만들기보다는 상대의 주장에 설득되었다면 받아들일 수 있다. 이는 나의 의견이 다른 사람의 의견으로 대체되는 것이라기보다는 다른 의견에 마음을 여는 것이다.

학생들은 텍스트를 읽고 분석하고 그 안에서 질문을 만들어내는 '개인 질문 만들기'를 시작으로 질문과 답에 대한 탐구기 본격적으로 이루어지는 '작은 모둠 세미나'를 거쳐서 교실 전체가 함께하는 '소크라틱 세미나'로 사고확장을 경험하게 된다. '소크라틱 세미나'는 다수의 전체 학생을 대상으로 진행되기 때문에 잘 듣다가 본인이 발언해야 하는 순간을 포착하는 집중력이 요구되며, 내부 원에서 외부 원으로의 자리바꿈이 역동적으로 일어날 수 있도록 작은 모둠의 모둠원들 사이에 긴밀한 협업이 필요하다.

교사가 주로 말하고 대답하던 기존의 수업과 달리 교실에서 일어나는 수업 대화의 많은 부분을 학생이 맡는다. 이는 학생들에게 동기를 부여하여 적극적으로 학습에 참여하게 하는 동시에 진정한 배움의 주인공이 되게 한다. 또한 수업에서 교사의 질문에 원하는 대답을 해주는 학생들에게 집중되어 있던 교사의 관심이 제대로 된 질문을 하는 학생에게로 넓혀지는 계기가 된다.

소크라틱 세미나는 어떻게 하는가?

소크라틱 세미나는 개인 질문 만들기, 작은 모둠 세미나, 소크라틱 세미나, 소크라틱 세미나 스케치의 4단계로 진행된다.

1단계. 개인 질문 만들기

개인 질문은 중요하다고 생각하는 것, 잘 모르겠는 것, 이해하지 못하겠는 것, 유사한 패턴이나 반복을 통해 텍스트 안에서 서로 관련이 있는 것들을 중심으로 만든다. 단, 답을 명확하게 찾을 수 있는 질문("주인공의 이름은?")은 지양한다. 그러려면 텍스트를 꼼꼼히 읽는 것이 중요하다. 이는 책을 읽는 속도가 아닌 무엇이 일어났는가에 주의를 기울이고 왜 그런 상황이 만들어졌을까? 어떻게 해결하고 있는가? 등 다양한 질문을 떠올리며 읽는 것을 말한다. 이렇게 만든 학생들의 질문에는 대체로 본인의 입장이 전제로 담겨 있다. 이를테면, "나라면 이렇게 했을 것 같은데(전제), 왜 그럴까?", "보통 다 이걸 의미하는데(전제), 다른 의미가 있을까?" 등의 질문은 다양한 입장을 불러일으켜 세미나의 발언을 깊고 풍족하게 만든다.

텍스트의 문장이나 문단에는 번호를 붙여 제공하여 질문을 만들 때, 질문이 나오게 된 텍스트의 번호를 표기하게 한다. 번호를 먼저 말하면서 질문하게 하면, 세미나에 집중하는 데 도움이 된다.

2단계. 작은 모둠 세미나

작은 모둠 세미나는 본격적인 소크라틱 세미나를 진행하기에 앞서 모둠원의 입장을 밝히고 논쟁이 필요한 질문을 선정하는 단계이다. 모둠원들은 서로의 질문을 잘 듣고 답을 찾아 발언하는 데 총력을 기울인다. 이때 교사는 여러 모둠을 살피면서 잘 듣고, 성취기준에 부합하는 질문을 수정·보완하여 준비하는 시간으로 활용한다.

작은 모둠 세미나에서는 한 명이 질문하고 한 명이 대답하는 시간에 나머지 한 명은 잘 듣고 다음 질문이나 대답을 생각할 수 있게 3명으로 구성한다. 3명은 모둠 안에서 해결된 질문은 과감하게 생략하고 의견이 다른 질문에 대해 활발하게 토론하기에도 적당하다.

작은 모둠 세미나에서는 전 단계에서 작성한 각자의 질문을 서로 바꿔보며 같은 질문이나 매력적인 질문이 있는지 확인하고 별(★) 표시를 해 둔다. 자자의 질문을 돌려받아 표시된 질문을 묻고 답한다. 이때 질문하는 방법을 알려준다. 이를테면 "2번을 보면 이런 부분이 있는데 왜 그럴까?"의 형식으로 질문하고 답변하는 사람 역시 "12번에 보면 이런 내용이 나와 있어 그렇기 때문에 그런 게 아닐까?"와 같은 형식으로 해야 한다는 것을 알려준다. 그러면 학생들이 텍스트에서 질문을 찾고 근거 역시 텍스트에서 찾아내야 한다는 사실에 주목하게 된다. 자신이 생각하는 가치 혹은 개인적 경험과 관련이 있는 질문에 대한 답은 텍스트에서 찾기 어려운 경우가 있지만, 최대한 텍스트를 기반으로 찾도록 유도한다. 3인 중 먼저 내부 원에 들어갈 사람과 외부 원에서 지원할 사람을 선정하는 것으로 작은 모둠 세미나를 마친다.

3단계. 소크라틱 세미나

작은 모둠 세미나가 끝나면, 본격적인 소크라틱 세미나를 준비한다. 소크라틱 세미나에서는 작은 모둠 세미나에서 충분히 다룬 질문과 대답을 전체 학생과 공유하고 나누는 과정이 중심이 된다. 90분의 블록 타임인 경우 1, 2단계를 45분 동안 진행하고 쉬는 시간을 갖은 후 나머지 시간에 3, 4단계를 실시하는 것이 좋다. 그러나 교실 상황과 환경에 맞춰 교사 재량으로 유동적으로 진행해도 무방하다. 블록 타임이 여의치 않을 경우 다음 교시에 3단계인 소크라틱 세미나를 실시한다.

교실 환경은 아래 사진과 같이 내부 원과 외부 원으로 배치하여 도넛 모양을 만든다. 3인의 모둠원 중 먼저 발언을 할 한 명의 의자를 내부 원으로, 나머지 두 의자는 내부 원에 위치한 의자를 중심으로 외부에 놓는다.

학생들은 접착 메모지와 텍스트, 필기구만 지닌 채 자리에 앉고, 교사는 다음과 같은 활동 요령을 알린다.

① 내부 원의 모둠원에게 우선 발언권이 있다.

② 외부 원은 경청하는 자세로 내부 원을 관찰하고 흐름의 일부를 적고 내부 원으로 들어갈 준비를 한다.

③ 내부 원의 모둠원들이 질문하거나 답할 때는 텍스트 번호를 같이 말하여 질문과 답변에 해당하는 부분을 다른 학생들이 텍스트 안에서 찾을 수 있게 한다.

④ 학생들은 서로에게 질문과 답변을 하는 동안 교사가 아닌 서로를 응시한다.

⑤ 외부 원에 있는 모둠원들은 발언하고 싶어지면 내부 원에 있는 모둠원의 어깨를 조용히 두드려 자리를 바꿔 앉는다. 아직 발언 준비가 되지 않았지만, 하고 싶은 말이 있을 시에는 접착 메모지에 적어 내부 원의 모둠원에게 전달하여 대신 발언할 수 있도록 한다. (외부 원에서는 절대 발언할 수 없고 내부 원에서 거꾸로 외부 원의 어깨를 칠 수는 없다)

⑥ 전체 학생이 참여해야 하므로 한 학생이 발언을 독점하지 않는다.

⑦ 손을 들어도 시켜줄 사람이 없기 때문에 자연스럽게 발언을 이어가야 한다.

활동 요령을 숙지한 후 내부 원 학생들의 자발적인 질문으로 세미나를 시작하는 것이 좋으나 여의치 않을 경우는 교사가 준비한 질문으로 시작한다.

소크라틱 세미나의 성공은 모든 학생이 활발하게 참여하는가와 교사가 수업 전에 만든 질문에 학생들 스스로 도달하여 탐구하였는가에 달렸다. 만약 학생들의 대화가 교사가 생각하는 성취기준의 범위를 한창 벗어나고 있다면, 교사의 개입이 필요하다. 이럴 때는 잠시 학생들에게 원 안의 의자만 살짝 돌려 작은 모둠 형태로 돌아가서 교사가 내준 질문에 대한 답을 찾는 시간을 갖게 한다. 이런 교사의 개입은 성취 수준에서 벗어났을 때도 유용하지만, 학생들이 자리를 바꾸지 않아서 발언이 한두 명에게 집중될 때도 활용할 수 있다.

4단계. 소크라틱 세미나 스케치

학생들의 질문에 대한 답이 어느 정도 해결이 되었거나 텍스트를 중심으로 한 질문이 아닌 각자의 삶에 적용하는 혹은 작가의 생각에 대한 이야기가 주로 나올 때쯤 세미나를 종료한다. 이때 교사는 텍스트 전체 내용을 관통하는 마무리 질문을 통해 학생들의 사고가 정리되고 깊이 있게 다져질 수 있도록 돕는다.

세미나가 끝나면 학생들에게 전체 진행 과정과 자신의 성과를 구체적으로 평가할 발언 기회를 준다. 이는 학생들이 다음 세미나에 더 좋은 모습으로 참여하게 하는 데 도움이 된다. 소크라틱 세미나 스케치는 나에게 의미 있었던 질문 또는 가장 활발하게 쟁점이 형성된 질문을 중심으로 친구들의 발언을 쓰고 나의 생각을 더하는 것으로 마무리한다. 일반적인 감상 위주의 마무리보다 의미 있던 그 순간에 자신의 사고가 어떠한 변화 과정을 거쳤는지, 부여된 의미는 무엇이었는지 집중하게 되는 효과가 있어 고무적이다.

Q. 소크라틱 세미나를 시작하기 전에 교사가 준비해야 할 것은 무엇인가?

A. 성취기준에 도달하기에 적합한 텍스트를 고르고 문단 혹은 문장에 번호를 부여하여 학생들이 쉽게 관련 부분을 찾을 수 있게 해야 한다. 효과적인 수업 디자인을 위해 텍스트는 우화, 시, 고전, 신문 사설, 단편소설, 법전, 연설문, 그림책 등 깊게 탐구해야 할 목적이 있고 토론할 거리가 있다면 모두 가능하다. 이때, 학생들의 호오와 수준, 성취기준과의 연관성을 고려한다. 학생에게 제공하는 학습지는 B4 두 쪽 모아 찍기로 한쪽 면은 텍스트, 다른 한쪽은 질문 작성 목록 및 메모 칸으로 구성하는 것이 좋다.

교실 환경은 의자 이동이 용이한 교실을 선정할 필요가 있으며, 책상 위에 텍스트와 필기구, 접착 메모지 몇 장만을 준비하고 그 밖의 물품들은 책상 속에 넣게 한다. 변형된 책상과 의자 배치는 학생들의 집중력에도 도움이 되고 흥미를 불러일으킨다. 학생들이 원 중앙을 중심으로 서로 마주볼 수 있도록 배치하는데, 내부 원의 의자 수가 10개라면 외부 원은 그 두 배인 20개를 놓아 도넛 모양을 만든다. 학생들이 필기를 해야 할 필요가 있다면 모둠 중간에 책상을 놓기도 한다. 이때 주의해야 할 점은 학생 간의 거리가 너무 멀면 서로의 목소리가 잘 들리지 않거나 집중력이 흐트러지기 때문에 최대한 가깝게 배치한다.

Q. 세미나의 방향을 잡고, 학생 중심으로 진행하게 하려면 어떻게 해야 하는가?

A. 학생들 중 공동지도자(Co-leaders)를 선정하여 세미나 안에 투입한다. 공동지도자의 주된 역할은 참가자들의 사고 흐름을 통제하고 방향을 제시하는 것이다. 즉, 문제 해결에 도움이 되는 관련된 생각을 연결하고 발전시킬 수 있는 즉흥적인 질문을 추가하거나 세미나 시작에서 준비된 기본 질문을 소개하는 역할을 수행한다. 이는 결국 참가자들의 생각을 연결시키고 발전시키는 데 큰 영향을 준다. 동시에 참가자가 문제를 함께 해결할 때 필요한 팀워크의 좋은 모델을 보여줄 수 있으며, 모둠 안에서 서로 배울 수 있고, 말하고 싶거나 참여하고 싶어 하는 참가자를 돕는 역할을 한다.

단, 자신의 입장을 밝히거나 역할이 과할 경우에는 세미나 안에 있는 셈이 되어 다른 학생들의 적극적인 발언에 방해가 될 수 있기에 여러 번의 소크라틱 세미나 수업으로 학생들이 이 형태에 적응되었을 때 시행하는 것이 좋다. 반드시 교사와 공동지도자가 사전 협의 후 진행해야 실패를 줄일 수 있다. 또한, 학생들의 반응이 수동적일 경우에는 교사가 직접 공동지도자의 역할을 맡아 세미나 안에서 발언을 하는 것도 하나의 방법이 될 수 있다.

Q. 소크라틱 세미나에서 사용하는 질문에는 어떤 것들이 있는가?

질문 유형	예시
텍스트 해석에 대한 질문	본문의 주요 내용과 내재된 가치, 작가의 의도나 관점, 문장의 구체적인 의미, 책의 제목, 가장 중요한 단어나 문장 - 이 단어나 구절은 무엇을 의미하나요? - 다른 의미는 없을까요? - 주인공은 왜 이런 말을 했을까요?

세미나를 진행해 나가기 위한 질문	다른 관점을 가진 사람, 아직 이야기 안 한 사람은 어떤 생각을 지니는지, 텍스트의 어느 곳에서 주장의 근거를 찾을 수 있는지, 자신의 주장을 정리해서 말한다면, 이미 말한 사람과 어떤 면에서 관계가 있는지, 자신의 생각이 바뀌게 되었는지 - 다소 이해하기 어려운데, 다른 표현으로 말씀해주시겠어요? - 저는 이렇게 이해했는데, 이것이 당신이 말하고자 하는 것이 맞나요? - 다른 질문을 해도 될까요?
결론을 이끌어내는 질문	우리 삶에 어떤 의미를 지니는지, 왜 중요한지, 이것이 옳은 것인지, 작가의 생각에 동의하는지 - 작가는 어떤 이야기가 하고 싶었을까요? - 내가 만약 ~라면 어떻게 했을까요?
세미나에 대한 평가 및 마무리 질문	텍스트를 더 잘 이해하게 되었다고 생각하는지, 세미나 과정은 어떠했는지, 무엇을 느끼고 무엇에 주목하게 되었는지, 세미나를 통해 깨닫게 된 한 가지는 무엇인지 - 어느 시점에서 대화가 아닌 논쟁 혹은 토론으로 바뀌었나요? - 다른 사람들의 생각을 적극적으로 경청하고 반응을 보인 사람들은 어떻게 어떤 증거를 찾았나요? - 세미나 이전과 이후에 나에게 어떤 변화가 있었나요? - 다음 세미나에 참석할 때는 어떤 참가자의 모습이길 바라나요?

소크라틱 세미나
_국어

경윤영, 송호중학교

소크라틱 세미나는 교사가 좋은 텍스트를 찾는 것에서 시작된다. 수업의 성공을 위해서는 교사의 수업 목표, 즉 성취기준과 맞닿아 있어야 하며, 학생들이 탐구하고자 하는 마음이 들도록 다소 어렵고도 흥미로운 내용이어야 한다. 다음 사례는 라퐁텐 우화의 열네 번째 이야기 「세 명의 시인」으로 "근거의 차이에 따른 다양한 해석을 비교하며 작품을 감상한다"라는 성취기준에 도달하기에 적합하여 선택했다.

본격적인 수업에 들어가기에 앞서 학생들에게 몇 가지 유의 사항을 확인시킨다.

1. 학급 전체가 주어진 시간 안에 모두 발언하는 것을 목표로 하기에 발언이 한 사람에게 집중되어서는 안 된다.
2. 질문을 만들거나 대답을 할 때 반드시 텍스트를 근간에 두어야 한다.
(이는 모두에게 같은 조건을 준다는 전제와 함께 우리는 아직 정답을 찾지 못하고 함께

찾아가는 과정임을 의미한다)

3. 손을 들어 발언권을 얻는 것이 아니고 자유롭게 서로 조율해가며 발언해야 한다. (이는 교사가 중심이 아니라 학생이 수업을 이끄는 주인공의 역할을 할 수 있도록 돕는 하나의 장치가 된다)

4. 외부 원의 친구들은 상대의 이야기를 경청하기만 하는 것이 아니라 내부 원으로 들어갈 준비를 해야 한다.

5. 세미나 도중 생각을 바꾸거나 다른 주장으로의 지지가 가능하다.

1단계. 개인 질문 만들기

무작정 "질문을 만들어 보자"라고 하면 학생들은 난처해하기에 다음과 같은 예를 들어 본다.

"선생님이 문장 하나를 말해줄게. 이 문장을 잘 듣고 질문을 한 번 만들어볼까? 자 그럼, '옛날에 신데렐라가 행복하게 살았습니다.'"

"신데렐라는 어떻게 행복하게 살았나요?"

"누구랑 살았나요?"

"어디서 살았나요?"

"옛날은 언제인가요?"

이런 질문들 끝에 학생들은 다음과 같은 질문도 한다.

"신데렐라는 예쁜가요?"

"신데렐라는 몇 살인가요?"

"신데렐라는 머리가 얼마나 긴가요?"

"신데렐라의 난쟁이들은 어떻게 되었나요?"

이쯤 되면 모든 동화가 뒤죽박죽되고 있음을 알 수 있다. 학생들은 아무 말 잔치나 된 듯이 교사가 인내심을 가지고 기다리면 다양한 질문을 쏟아낸다. 충분히 기다린 후 다음과 같이 이어간다.

"자, 우리가 제일 먼저 만든 질문이 무엇이었을까요?"

"신데렐라가 행복했는지 여부에 관한 질문이었어요."

아닌 경우도 있지만, 대부분 학생의 첫 질문은 신데렐라의 행복 여부다.

"여러분은 신데렐라가 행복하다고 생각하나요?"

"아니요"라는 대답이 나오기도 하지만 "행복하죠"라는 대답도 나오면서 자연스럽게 둘로 주장이 나뉜다.

이때 "왜 행복하다고 생각하니?"라고 물으면 학생들은 "왕자와 결혼해서…." 또는 "매일 예쁜 옷을 입을 수 있어서….", "계모와 언니들에게 벗어날 수 있어서…." 등등 저마다 의견을 낸다. 교사는 아이들의 대답에 "그래, 맞아" 하며 공감해준다. 여기서 반드시 교사는 학생들의 발언에 각색 없이 그대로를 말해줄 필요가 있다. 교사가 학생들이 발언한 내용을 작위적으로 해석해 말하면, 학생들은 순간 '아, 틀렸구나'라는 실망감과 함께 말문을 닫는 안타까운 일이 벌어진다. 그러니 최대한 학생들의 대답을 있는 그대로 표현해주어야 한다. 대신 "그래 너의 대답은 '신데렐라' 책 안에서 나온 것이구나", "그 내용은 '신데렐라' 책 어디에 있는 말이지?"라는 맞장구를 쳐주면서 텍스트 안에서 근거를 찾아 자신의 주장을 탄탄히 하는 것에 대한 지지 발언을 해준다.

또는 흥미로운 예를 들어주는 것도 좋다. "다른 반 친구는 신데렐라가 행복하지 않다고 하더라. 그 이유는 왕자가 결혼해서도 총각 때 습관을 버

1단계: 개인 질문 만들기

리지 못하고 밤마다 무도회를 열었기 때문이라고…" 학생들은 웃음과 함께 "아~ 그럴 수도 있겠다"라며 공감하기도 한다. 텍스트에서 근거를 찾으면 모두에게 공감을 얻을 수 있으니 이런 발언과 질문이 소크라틱 세미나에서 활발하게 나왔으면 좋겠다는 교사의 의도를 자연스럽게 드러내면서 특히, 답이 딱 나오는 질문보다는 쟁점이 생기는 질문이 소크라틱 세미나의 중심이 되어야 한다는 말을 덧붙인다.

1단계 개인 질문 만들기에서는 다음의 2가지 유의할 점을 알려준다.

① 글씨를 알아볼 수 있게 써야 한다. 모둠끼리 돌려 봐야 하므로 자기만 알아보게 쓰면 곤란하기 때문이다.
② 질문을 쓸 때 그 질문이 어디서 나왔는지 반드시 텍스트 번호를 앞에 붙인다.

라퐁텐 우화의 열네 번째 이야기*
세 명의 시인

1. 옛날에 작지만 풍요롭게 사는 나라가 있었다. 어느 날 그 나라에서 큰 연회가 열렸다. 이 연회는 곧 왕위를 잇게 될 왕자가 주최하는 것이었다.
2. 어린 시절부터 영리하던 왕자는 이제 나랏일에도 능했다. 이 나라는 나날이 풍요로워졌는데, 그것은 상인보다 더 탁월한 장사 수완을 가진 왕자의 능력 덕분이었다. 왕자의 성품은 확실히 온후했지만 국왕과 달리 매우 활동적이었다. 자신이 앞장서서 이웃하고 있는 국가들과 교역을 추진할 뿐만 아니라 훨씬 멀리 있는 국가나 그 존재가 알려지지 않은 국가들에까지 원정을 가서 독자적으로 무역을 하기도 했다.
3. 따라서 이 나라는 전 세계 무역의 거점이 되었다. 여러 가지 물품이 이 나라로 들어왔고, 그것들은 이 나라의 이름이 새겨진 상표가 붙여져 이웃 국가들에게로 팔려나갔다.
4. 무역이 활발해짐에 따라 왕자의 나라에는 생활에 필요한 모든 것이 갖추어지게 되었고, 이제 넘쳐나기까지 했다. 먼 나라에 물건들을 내다 판 돈으로 가까운 나라에서 곡식과 고기, 과일을 얼마든지 싸게 사들일 수 있었다.
5. 나라가 풍요로워지자 밭을 가는 농민도 양을 치는 목동도 없어졌다. 백성들은 어떤 형태로든 장사와 관련된 일을 하고 있었다. 그리고 모두 먼 나라에서 들여온 산해진미의 맛을 알고 즐길 만큼 생활 수준이 높아졌다.
6. 나라 안에 넘쳐나는 물품들을 저장하거나 멋지게 장식하기 위해서 큰 건물들이 계속해서 지어졌다. 성안이 좁다고 판단한 왕자는 성벽을 허물고 주변에 있는 논밭을 정리해 거리를 만들고 새로운 성벽을 더 크고 견고하게 쌓아 올렸다. 왕자는 이것이 나라를 부강하게 하는 동시에 만일에 있을 적의 침략에 대비해 백성들을 지키기 위한 것이라고 설명했다. 이 대공사는 대부분 이웃하고 있는 나라에서 고용한 일꾼들이 했다.
7. 이제 백성들은 자신의 손으로 만드는 것이 아무것도 없었다. 필요한 것은 모두 다른 나라에서 사 오면 되는 것으로 알았다.
8. 이러한 때였다. 왕자는 자신이 왕위에 오르기 전에 백성들과 의견을 교환하고 싶었다. 그래서 많은 백성과 세 명의 시인을 초대했다. 한 사람은 국가를 대표하는 시인이며 왕자의 대변인이라고 할 수 있는 대시인이었고, 또 한 사람은 백성을 대변하는 시인이며 특히 최근에 인기가 높은 민중 시인이었다. 그리고 또 한 사람은 어린 시절 왕자에게 글을 가르쳤으며 야산에서 왕자와 함께 놀면서 바람과 새와 꽃과 삶 또는 멀리 하늘에 뜬 별을 시로 읊어 주던 서정 시인이었다.

---

* 다니구치 에리야(2016), 『라퐁텐 우화 1』, 황금부엉이, pp.52~55

9. 백성들이 가득 찬 큰 홀에서 왕자는 우선 자신이 국왕이 되고 나서 착수할 정책들을 설명했다. 그러고 나자 대시인이 이제까지 이룩한 왕자의 업적을 찬미하는 동시에 이 나라가 장차 발전해나갈 모습을 화려한 언변으로 그려 보여 갈채를 받았다. 민중 시인은 대시인의 미사여구에 가려진 몇 가지 모습을 지적하면서 왕자의 정책 가운데 몇 가지에 대해 직언을 했다. 또한 동시에 백성이 품고 있는 불안과 불만을 구구절절 발표해 역시 백성들로부터 큰 박수를 받았다.

10. 백성들은 흐르는 물과 같은 어조로 나라의 미래에 대해 연설하는 빛나는 대시인과 백성들을 대신하여 불안이나 불만을 열정적으로 토해내던 민중 시인 그리고 그 두 사람의 말을 경청하는 자신들에게 진지한 눈길을 보내는 왕자를 보고 민주적인 나라에서 태어난 것에 깊은 행복을 느꼈다.

11. 이제 세 번째로 서정시인이 축사를 할 차례였다. 연회의 진행을 맡은 담당자의 계획에 따르면 이 서정시인은 왕자가 어린 시절에 했던 사랑스러운 언동을 아름답고 우아하게 시로 읊는 것이었다. 그렇게 되면 백성들은 왕자에 대해 더욱 애틋한 애정을 가지게 될 것이고 연회의 분위기도 고조되어서 큰 감동의 피날레로 이어질 것이었다.

12. 그런데 서정시인은 무대 위에 올라가자 두 사람의 시인은 물론이고 고관들과 홀에 모여 있는 백성들의 존재도 무시한 채 왕자의 곁으로 걸어갔다. 그러고는 왕자의 눈을 똑바로 들여다보면서 옛날 어린 왕자를 대하는 것과 같이 조용하게 이야기를 하기 시작했다.

13. "왕자님! 어린 시절의 이야기를 계속합시다. 사람에게 집이 있듯이 사랑에도 집이 있습니다. 새에게 보금자리가 있듯이 꿈에도 보금자리가 있는 것입니다. 그러나 사람이 싫은 집에서는 살지 않듯이 사랑도 싫은 곳에는 머물지 않습니다. 또한 보금자리에 따라 생기는 꿈도 달라집니다. 물고기가 하늘에 살 수 없듯이 새들은 물에서 살 수 없습니다. 벚꽃이 봄에 피듯이 나뭇잎은 가을에 집니다. 새가 예쁘게 노래하듯이 두더지는 침묵으로 말합니다. 목수가 집을 짓듯이 농부는 씨앗을 뿌립니다. 꽃에 생명이 있듯이 돌에도 꿈이 있습니다. 돌에 슬픔이 있듯이 물에도 노여움이 있습니다. 나비가 한 철을 살고 죽듯이 나무도 죽는 날이 있습니다. 아! 왕자님, 내 눈에는 사랑하는 도시가 파괴되는 것이 보입니다."

14. 서정시인이 이렇게 왕자에게 이야기하는 사이에 백성들은 점점 웅성거리기 시작했다. 진행 담당자는 급히 경호원을 불러 나라의 큰 행사를 망친 서정시인을 체포할 것을 명령했다. 이와 동시에 민중 시인은 왕자 한 사람만을 상대로 말하는 서정시인을 비난하였다. 그리고 대시인은 서정시인을 무시하고 연설을 시작했다.

15. 연회장은 이곳저곳에서 고함이 터져 나왔다. 경호원들이 서정시인을 체포해 성 밖으로 끌고 나간 뒤에야 겨우 소란한 분위기가 수습되었다. 그러고 나자 대시인이 다시 화려한 말로 최후의 축사를 했다.

「세 명의 시인」에서 나온 1단계 개인 질문들은 다음과 같다.

텍스트 번호	질문
제목	왜 제목이 '부유한 왕자'가 아닌 '세 명의 시인'일까? 주목받는 시인은 한 명밖에 없었잖아.
1	옛날에는 작지만 풍요로웠지만, 현재 이 나라는 점점 어떻게 될까? 왕이 되기 전에 연회를 개최한 이유는 무엇일까?
2	왜 왕자는 국가들과의 교역을 중시했을까?
3	이 나라에서는 무엇을 팔았을까?
5	왜 생활 수준이 높아지면 사치를 부릴까? 생활 수준이 높아졌다는 기준이 무엇일까?
8	백성들과 의견을 교환하고 싶었는데, 왕자는 왜 정치인이 아닌 시인을 초대했을까?
9	나라가 장차 발전해나갈 모습을 어떻게 설명했을까? 큰 박수를 받았다면 백성들 모두 민중 시인이 말한 백성들의 불안과 불만에 공감한 걸까? 민중 시민이 이야기한 백성들의 불안과 불만은 무엇일까?
10	백성들은 정말 민주주의 나라에서 태어난 깊은 행복을 느꼈을까? 연회 안에 있던 모든 백성이 민주적인 나라에서 태어난 것에 깊은 행복을 느꼈을까?
12	왜 서정시인은 왕자한테만 말했을까?
13	서정시인은 이 나라가 파괴될 것이라며 든 이유가 무엇일까? 서정시인은 왜 왕자에게 이런 이야기를 했을까? 왜 사랑하는 도시가 파괴된다고 했을까? 도시가 파괴된다고 한 것은 무슨 의미일까? 보금자리가 의미하는 것은 무엇인가? 꿈의 의미는 무엇일까? 왕자의 어린 시절은 지금과 어떻게 달랐을까? 보금자리에 따라 꿈이 달라진다고 했는데 이 나라는 새로운 꿈을 꾸어야 한다는 것인가? 아니면 나라의 종말을 의미하는 것인가? 돌에 꿈이 있고 슬픔이 있다는 것은 무엇을 의미하는 것일까?

14	민중 시인은 왜 왕자 한 사람만을 상대로 말하는 서정시인을 비난했을까? 왜 백성들이 웅성거렸을까? 직언을 하는 사람, 즉 서정시인이 백성들의 공감을 얻는다면 용서가 될까?
15	서정시인은 체포되었다. 그럴 거면 왜 연설을 하라고 했을까? 서정시인은 체포될 만큼 나라에 큰 잘못을 저지른 것일까? 나라의 근간이 통째로 흔들리는 것은 사람들은 왜 두려워할까? 민중 시인도 불안과 불만을 말했는데 왜 서정시인만 체포되었을까? 고함은 서정시인의 연설에 대한 분노일까? 공감일까? 화려한 말의 의미는 서정시인의 말과 어떤 차이가 있을까?

그 외 질문

세 명의 시인 중 나라를 위해 좋은 말은 한 사람은 누구일까?

백성들은 이 나라의 상황을 제대로 파악하고 있는 걸까?

자신의 역할에 충실해야 한다는 것은 무엇일까?

본문 속의 얘기들은 우리의 삶과 어떻게 연관될 수 있을까?
우리에게 하고 싶은 말은 무엇일까?

서정시인의 체포로 이 나라에서 잃은 것은 무엇일까?

이 나라에서 가장 큰 문제는 무엇일까?

이 나라는 100년 후에 어떻게 되었을까? 왕자는 좋은 왕이 되었을까?

내가 왕자였다면 이 연회를 어떻게 끝낼까?

2단계. 작은 모둠 세미나

2단계는 3인 1모둠이 모여 활동하는 작은 모둠 세미나이다. 모둠별 활동 시간은 보통 20분 정도이며, 첫 번째 시간이 끝날 때까지 한다. 그래야 쉬는 시간에 3단계 소크라틱 세미나를 위한 자리를 만들 수 있고, 조금 미진하다고 생각하는 모둠은 시키지 않아도 쉬는 시간까지 이어서 하기도 한다. 학생들은 우선 서로의 개인 질문들을 돌려보고 같은 질문이나 더 나누고 싶은 질문에 별(★) 표시를 한 후 표시한 것을 중심으로 질문하고 답한다.

학생들에게 질문하는 방법과 요령을 설명할 때는 "난, 이런 게 궁금해 3번을 보면 ~~~ ", 대답하는 친구들은 "내 생각엔 4번에 이렇게 나와 있는 걸 보니 이런 것이 아닐까?"라는 발언 예시를 함께 읽도록 한다. 이것은 학생들이 첫마디를 수월하게 뗄 수 있도록 도와주는 동시에 텍스트에서 근

2단계: 작은 모둠 세미나

거를 찾아야 한다는 생각을 갖게 한다.

　이때 교사는 모둠을 순회하면서 적극적으로 활동하는지 확인하거나 잘 안 되는 모둠에서는 교사 본인이 직접 모둠원이 되어 시범을 보여 학생들이 자연스럽게 활동을 익히게 한다.

학생 A　　　13번에 보면 서정시인은 왜 사랑하는 도시가 파괴된다고 했을까?

학생 B　　　5번에 보면 밭을 가는 농민도 양을 치는 목동도 없어졌다고 했잖아. 자신의 역할을 제대로 하지 못하니까 파괴된다는 표현을 쓴 건 아닐까?

학생 C　　　그것과 덧붙여서 7번을 보면 백성들은 자신들의 손으로 하는 것이 아무것도 없었다고 말하는 것으로 보아서 생산 활동을 못 하는 것이니까 결국 이 나라는 파괴된다고 생각하는 것 같아.

학생 A　　　생산 활동을 못 하는 거랑 나라가 파괴되는 거랑 어떤 점이 같은데?

학생 C　　　생산 활동을 못 하면 2번처럼 다른 나라와 교역을 못 할 경우, 특히 4번처럼 고기와 곡식까지 사 온다고 했는데 교역을 못 하면 나라의 사람들은 굶어 죽을 수도 있잖아.

학생 B　　　아, 그러네…. 13번에 서정시인이 말하는 것은 순리대로 살아야 하는데 이 나라 사람들이 그렇게 살지 못한다는 것인 거지.

(질문에 대해 더 이상의 대답이 없을 경우에 정적이 흐른다. 대부분 이 정적은 20초에서 30초를 넘지 않는다. 교사가 대답을 재촉하면 다음에 정적이 생기면 다시 교사를 찾게 되는 악순환이 반복되므로 다소 답답하더라도 처음부터 참고 기다려주는 것이 좋다)

학생 C　　다른 질문으로 넘어가도 될까?

학생 A,B　　응, 좋아.

학생 C　　13번처럼 말하는 서정시인을 왕자는 어떻게 생각할까?

학생 A　　2번을 보면 어려서부터 영리하여 장사 수완이 좋았던 왕자라고 나왔으니 왕자는 자신이 피땀 흘려 잘 살게 만든 도시가 파괴된다고 하니 언짢았을 것 같아. 본인의 노력이 무시당했으니까.

학생 B　　14번을 보면 서정시인이 진행 담당자에게 끌려나가는데 서정시인의 이야기가 듣기 좋았다면 말리지 않았을까? 8번에서 보면 서정시인은 어린 시절 왕자의 스승이었는데 말이야. 아마 듣기 싫었을 거야.

학생 A　　14번에서 보면 왕자 한 사람에게만 말하는 서정시인을 비난했다고 했는데 이 부분을 보면 내용은 그다지 문제가 되지 않은 건 아닐까? 그냥 한 사람에게만 말하는 태도로 인해 잡혀간 것일 수도 있어. 왕자는 그냥 9번의 민중 시인이 백성들의 불안과 불만을 이야기할 때도 진지한 눈길을 보냈었잖아.

이 사례의 중간 부분에서 학생 B에서 학생 C로 넘어갈 때 약간의 휴지 시간이 있었다. 자연스럽게 옮겨 가기도 하지만, 어떤 경우는 상당히 긴 침묵이 있을 수 있다. 이때 학생들은 "다른 질문으로 넘어가도 될까?"라며 동의를 구하는 이어지는 질문을 하기도 하고 "난 이게 궁금한데…"라면서 자연스럽게 다른 질문으로 넘어가기도 한다. 이는 3단계에도 해당된다.

　앞의 대화를 보면 작은 모둠 세미나에서 학생들은 한 친구가 질문했을 때 두 친구의 답이 같은 짧은 종류의 질문들을 빠르게 해결하고 가기에 질문과 답이 짧은 편이지만, 3단계 소크라틱 세미나에서는 전체 학생이 함께 참여하기에 하나의 질문에 대한 답이 다소 길다는 특징이 있다.

다른 모둠에서도 왕자에 대해 궁금해했는데 질문이 조금 달랐다.

학생 D   10번에 보면 왕자가 백성들이 대시인과 민중 시인의 말을 듣고 진지한 눈길을 보였는데 대시인의 이야기를 듣고 어떤 생각을 했을까?

학생 E   9번 보면 지금까지 이룩한 왕자의 업적을 찬미했다고 했으니 기분이 좋지 않았을까?

학생 F   그래, 나도 그렇게 생각해. 그리고 9번에서 장차 발전해갈 모습을 얘기했는데 1번 보면 곧 왕위를 잇게 될 왕자라고 했으니, 왕자 스스로 왕이 되었을 때 어떻게 나라를 이끌어 가야겠다는 미래의 청사진을 그렸잖아.

학생 D   나는 9번에서 보면 대시인이 화려한 언변으로 설명했다고 하는 부분에서 '아부 하나?' 뭐 이렇게도 생각하지 않았을까? 반면에 서정시인이 미웠겠지. 그러니까 15번에서 시정시인이 체포되었을 때도 적극적으로 막지 않았어.

이 대화와 같이 학생들은 모둠 안에서 저마다 근거를 들어 진지하게 대답을 해나가고 최종의 답을 찾기 위해 탐구의 과정을 겪는다. 물론 대화의 끝에 답을 딱 정하는 것이 아니기에 정답을 찾는 수업에 익숙한 학생들에게 다소 불안한 마음이 들지 않는 것은 아니다. 그러나 여기서 해결되지 못한 대답은 전체 소크라틱 세미나에서 확장되고 깊어진다. 작은 모둠 세미나가 활발해질수록 전체 소크라딕 세미나가 풍성해진다.

3단계. 소크라틱 세미나

소크라틱 세미나의 매력적인 강점 중 하나는 교실 전체 인원이 의견을 개진하고 나누는 과정을 거쳐, 개인이 사고를 확장하고 유연성을 지니게 돕는다는 점이다.

아래 사진은 27명의 학생이 3인 1모둠으로 총 9개의 모둠이 만들어진 상태이다.

다음 대화에서 숫자는 모둠의 번호를 뜻하고 Ⓐ~Ⓒ는 개인을 뜻한다. 이를테면 학생 '학생 1Ⓐ'는 1모둠의 첫 번째 학생을 의미한다. 학생 4Ⓐ에서 학생 4Ⓑ로 발언자가 바뀐 것은 외부 원에서 내부 원으로 자리를 바꿨음을 표시한 것이다.

교사　　　　내부 원 학생들은 작은 모둠 활동에서 했던 것처럼 텍스트 번호를 말하면서 질문하고 대답 역시 텍스트 안에서 최대한 근거를 찾아 발언합니다. 외부 원의 학생들은 잘 듣다가 하고 싶은 말이 생길 경우

3단계: 소크라틱 세미나

작은 모둠으로 돌아간 소크라틱 세미나

앞 친구의 어깨를 살짝 쳐서 자리를 이동하거나 아직 준비가 되지 않았다면 메모하여 모둠원에게 전달합니다. 발언은 내부 원의 친구들만 할 수 있으니 외부 원의 친구들은 말을 하지 않도록 합니다. 자, 그럼 지금부터 소크라틱 세미나를 시작하겠습니다. (교사의 시작 질문이 필요한 경우도 있지만, 학생에게 맡기는 것도 좋다)

학생 2ⓐ   그럼, 나부터 할게. 9번에서 민중 시인은 백성이 품고 있는 불안과 불만에 대해서 얘기했다고 했는데, 어떤 불안과 불만이 있었을까?

학생 4ⓐ   5번에서 보면 백성들은 자신들이 했던 일을 접고 장사를 하게 되어서 불만이 있었을 것 같아.

학생 5ⓐ   장사를 하게 된 것은 7번을 보면 다른 나라에서 사 오는 일, 즉 무역이나 상업이 주된 것이기 때문에 그걸 선택하는 것이 그냥 일반적이라는 생각이 들어. 오히려 이 나라 사람들은 5번에서 나온 것처럼 모두 다 장사에 대한 일을 하니까 장사가 잘 안된다던가, 세금을 적게 내고 싶다던가 뭐 이런 불만을 얘기하는 것 같은데… 5번 보면 사람들은 생활 수준도 높아지고 더 풍요로워졌다고 했잖아. 농민이나 목동일 때보다….

학생 6ⓐ   나는 왕자가 그 불안과 불만을 말하는 민중 시인한테 경청하는 백성들에게 진지한 눈길을 보냈다고 했잖아. 그건 왕자의 정책의 근간을 흔드는 불만은 아니었던 것 같아. 그냥 조금 가벼운 것에 대한 불만이지.

학생 5ⓐ   그 내용은 어디에 나와 있지?

(번호를 말하지 않고 대답하거나 질문할 경우에는 어디인지 확실히 알 수 없기 때문에 이

렇게 질문을 하도록 미리 알려준다)

학생 6Ⓐ   음⋯. 10번에.

학생 7Ⓐ   그럼 불안은 무엇이었을까?

(4모둠의 학생 4Ⓐ와 학생 4Ⓑ가 자리를 바꾼다. (활발하게 자리를 바꾸기도 하지만, 그렇지 않을 경우나 성취기준을 한창 벗어난 이야기에 맴도는 경우에는 교사가 내부 원의 학생이 되어 학생들에게 미리 준비한 질문을 한다. 바로 대답하게 하지 말고 작은 모둠으로 돌아가 잠시 논의하게 한 후, 다시 소크라틱 세미나 대형으로 돌아왔을 때, 발언하지 않은 사람이 내부 원으로 들어오도록 요구한다.)

학생 4Ⓑ   6번 보면 적의 침략에 대비해 새로운 성벽을 크고 견고하게 쌓아 올렸다고 하니까 적의 침략이 불안의 대상이 되는 거지.

학생 1Ⓐ   아, 그렇다면 이런 생각과도 연결이 되는 것 같아. 6번에서 적의 침략에 대비하기 위해 성벽을 견고하게 쌓은 이들이 이 나라 사람이 아니고 다른 나라 사람이라고 했지. 13번에서 서정시인이 말한 도시가 파괴되는 것의 이유가 이 나라의 약점을 알아버린 다른 나라 때문일 수도 있겠어.

학생 4Ⓒ   나는 13번의 파괴가 적의 침략을 막아내지 못해서가 아니라, 도시에는 자연환경도 꼭 있어야 할 요소잖아. 6번 보면 큰 건물을 계속해서 짓고 논밭을 정리해서 거리로 만들었다고 했어. 논밭도 어찌 보면 자연환경인데 그런 것들이 사라져서 동식물들이 살지 못하는 곳이 되어서 파괴되었다고 한 것 같아.

학생 1Ⓑ   자연환경 파괴에 대한 이야기라는 말에도 동의하면서 동시에 우리 모둠에서는 사람들이 자신들이 하던 일을 접고 풍요로운 삶을 위해 5번처럼 장사를 하게 된다면 하고 싶은 일을 하면서 얻는 성취감,

즐거움, 기쁨 등을 모르고 결국 삶의 질에 대한 파괴로까지 이어질 수 있다는 얘기를 했어.

(개인의 의견을 이야기해도 되지만, 모둠원끼리 했던 이야기를 종합해서 발언하는 경우도 있다. 이때 학생들은 자신의 생각에 타인의 의견을 받아들여 자신의 생각을 견고하게 만든다.)

학생 2ⓑ　　　나도 자연환경이나 나라가 없어지는 것도 파괴라는 생각이 들지만, 삶의 질에 대한 파괴가 개인에게는 더 큰 파괴라는 생각이 들어.

학생 6ⓑ　　　1번 보면 작은 나라인데다가 6번 보면 자꾸 건물을 지었으니까 자연환경이 없어지는 것도 문제지만 원래 살던 공간이 자꾸 없어지는 것을 파괴라고 생각할 수도 있어.

학생 1ⓒ　　　그것도 맞지만 단지 공간에 대한 것보다는 4번에 나온 것처럼 다른 나라에서 곡식과 고기까지 사 오는데 만약 교역을 못 하게 되면 먹는 문제가 해결되지 않으니 굶어서 나라가 파괴될 수도 있어. 결국 서정시인이 얘기하는 파괴는 한 가지만을 이야기하는 것이 아니라 자연환경 파괴, 삶의 성취감에 대한 파괴, 적의 침략에 의한 파괴 이 모든 것을 말하는 것이라고 해도 되겠어.

　학생 1ⓐ와 학생 4ⓒ의 대화를 살펴보면, 학생들은 근거에서 자연스럽게 또 다른 질문거리를 만들어내기도 한다. 진행해보면 알겠지만, 학생들이 쓴 처음의 질문을 그대로 3단계 소크라틱 세미나로 가져와서 묻는 경우보다는 2단계 작은 모둠 세미나를 통해 일부 수정하고, 친구의 새로운 대답 안에서 수정되어 궁금증이 꼬리를 무는 경우가 많다.

　학생들은 13번 '파괴'의 의미에 대한 이야기를 마치고는 그런 말을 한 서정시인을 잡아간 진행 담당자에 대한 이야기부터 '고함'에 담긴 의미를 이야기하고는 '백성들은 과연 이 나라에 사는 것이 행복할까?'에 대한 질문으로 소크라틱 세미나를 마무리한다. 이때 교사는 학생들이 자신의 삶에 비추어 대답할 기회를 주거나 이번 세미나가 다른 활동과 어떤 점이 달랐는지를 묻는다. 또는 쟁점이 만들어진 질문에 대해 지지 발언과 구체적으로 어떤 점이 훌륭했다고 간단하게 감상평을 한다.

모든 질문에 학생들은 바로 대답할 수가 없다. 왜냐하면 13번에서 질문을 했다면, 우선 13번으로 시선을 함께 돌려 읽고 난 후 자신이 생각하는 답이 있는 텍스트로 빠르게 눈을 돌린 후 발언해야 하기 때문에 시간이 필요하다. 그 시간이 너무 길게 느껴진다고 걱정하지만, 조금 더 인내를 발휘한다면 침묵의 압박을 견디지 못한 학생이 자연스럽게 다음 질문을 이어가거나 답을 내놓게 될 것이다. 학생들을 믿어도 된다. 그럼에도 불구하고 학생들이 수동적일 경우에는 교사가 공동지도자의 역할을 맡아 도움을 준다. 이를테면 질문을 반복하거나, 질문의 표현 방법을 달리 해보거나, 앞에 나왔는데 충분히 해결되지 못한 질문에 대해 한 번 더 물어보는 방법도 학생들의 반응을 끌어내기에 효과적이다.

똑같은 텍스트를 가지고 여러 반을 했을 경우 반마다 활발하게 질문과 대답이 오가며 쟁점이 형성되는 부분이 다르다. 학생들이 얼마나 적극적으로 세미나에 참여하는가? 중간에 누군가에게서 친구들이 생각지도 못한 근거를 댈 경우 분위기가 갑자기 고조되는 경우가 있는데 이럴 때 세미나의 만족도는 정말 높다. 이를테면 앞의 '세 명의 시인' 텍스트에서는 "왕자는 어떤 인물일까?"라는 질문에서 "어린 시절 영리했던 왕자, 온후했지만 국왕과 달리 활동적인(2)", "연회의 진행을 맡은 담당자의 계획에 따르면(11)", "진행 담당자는 급히 경호원을 불러(14)", "두 사람의 말을 경청하는 자신들에게 진지한 눈길을 보내는 왕자를 보고 민주적인 나라에서 태어난 것에 깊은 행복을 느꼈다(10)" 등등 다양한 근거를 들어 왕자를 옹호하거나 왕자의 무력감을 드러내는 쟁점을 만들어낸다. 또는 '이 나라는 민주적인 나라인가?' 라는 질문에 "곧 왕위를 잇게 될 왕자가 주최하는 연회(1)"라며 이 나라는 군주제라 결코 민주주의가 꽃필 수 없는 나라라는 주장을 학생들은 반기기도 한다.

'세 명의 시인' 텍스트에서 교사가 세미나를 활발하게 이끌기 위해 선택한 질문은 '고함이 가리키는 의미는 무엇일까?' 이다. 이 질문을 통해 학생들은 이 나라의 백성들이 부정함에 항거하는지 아니면 순응하는지에 대한 쟁점이 형성되고 더불어 "나는 커서 어떤 시민이 되어야 할까?"와 같이 자기 삶과 연결하는 질문으로 확장된다. 이는 논쟁거리가 되는 단어를 여러 가지 근거를 들어 해석하게 하는 훈련을 하기에 적당한 질문이면서 세미나 중간에 학생들의 자리 바꿈이 활발해지는 데 도움을 주었다. 그러나 성취기준에 맞는 텍스트 선택에 심혈을 기울인다면 학생들에게서도 이런 질문은 충분히 나오게 된다.

3단계 소크라틱 세미나에서 교사는 학생들에게 적절한 피드백을 해주기 위해 끊임없이 펜을 들어 메모를 해야 하며 나만의 메모 방식을 구축하는 노력이 필요하다. 주로 쟁점을 중심으로 적는 것이 전체 피드백을 하기에 좋다.

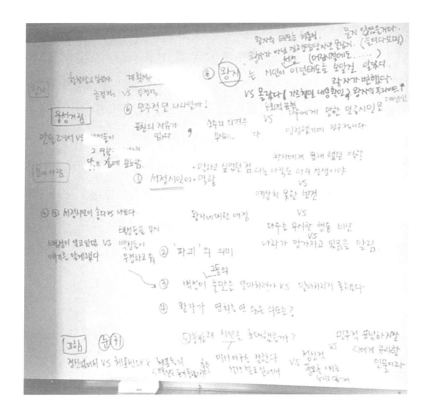

4단계. 소크라틱 세미나 스케치

4단계는 소크라틱 세미나 스케치이다. 토론을 하거나 책을 읽고 나면 마지막 쓰기 활동을 해야 마무리가 된 듯한 느낌이 든다. 학생들이 제일 귀찮아하는 줄 알면서 하는 이유는 학생의 생각을 정리하고 표현력을 기르게 하겠다는 표면적인 이유와 생기부에 적어주겠다는 이면적 이유를 동시에 담고 있다.

대부분 마무리 글을 쓰라고 하면 학생들은 "재밌었다. 감동적이었다. 이런 수업을 하게 해주신 선생님께 감사드린다. 친구에게 꼭 소개해주고 싶다"의 형태로 끝나는 경우가 많다. 그러나 소크라틱 세미나 스케치에서는 가장 쟁점이 되었던 질문에 대해 마치 스케치하듯이 그려낸 후 '그래서 나는 이러한 근거로 이 주장에 동의한다' 혹은 새로운 주장을 내세우는 형태로 마무리 짓는다. 이런 마무리는 학생들이 쟁점에 대해 깊이 생각하게 하는 장점도 있지만, 더불어 학생들이 생각하는 훌륭한 질문과 대답을 한 친구가 누군지 알 수 있어 교사가 평가하는 데 도움이 된다. 다음은 학생들이 작성한 소크라틱 세미나 스케치 예시이다.

이번 토론에서 가장 쟁점이 되었다고 생각한 부분은 '사랑하는 도시가 파괴되고 있다'고 말한 서정시인의 이야기에서 '파괴란 과연 무엇을 말하는가?'에 대한 부분이었다. 무역 중심의 나라에서 굳이 다른 자급자족인 일을 하지 않아도 상업에 관한 일을 함으로써 충분히 풍요롭게 살아갈 수 있었다. 하지만 나는 여러 생존과 관련된 밭을 갈거니 앙을 지는 직업들이 사라지니까 나중에 백성들이 스스로 자립하여 살아갈 수 없게 되는 획일화된 삶을 만들어나가게 될 수밖에 없지 않을까? 라고 생각을 했다. 획일화된 삶을 살면서 사람들은 다양한 감정을 느낄 수 없기에 서정시인은 '사랑하는 도시가 파괴된다'라고 말한 것이다.

또한, 마지막 고함의 의미에 대해서도 친구들이 활발하게 의견을 개진했다. 처음에는 왕에게만 말을 해서 듣지 못한 민중의 항의로써의 고함이라고 생각했는데, 이것을 진행자와 민중이 듣고 나서 자신들에 대한 걱정으로의 고함이라고 표현한 친구들도 있었다. 그리고 체제가 흔들릴 것을 두려워한 귀족들이 불만을 가지고 터뜨린 고함이라고 말한 친구의 이야기도 설득력이 있었지만, 나는 서정시인이 체포된 후에 고함이 들렸기 때문에 서정시인과 생각이 같은 사람들의 고함이라는 생각이 들고 특히, '여기저기'라는 표현에서 확신이 들었다. 직업의 다양성은 나라를 강하게 만드는 역할을 하기도 하는데 어떠한 직업도 장사와 관련한다는 부분은 몇몇 사람에게는 진정한 행복으로 이끌 수 없다. 따라서 이 사람들은 이 나라가 잘못되었다고 간접적으로 말했던 서정시인을 구명하기 위해 고함을 질렀던 것이다.

더불어 왕자가 당연히 최고 실권자일 것이라 생각하며 작품을 이해했는데, 사실 실제 권력을 소유한 자는 시인을 끌어내리라고 명령한 진행자가 아니냐는 친구의 의견이 나와 흥미로웠으며, 현실에서도 권력의 중심은 대통령일지라도 실권자가 따로 있는 것은 아닌가라는 생각을 하게 되었다. 여러 번의 독서 토론을 해보았지만 이번 소크라틱 세미나는 끊임없이 다른 근거를 들어 자신의 생각을 밝히고 전체가 공유할 수 있다는 점에서 참 매력적이었다.

교육과정 성취기준 속으로

성취기준: 근거의 차이에 따른 다양한 해석을 비교하며 작품을 감상한다.

학생들은 다양하게 작품을 해석할 수 있다는 것을 알고 있다. 그러나 기존에 교사가 만들어준 질문에 대한 답을 찾는 활동으로는 작품 해석의 폭을 넓히는 것에 한계가 있었다. 스스로 탐구를 위한 질문을 만들고 텍스트 안에서 다양한 근거를 들어 자신의 입장을 세우고 친구들과 함께 이야기 나누며 작품 감상에 깊이를 더하기에 좋은 방법으로 소크라틱 세미나를 선택했다.

이 방법은 전체의 생각을 공유하기 때문에 미처 생각하지 못한 부분에 대해 깨닫게 하고, 모둠원끼리의 협업 능력을 키울 수 있다. 또한, 근거를 찾기 위해 열 번 이상 텍스트를 보면서 꼼꼼하게 파악할 수 있다는 장점이 있다. 1단계에서 4단계까지 전체를 다하기에 시간과 공간상 제약이 있다면, 일부 단계만이라도 여러 번 활동함으로써 학생들이 자신 있게 질문하고 답하는 것을 주저하지 않으며 모두에게 성공의 경험을 줄 수 있기를 바란다.

소크라틱 세미나
_음악

조일희, 응곡중학교

소크라틱 세미나 토론 수업 모형

소크라틱 세미나 토론 수업의 중심에는 '질문'이 있다. 질문으로 시작하는 대화를 통하여 자신의 생각을 펼치고, 다른 사람들과 의견을 나누고 공유하여 협력적 배움이 일어나도록 하는 모형이다. 질문과 대화를 통해 더 깊은 생각을 할 수 있고 스스로 깨우치게 된다.

음악 수업이라고 하면 가장 먼저 가창, 기악, 감상 등의 실음 중심 수업이 떠오른다. 대부분 실음 중심 수업으로 되는 '표현 영역' 외에 '생활화 영역'의 수업에 소크라틱 세미나 수업을 적용해보았다. 음악 관련 내용을 일방적으로 가르치는 수업과 달리 대화를 통해 질문과 대답이 오가는 과정에서 미처 생각하지 못했던 부분까지 스스로 깨달아갈 수 있기를 바라는 마음으로 수업 과정을 구상해보았다. 그중 '음악 공연 관람 에티켓'에 대한 수업을 소개하고자 한다.

자리 배치

먼저, 소크라틱 세미나 토론을 할 수 있도록 도넛 모양의 두 개의 원으로 자리를 배치했다. 외부 원의 인원이 내부 원 인원의 두 배가 되도록 배치한다. 그다음 내부 원의 한 사람과 외부 원의 두 사람, 즉 세 사람이 하나의 작은 모둠이 되도록 구성했다. 소크라틱 세미나 이론에서는 모둠원의 목소리가 서로 잘 들리게 책상 없이 의자만 배치하여 최대한 가까이 앉게 하도록 안내하고 있지만, 이번 수업에서는 자료를 참고하거나 메모를 작성하는 등의 활동에 좀 더 안정감을 주기 위해 책상도 함께 배치하여 앉도록 했다.

평소 음악 수업에 여러 유형의 모둠 수업이나 토론 수업을 자주 진행하기 때문에 우리 학교의 음악실에는 교실과 똑같은 책상과 의자를 사용하

고 있다. 그러나 소크라틱 세미나를 진행하기 위한 자리 배치가 힘든 상황의 음악실이라면 학급 교실에서 진행하거나 다른 특별실을 이용하여 자리 배치를 미리 해놓으면 좋다.

개인 질문 만들기

'음악 공연 관람 에티켓'에 관한 텍스트를 학생들에게 나누어준다. 학생들이 흥미를 가지고 쉽게 텍스트에 집중할 수 있도록 내용과 관련된 그림과 함께 주제별로 단락을 나누어주어 읽기 쉽게 편집했다. 또한 주제 단락마다 번호를 매겨 주어 번호를 활용하여 내용을 언급하기 쉽게 만들었다. 다음은 텍스트의 일부 예시*이다.

멋진 공연을 즐기려면

1. 무료 공연 즐기기
잘 찾아보면 무료 공연도 자주 있습니다. 국립극장, 박물관, 예술의 전당, 국립국악원 등에서 정기적으로 무료 공연을 펼치기도 하거든요.

---

* 임정진 글, 이혜주 그림(2015), 『공연을 보러 갔어요』, 산하, pp.6~9 인용 및 참고

2. 입장권을 사고 구경하는 것이 예의

아는 사람이 공연을 하게 되면 초대권을 받아서 무료로 보려는 사람이 많습니다. 하지만 그 공연을 위해 애쓴 사람들의 노력을 생각해보세요. 공연을 한 번 하려면 많은 시간과 노력과 비용이 듭니다.

3. 어린 동생과 함께 보고 싶어요

공연마다 몇 살 이상 어린이만 볼 수 있다는 규칙이 있으므로 미리 잘 확인해야 합니다.

4. 핸드폰은 확실하게 꺼 두어요

공연 중에도 핸드폰을 끄지 않는 사람들이 있이 있어요. 연주자와 다른 관객들에게 방해가 되니, 반드시 전원을 꺼두어야 해요.

5. 사진을 찍고 싶다면?

공연 중에 핸드폰이나 카메라를 들고 촬영을 하면 분위기가 어수선해지고 연주자에게도 방해가 됩니다.

6. 음식은 공연장 밖에서

영화를 보는 시네마에서는 팝콘이나 음료수를 먹잖아요. 그런데 연주회장에서는 왜 안 되는 걸까요?

7. 연주자에게 꽃다발을 건네려면

전문 연주회장에서는 꽃다발을 들고 들어갈 수 없습니다. 안내하는 곳에 꽃다발을 맡겨 두었다가, 공연이 끝난 뒤에 분장실이나 휴게실에서 출연자를 만나 건네주면 됩니다.

일반적으로 소크라틱 세미나에서는 텍스트를 각자 정독하는 것으로 시작하지만, 조금 다른 방법의 읽기 활동으로 열어보았다. 먼저 아이들에게 텍스트 내용을 하나씩 읽어주면서 시작했다. 주제별 단락이 넘어갈 때마다 텍스트 내용을 충분히 이해하고 궁금증을 품을 수 있도록 여유를 두면서 천천히 읽어주었다. 텍스트에 집중하여 꼼꼼하게 읽어야만 내용에 대한 생각과 궁금증도 깊어질 수 있기 때문에 텍스트를 교사가 읽어주는 것은 집중력이 부족한 아이들이 텍스트 내용에 쉽게 스며드는 큰 효과가 있었다. 특히 저학년일수록 텍스트를 주의 깊게 읽는 것을 힘겨워하는 경우가 많기 때문에 여러 가지 읽기 방법을 활용하여 도움을 주면 좋다. 그다음 스스로 다시 한번 텍스트를 주의 깊게 읽으면서 흥미가 있거나 궁금한 점 또는 의견을 나누어보고 싶은 부분에 줄을 긋거나 메모하며 텍스트를 정리하도록 했다.

이제 개인 질문 만들기 활동에 들어간다. 교사와 함께 읽고, 스스로 한번 더 읽은 텍스트에서 진지하게 고민해보고 싶은 내용에 대한 질문을 만든다.

"자, 그럼 텍스트를 읽으면서 자기가 표시하고 메모한 부분들이 있죠? 그 내용을 중심으로 개수에 상관없이 질문을 만들어보도록 할게요."

"어떤 질문이건 상관없나요, 선생님? 그냥 아무거나 만들면 다 되는 거예요?"

"어떤 실문이건 상관은 없지만, 우리가 그 질문들을 가지고 토론을 할 거니까 그래도 텍스트를 살펴보면서 중요하다고 생각하는 부분, 자기 생각과 다르거나 혼란스러운 부분, 이해가 되지 않는 부분 등과 같이 친구들과 의견을 나누어볼 만한 질문으로 만들면 더 좋습니다."

교사는 학생들이 질문 만들기를 이해하고 적극적으로 텍스트를 분석하면서 열린 질문을 만들고 있는지 살펴본다. 그렇지 못한 학생에게는 추가 설명과 피드백을 해준다.

여기서 소크라틱 세미나 수업의 장점 하나가 발견된다. 학생들이 텍스트를 아주 꼼꼼하게 읽는 모습을 발견할 수 있다. 텍스트를 읽고 질문을 만들어내는 활동이 생각보다 쉽지 않아서 텍스트를 읽고 또 읽을 수밖에 없다. 두 번 세 번 읽으면서 좀 더 깊이 있는 독서가 이루어지고, 같은 글을 읽고도 다양한 생각을 하고 다양한 질문을 만들어내는 것을 볼 수 있다. 개인 질문 만들기에서 첫 번째 '생각의 확장'이 일어난다.

작은 모둠 세미나

이제 각자가 만든 개인 질문들을 가지고, 3인 1조로 구성된 작은 모둠 활동으로 들어간다. 작은 모둠 세미나에 들어가기 전에 일단 각자의 질문을 돌려가며 읽어본다. 자신의 생각과 다른 부분은 어떤 것이 있는지, 새롭게 발견되거나 함께 이야기를 나누어보고 싶은 질문은 어떤 것이 있는지 잘 살펴보며 모둠 친구들의 개인 질문을 모두 공유한 후에 작은 모둠의 대화를 시작한다. 모둠의 인원이 3명이기 때문에 발언할 기회가 충분하고 매우 활발히 질문과 대화를 주고받는다. 두 번째 '생각의 확장'이 일어나는 부분이다.

학생 A   공연장에 보면 음식을 판매하는 매점이 있는 곳이 있잖아. 그건 공연 보면서 먹으라고 있는 거 아니야?

학생 B   그건 공연장 안에서 먹으라고 있는 게 아니고, 시작 전이나 쉬는 시간에 공연장 밖에서 먹게 되어 있어. 음식을 판매한다고 해서 먹으면서 공연 보라는 뜻은 아니라고.

학생 A   아, 그렇구나. 나는 영화 볼 때처럼 가지고 들어가서 먹으면서 볼 수 있는 줄 알았지. 근데, 공연 보는 데도 나이 제한이 있어? 공연도 미성년자 관람 불가 공연이 있는 거야?

학생 C   그런 게 아니고~ 어린아이들은 공연을 볼 때 떠들거나 울거나 방해가 될 수가 있잖아. 그래서 적절하게 나이 제한을 두는 거로 알고 있어.

(생략)

작은 모둠의 질문 나눔 시간이 모두 끝난 후에 본격적인 전체 소크라틱 세미나에서 나누고 싶은 대표 질문을 몇 가지씩만 뽑아보도록 했다. 이와 같이 정말 기본적인 지식이나 태도에 대한 내용은 3명의 작은 모둠 세미나 과정에서 궁금증이 거의 해소된다. 그리고 전체 토론에서 나누고 싶은 대표 질문으로는 좀 더 깊이 있게 생각해보고 싶은 질문들이 남게 된다.

다양한 해석이 가능하거나 토론할 거리가 있다고 생각하는 질문을 2~3개씩 뽑아 B4 용지 같은 큰 종이에 쓰게 하고, 각 모둠에서 작성한 질문지를 칠판에 붙인다. 그러면 다른 모둠에서 나온 질문들을 함께 보면서 자기 모둠에서는 생각하지 못했던 여러 질문이 있음을 알게 되기도 하고, 새로운 궁금증을 갖게 되기도 한다. 이렇게 모둠별 대표 질문들을 공유하는 활동도 일반적인 소크라틱 세미나에서는 제시되어있지 않지만, 이 과정을 통해서 전체 세미나를 열기 전에 다른 모둠의 질문들을 미리 공유하면서 대표 질문들을 유목화하고 전체 세미나에서 나올 토론 주제를 미리 생각해볼 수 있다.

일반적으로 소크라틱 세미나에서는 아이들이 자유롭게 생각을 펼칠 수

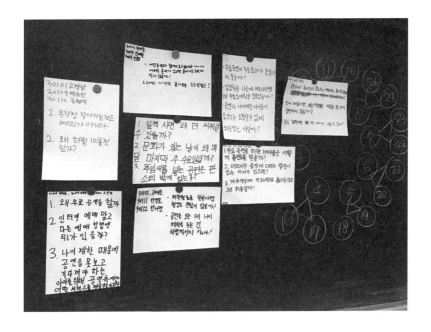

있도록 해주기 위해 대표 질문을 뽑거나 걸러내는 것과 같은 개입을 전혀 하지 않고 무한정 질문을 만들 수 있도록 하기도 한다. 그러나 정해진 수업 차시 안에 꼭 생각해보아야 할 문제들을 다루어 알찬 세미나 활동이 될 수 있도록 하기 위해 작은 모둠의 토론을 통한 대표 질문 뽑기의 과정을 추가해보았다.

　모둠별 질문들을 살펴본 후 비슷한 것끼리 묶어보면서 소크라틱 세미나 토론에서 다룰 질문들을 함께 정리해본다. 다음은 학생들이 만든 질문들 이다.

- 우리가 무료로 공연을 보면 음악가들은 어떻게 돈을 벌지?
- 무료 공연은 아무래도 퀄리티가 떨어지지 않을까?

- 공연 관람에 나이 제한을 두는 것도 일종의 차별 아닐까?
- 나이 제한 때문에 공연을 못 보는 아이들을 위해 공연 주최 측에서 제공할 수 있는 서비스는 없을까?
- 공연 중에 정말 급한 전화가 올 수도 있는데, 핸드폰을 꼭 꺼야만 해?
- 내가 찍은 사진이나 동영상을 다른 곳에 올리지만 않는다면 찍어도 되지 않을까?
- 소리나 냄새가 나지 않는 음식은 살짝 먹어도 괜찮지 않을까? 물이나 음료 정도는 먹어도 괜찮지 않아?
- 공연장에 꽃다발을 가지고 들어가지 말아야 하는 구체적인 이유가 뭘까?

사실 같은 텍스트로 어른들에게 수업을 진행해본 적이 있다. 어른들은 공연 에티켓에 대한 텍스트를 읽은 후에 다 맞는 말이고 그냥 그렇게 하면 되는데 무슨 질문을 어떻게 만들어야 할지 모르겠다고 했다. 그러나 아이들이 함께 나눈 질문들을 보면 왜 그래야 하는지, 어떤 행동이 서로를 배려하는 예의인지에 대해 더 구체적이고 명확하게 이해하기를 원한다는 것을 알 수 있다. '왜?'라는 질문을 끊임없이 던지고, 질문과 대답이 수없이 오가는 세미나 활동을 통해 생각의 폭을 무한하게 넓혀간다.

전체 소크라틱 세미나

작은 모둠 세미나에서 뽑은 대표 질문들을 가지고 본격적으로 전체 소크라틱 세미나를 한다. 전체 소크라틱 세미나에서도 곧바로 토론으로 들어가지 않고 이야기 나눌 키워드들의 순서를 정했다. 무료 공연(초대권), 관람 나이 제한, 핸드폰 사용과 사진·동영상 촬영, 공연장 안에서의 음식물 섭취와 꽃다발 등의 보관 방법, 이렇게 4가지 정도의 주제로 나눈 후에 주제별로 차례대로 소크라틱 세미나를 시작하도록 했다. 3명의 작은 모둠에서 발언할 순서를 정하고, 제일 먼저 발언하기로 한 학생이 내부 원에 자리한다.

이쯤에서 소크라틱 세미나를 할 때의 유의점을 몇 가지 한 번 더 설명해준다. 발언권은 내부 원에 있는 사람에게만 주어지며 외부 원에 앉아 있는 사람은 메모를 통해 발언자를 지원해주거나 발언권을 가진 학생의 어깨를 두드린 후 자리를 바꿔 앉은 후에 발언권을 얻을 수 있다. 발언의 순서는 특별히 정해져 있지 않고 자유롭게 생각을 이야기할 수 있으며, 손을 들지 않고 자연스럽게 발언 기회를 갖는다는 점도 알려준다. 발언 시간을 너무 오랫동안 독점하지 않아야 한다는 것과 자신의 발언 기회를 적극적으로 갖도록 하되 상대방의 말을 경청하면서 발언을 방해하지 않도록 주의를 준다. 마지막으로 자기 생각을 자신 있게 이야기하지만, 다른 사람의 의견으로 자신의 생각이 바뀌게 되어도 전혀 이상한 것이 아님을 강조해준다.

첫 번째로, 무료 공연에 대한 질문과 답변을 시작했다.

학생 A　　　○번 텍스트에서는 입장권을 사서 공연을 관람하는 것이 예의라고 하는데, 선물로 받은 초대장으로 무료 관람을 할 수 있으면 그것도 당연히 좋은 것 아닌가요? 거기에 대해서 나쁘다고 생각할 이유는 없지 않을까요?

학생 B 　저는 공연자들이 초대권을 떠맡게 되는 경우도 있다고 들었어요. 곧 초대권이 출연료의 일부가 되는 상황일 수도 있다고 하는 이야기도 들어본 적이 있는데, 혹시 그런 부분 때문에 그런 걸까요?

학생 C 　저는 공연을 모두가 무료로 보기만을 원한다면, 출연자들의 연주비와 출연료는 어디에서 충당할 수 있을지 궁금하다는 생각이 들었어요. 누군가가 지원을 해준다고 하더라도 항상 지원해줄 곳이 있을지에 대한 의문도 들었고요. 공연을 보는 우리가 그에 합당한 관람료를 내고 보는 것이 맞다고 생각해요.

학생 D 　당장의 출연료도 중요하지만, 저는 더 멀리 생각을 해봤어요. 어떤 공연이건 자금이 많으면 더 좋은 공연을 만들 수 있다고 생각해요. 물론 돈을 많이 들인 공연만이 좋은 공연이라는 것은 아니지만, 우리가 관람료를 내지 않으면 공연 주최 측에서 돈을 벌 수 없고, 돈을 벌지 못하면 계속해서 좋은 공연을 만들 수가 없고, 그러면 좋은 공연을 볼 기회가 점점 더 사라지는 악순환이 될 수도 있겠다는 생각도 들었어요.

학생 E 　와~ 정말 그러네요. 그러면 가장 크게 생각해보았을 때는 우리나라 문화예술의 발전에도 영향을 끼칠 수 있다는 생각까지 해볼 수 있겠어요.

학생 D 　그렇게까지 생각해보지는 않았는데 이야기를 듣다 보니 정말 그러네요. 공연 입장료가 단순히 그 공연 하나만을 위한 것이라고 생각할 부분이 아니네요. 생산과 소비는 무엇이든지 돌고 도는데 우리가 지급하는 공연 입장료가 앞으로의 문화예술 발전에 크게 기여한다는 것에 대해서 깊게 한번 생각해보게 될 것 같아요.

학생 F　　　그런데 가끔은 공연 입장료가 터무니없이 비싸다는 생각이 들 때도 사실 있어요. 우리 용돈으로 사기에는 너무 부담이 돼서 꼭 보고 싶은 공연인데도 엄두도 낼 수 없을 정도일 때는 좀 속상하더라고요.

학생 B　　　맞아요. 저는 지난번에 보고 싶은 뮤지컬이 있었는데, 제가 좋아하는 가수가 주연으로 나와서 더 보고 싶기도 했거든요. 그런데 입장료가 너무 비싸서 아예 마음을 접을 수밖에 없었어요. 여러 가지 공연 관람에 대한 여건을 우리가 조금 더 쉽게 다가갈 수 있게 해주면 좋겠다는 생각이 들었는데…. 그렇다고 무조건 공연료를 저렴하게만 책정할 수는 없을 텐데 어떤 부분을 어느 정도 조정하는 것이 좋은지 적정선을 정하기는 또 막연하기도 하네요.

학생 A　　　저도 앞으로는 초대권을 받으면 고마운 마음으로 꼭 가서 관람하고 박수 치고 와야겠어요. 초대권이라고 가도 되고 안 가도 되는 그런 티켓이 아니라는 마음을 꼭 가져야겠어요.

(생략)

이 밖에도 무료 공연이 오히려 문화예술 발전에 더 많이 기여하는 부분도 있을 것이라는 의견, 그로 인해 더 많은 사람과 다양한 계층의 사람들이 차별 없이 공연을 즐길 수 있을 것이라는 의견, 공연 관람료에 따른 공연의 종류와 수준에 대한 다양한 생각 등 아주 다양한 대화가 이어졌다. 텍스트에는 무료 공연과 공연 입장료에 대해 간단히 제시되어 있을 뿐인데 생각지도 못한 아이들의 깊은 생각이 발견되었다. 우리나라 문화예술 발전에 대한 이야기까지 나오면서 더 깊은 생각과 질문을 품을 수 있었다.

첫 번째 주제로 어느 정도 토론이 충분히 진행되었다고 생각되면 교사가 자연스럽게 개입하여 아이들이 나눈 대화를 간단히 정리해주면서 두 번째 주제에 대한 토론에 들어갈 준비를 한다. 첫 번째 발언자가 내부 원에서 나오고 두 번째 발언자가 내부 원의 토론석으로 자리 잡도록 한다.

교사   그럼, 이번에는 '관람 나이 제한'에 대해 여러분이 생각한 질문과 의견으로 소크라틱 세미나 토론을 다시 시작해보도록 할게요. 자유롭게 발언을 시작하도록 하겠습니다.

학생 A   저는 공연 관람의 나이 제한이 오히려 차별이 아닌지 생각해보았어요. 어린 나이라고 해서 무조건 그 공연을 즐기지 못할 것이라는 것도 다소 섣부른 생각이 아닐까요?

학생 B   그렇다면 어떤 공연이든지 나이 제한이 없는 것이 더 좋다고 생각하시나요?

학생 A   관람을 제한하는 나이의 기준은 어떻게 정하는 것이 맞는지, 공연을 이해할 수 있는 수준인지 아닌지와 상관없이 나이에 따라 입장 여부가 정해지는 것에 대해서 이해가 되지 않는 부분이 있어서요. 어린 나이의 아이들도 공연을 관람할 수 있는 권리가 있지 않을까요?

학생 C   어린아이들도 공연을 관람할 권리가 있을 수 있겠지만, 저는 공연을 보러 온 많은 사람이 방해받지 않고 제대로 공연을 볼 권리도 중요하다고 생각해요. 어린아이들에게 관람의 제한을 둔 공연이라면 아마도 어린아이들이 이해하기에 다소 어렵거나 조용히 집중해서 관람해야 하거나 그밖에도 여러 가지 이유가 있을 거라는 생각이 들어요. 아무래도 어린아이들은 공연에 대한 집중력이나 자기 자신을 통제할 수 있는 능력이 부족하기 때문에 언제 돌발 상황이 생길지 모르잖이요?

학생 D　　　그 말이 맞는 것 같아요. 나이 제한이 없다면 언제 어느 때 그런 상황이 생길지 모르는 일이잖아요. 공연을 보는 사람들이 서로 예의를 지킨다는 것은 이런 부분부터 생각해야 하는 것이 맞는다는 생각이 들어요.

(생략)

이후에도 자신의 생각에 대한 발언들이 계속해서 토론으로 이어졌다. 외부 원에 있던 한 학생이 모둠 친구의 어깨를 치고는 발언할 수 있는 내부 원으로 들어와서 앉았고, 공연을 함께 볼 수 없는 나이의 아이들을 위한 시스템이 있어서 언제든 공연을 마음껏 볼 수 있으면 좋겠다는 의견을 제시했다.

학생 E　　　어린아이가 있어도 마음 편하게 공연을 볼 수 있게 놀이방 시설을 만들면 어떨까요? 그러면 나이 제한 어린아이 때문에 공연을 볼 수 없는 경우는 없잖아요?

학생 F　　　그러면 놀이방을 만들고 운영하는 데 돈이 들 텐데, 그러면 공연 관람료가 더 비싸질 수도 있지 않을까요?

학생 E　　　음. 그럴 수도 있겠네요. 그럼 이용하는 사람들만 비용을 내게 하면 어떨까요? 필요한 사람만 이용료를 내는 거니까 공연 관람료와도 상관이 없고요.

학생 C　　　돈을 내고 이용하는 거라면 굳이 공연 주최 측에서 마련한 시설을 이용하지 않아도 얼마든지 다른 방법을 생각해볼 수도 있을 거라고 생각해요. 그러면 그것이 관람객들을 위한 시설이라고 말할 수 있을까요?

학생 E   그럼 아주 저렴한 비용으로 이용할 수 있게 하면 어떨까요?

(생략)

외부 원에서 전체 세미나의 모습을 지켜보던 중간에 내부 원으로 들어온 학생을 통해 새로운 의견들이 더 활발하게 나오게 된 시점이었다. 저렴한 비용으로 이용할 수 있게 한다면 시설 운영비의 나머지는 공연 주최 측에서 감당해야 하고, 그러면 또다시 공연 관람객에게 그 부담이 돌아가지 않겠느냐는 등 많은 이야기가 오고 가며 활발하게 세미나가 진행되었다.

정답이 없는 질문도 많지만, 여러 생각을 쏟아낼 수 있는 토론 과정을 통해 아이들의 다양한 생각이 꼬리에 꼬리를 물었다. 상대 의견에 반대하는 부분에 대해서는 자신의 생각에 조금 더 근거를 들어 설득하려 하기도 하고 반대로 상대방의 생각을 들으면서 거꾸로 자신이 생각한 부분과 반대되는 의견에 동의가 되기도 했다.

어느 정도 시간이 되면 교사가 두 번째 주제에 관해 정리를 해준다. 공연 관람에 나이 제한을 두는 이유에 대하여 나누었던 여러 의견을 통해 아이들은 지켜야 할 공연 에티켓을 자연스럽게 이해한다. 그다음 세 번째 주제의 토론으로 들어갈 수 있도록 이끌어준다.

교사   자, 그럼 작은 모둠에서 세 번째 주제를 발언하기로 한 사람이 내부 원의 발언자 자리에 앉아주세요. 세 번째 주제인 '핸드폰 사용과 사진·동영상 촬영'에 대한 의견을 나눠보도록 할게요. 첫 번째, 두 번째 주제와 마찬가지로 순서 없이 자유롭게 발언을 시작하면 됩니다.

학생 A 　　　○번 텍스트에 보면 핸드폰을 반드시 꺼두라고 나와 있는데요. 공연 관람 중이라고 해도 정말 중요하거나 급한 연락이 올 수도 있는데 전원을 반드시 끄라고 하는 것은 조금 무리라고 생각해요.

학생 B 　　　맞아요. 전원을 끄지 않더라도 무음 모드같이 방해가 되지 않도록 하는 방법이 있잖아요. 사람 일은 어떻게 될지 모르는데, 어떤 연락이 올지 모르는 건데 말이에요. 다른 사람들에게 방해가 되지 않는 선에서 잘 관리한다면 괜찮을 것 같아요.

학생 C 　　　그런데 저는 실제로 공연을 보는 중에 옆 사람이 핸드폰을 너무 자주 꺼내 보는데 소리가 나거나 진동이 울린 것은 아니지만 핸드폰 빛이 자꾸만 눈에 거슬려서 공연을 보는 데 방해가 된다고 느꼈던 적이 있어요. 핸드폰을 아예 끄지 않으면 자기도 모르게 이렇게 주변 사람들에게 방해를 줄 수 있을 것 같은데 그런 부분에 대해서는 어떻게 생각하세요?

학생 D 　　　저는 진동 소리 때문에 엄청 신경이 쓰였던 적이 있어요.

학생 E 　　　핸드폰 불빛도 공연장에서 다른 사람들에게 방해가 된다는 것에 대해서는 사실 미처 생각하지 못하고 있었던 것 같아요. 저도 앞으로는 무심결에 꺼내 보는 핸드폰으로 옆 사람에게 방해가 되지 않도록 조심해야겠다는 생각이 드네요.

학생 B 　　　그런 부분까지 세심하게 신경을 쓴다면 굳이 핸드폰을 꺼놓지 않아도 충분할 것 같아요. 핸드폰으로 사진을 찍을 수도 있고 녹음이나 동영상을 찍을 수도 있잖아요?

학생 F 　　　아! 그 부분에 대해서도 생각해볼 필요가 있다고 봐요. 사진이나 동영상을 찍기 위해서 카메라나 핸드폰을 들고 움직이는 자체가 공연 관람에 방해가 되기도 하고요. 그리고 사실 더 정확하게 알고 있어야 할 부분은 저작권인 것 같아요. 우리가 그렇게 허락 없이 찍은 영상들이 요즘은 문제가 되는 경우가 많다고 들었어요.

학생 A   그런데 저작권에 위배된다는 것은 우리가 찍은 영상을 누군가에게 전송하거나 여러 사람이 볼 수 있는 곳에 업로드했을 경우에만 그런 것 아닌가요? 제가 개인적으로 혼자만 보고 싶어서 찍는 거라면 괜찮을 거라고 생각해요.

학생 C   그렇다고 해서 저작권에만 상관이 없다면 마음대로 사진 찍고 동영상도 찍어도 된다고 할 수는 없을 것 같아요. 분명히 공연 관람에 방해가 될 수 있다고 생각해요.

학생 F   저작권에 관해서는 우리가 조금 더 정확히 조사도 해보고 자세하게 이야기를 해보아야 할 것 같고요, 일단은 사진을 찍는 움직임 자체가 공연을 관람하는 사람에게나 공연자들에게나 분명히 방해가 될 것 같아요.

(생략)

이번 주제에서도 소개한 대화 외에도 수없이 많은 질문과 답변이 쏟아져 나왔다. 핸드폰에 관한 이야기는 요즘 아이들에게 가장 가까이 느껴지면서도 예민한 부분이라 그런지 토론이 끊이지 않았고, 사진과 동영상을 찍는 것에 대해서는 저작권에 대한 아이들의 질문이 깊어지고 궁금한 것이 더 많아져서 공연 에티켓에 대한 소크라틱 세미나 수업에 끝나면 저작권에 관해 깊이 있게 알아보기로 했다. 의도치 않게 토론 과정에서 저작권에 대한 생각이 진지하게 거론이 되고 자연스럽게 다음 차시 수업으로 이어졌다. 수업시간이 여유가 있다면 아이들이 다루고 싶은 주제들에 대하여 추가로 토론을 이어나가거나, 간단하게 전체 의견을 주고받으면서 미처 다루지 못한 다른 질문들도 언급해주어 아이들이 더 많은 질문을 품을 수 있도록 해주어도 좋다.

소크라틱 세미나 스케치

"공연 관람 에티켓에 대한 텍스트를 읽고, 우리가 많은 이야기를 나누어 보았어요. 세미나 과정에서 정말 많은 이야기가 나왔죠? (중략) 에티켓이라는 것은 말 그대로 지키지 않는다고 해서 큰일 나는 법은 없지만, 서로 지켜주어야 할 예의이죠. 그죠? 그냥 지키라고 하니까 지키는 에티켓이 아니라, 그래야 하는 이유에 대해서 진심으로 이해하고 공감해서 지키는 공연 관람 에티켓에 대해 알게 된 시간이 되었기를 바라요. 그럼, 소크라틱 세미나 활동을 통해서 새로 알게 된 내용이나 자신의 생각이 바뀌게 된 내용을 중심으로 마무리 글을 써보도록 할게요."

자유로운 소크라틱 세미나 토론을 정리시키고, 그 시간에 나눈 여러 의견 중에 핵심이 되었던 주제나 더 많이 생각하고 질문을 품어야 할 주제 등 꼭 기억했으면 하는 내용을 정리해보면서 전체 토론을 마무리한다.

여기서 교사의 역할이 중요하다. 수업에서 질문을 만들고 자유로운 토론을 통해 나눈 많은 내용을 마무리할 수 있는 핵심 질문을 통해 학생들의 사고가 정리될 수 있도록 해주어야 한다. 마지막 마무리 글을 쓰면서 학생들은 토론한 내용을 다시 한번 떠올리고 자신의 생각을 정리할 수 있다.

소크라틱 세미나 토론은 텍스트에 대한 열린 질문을 바탕으로 협력적이면서도 지적인 대화를 나눌 수 있는 토론 방법이다. 찬반 토론과는 달리 자유로운 대화 방식을 통해 끊임없이 사고할 기회를 가질 수 있다는 것이 무엇보다 장점이다. 논쟁이 아닌 서로의 생각을 나누는 토론으로 작은 모둠 토론과 전체 토론에 직접 참여하거나 지켜보는 과정을 통해 나름대로 각자의 사고가 확장되어간다.

교육과정 성취기준 속으로

지금까지 살펴본 수업은 생활화 영역의 핵심 개념인 '음악의 활용'과 '음악을 즐기는 태도'를 기를 수 있도록 하기 위한 수업이다. 음악을 생활 속에서 활용하고, 음악이 삶에 주는 의미를 이해함으로써 즐기는 태도를 가질 수 있도록 소크라틱 세미나 토론을 활용했다. 생활 속에서 음악과 관련된 다양한 행사에 참여하고 그에 대한 경험을 발표하고 자유롭게 의견을 나누는 토론 과정을 통해 학생들의 생각이 확장되고 지식에 대한 이해와 공감이 이루어지며 그것을 실제 생활에 바르게 적용할 수 있는 태도가 길러진다.

5장

하브루타

자기 생각과
타인의 생각을
비판적으로 숙고하는
질문과 대화

나와 타인을
이해하는 능력을 기르는
하브루타

한은선, 장안여자중학교

하브루타란 무엇인가?

유대인의 오래된 학습법인 하브루타는 난해한 유대인의 경전 '토라'와 토라에 대한 해설서이자 토론집인 '탈무드'를 사람들이 익히고 학습하는 방법으로 생겨난 것이라고 한다. 지금도 이스라엘의 도서관인 '예시바'에서 1,000명 정도가 한꺼번에 하는 토론으로 이루어지고 있으며, 유대인의 가정에서뿐만 아니라 학교에서도 하브루타를 하고 있다.

하브루타는 '친구, 짝, 파트너'를 가리키는 '하베르'에서 유래한 말이다. 부모나 친구, 교사와 늘 서로 질문하고 대답하고 토론하는 유대인들의 생활방식에 의해서, '짝과 함께 공부하는 것'이라는 의미로 확대된 것이다. 다시 말해 '짝을 지어 질문하고 대화하고 토론하고 논쟁하는 것'을 의미한다. 하브루타 학습법은 두 사람, 많게는 서너 사람이 서로 질문하고 대화해나가는 과정이 핵심이다. 질문에 대한 답을 학습자가 주체적으로 짝과 함께 찾아 나가고, 자신의 생각과 타인의 생각을 비판적으로 숙고하는 기회를 제공해야 한다.

하브루타에는 정답이 있는가? 하브루타는 결코 하나의 정답을 제시하지 않는다. 누구나 의견을 제시할 수 있고 어떤 의견에 대해서도 옳거나 옳지 않다고 단정 짓지 않는다. 탈무드 원전을 살펴보면, 한가운데 본문이 있고 본문을 둘러싼 바깥 부분에는 시대가 다른 여러 학자의 해석이 실려 있다. 바깥 부분에 있는 해석은 소수의 의견이고 별로 인정받지 못한다고 해도 의견이 다르면 제시되어 있다. 이 다양한 생각을 예시바의 학생들은 읽어보고 또 다른 의견을 제시하려고 노력하는 것이다. 유대인들은 스승과 다른 시각을 가지도록 격려한다. 세상에는 완벽한 정답이 존재하지 않으며, 각자의 주체적인 의견이 중요하다는 것이다. 탈무드 해석에 대한 의견이 다를 때 끊임없이 질문하고 근거를 대어 토론하면서 다른 사람의 의견을 들어보고 자신의 의견을 다양하게 제시하는 것이다. 남과 다른 것을 개성으로 여기고 그것을 찾아 격려하는 것이 유대인들의 교육 방식이다.

암기가 아닌 하브루타가 유대인 교육 방식의 주를 이루는 이유는 무엇일까? 유대인들은 현자들이 적어놓은 탈무드 내용을 절대로 암기하려고 하지 않는다. 우리가 성현의 말씀을 그대로 그 뜻을 풀이하고 암기하려고 했다면, 유대인들은 현자들의 생각을 반박하고 다시 질문을 던진다. 각자의 주장을 내세워 현자들의 의견에 대해 치열하게 질문하고 토론하고 논쟁한다. 하브루타는 학생들이 교사로부터 최종적 해답 또는 정답을 찾기 위한 의존적인 태도를 제거해주고 대신 학생끼리 함께 이해하고 새로운 아이디어를 구상하고 창의적 사고력을 기르게 한다. 질문으로 서로를 자극하고 서로의 안내자 역할을 하고 몰입하게 하고 주체적 탐구자 역할을 하도록 한다.

　최첨단 시대에 사는 학생들에게 하브루타는 가장 효과적인 학습 방법이라고 생각한다. 하브루타는 학생 스스로 학습할 수 있는 자신감과 창의적 사고력을 길러주고 실제 세계에 존재하는 복잡한 과제들에 대면할 수 있게 준비시켜준다. 이스라엘 학생들은 하브루타 방식으로 학습하면서 인지학습능력을 키우고 성공적인 과학자, 사업가 그리고 혁신가가 되기 위한 최고의 사고력을 습득하고 있다고 한다.

왜 하브루타 수업인가?

　왜 하브루타 수업이 토론 수업인가? 토론을 논제에 대한 입증과 반증의 상호 작용이라고 정의한다면, 하브루타는 짝을 지어 교과서 등 주어진 자료가 말해주는 것이 무엇인지 해석하기 위해 질문이라는 논제를 가지고 파트너의 해석을 듣고, 왜 동의하는지, 왜 반대하는지, 반대의 목적은 무엇인지, 이유는 무엇인지 등 입증과 반증의 상호 작용을 한다. 그런 점에서 토론이라고 하기에 한 점 손색이 없다.

　하브루타에서 학생들의 참여 방법은 1:1 방식으로 '짝'과 대화를 하는 게 중심이다. 단체로 이루어지는 토의나 토론에서는 발언하려는 의지가 없으면 참여자가 얼마든지 침묵할 수 있지만, 하브루타는 두 사람이 얼굴을 맞대고 하는 것이기에 누구도 소외될 수 없는 학습법이다. 이를 수업에 알맞게 변형한 하브루타 수업은 모든 학생이 한 사람도 빠짐없이 수업 내용에 대해 주체적으로 사고하고 학습하도록 한다. 50분 수업에서 계속 하브루타를 하게 한다면, 한 사람이 25분간 자기주장을 말할 수 있을 것이다. 또한 매 차시 수업의 도입, 전개, 정리 등 모든 과정에서 하브루타로 학습이 가능하다.

10분 동안 교사가 일제식 수업으로 설명을 한다면, 학생들은 어떤 반응을 보일까? 수업 장면을 촬영하여 학생들의 반응을 1분 간격으로 분석하여 기록한 적이 있는데, 10분 후에 5명의 학생이 졸기 시작했고 15분 후에는 9명이나 졸았다. 교사의 설명이 아무리 훌륭해도, 학생들의 집중력을 유지시키는 데는 한계가 있다. 그래서 학생끼리 짝을 지어 서로 설명하게 하는 방법을 도입했다. '자신이 설명한 것은 기억에 오래 남는다'는 원리 하에 말이다. 교사의 역할은 그렇게 짝끼리 대화하다가 잘 모르는 부분이나 고민하는 부분에 살짝 개입해서 가장 이해하기 어려운 부분을 살짝 건드려주고, 그래서 학생끼리 고민하던 것을 한 차원 높은 이해로 이끌어주는 것이다.

학생들은 대부분 교사의 말을 '들을 준비'를 하고 교실에 앉아 있다. 그래서 하브루타 수업을 하려면 학생들이 '말할 준비'를 하는 시간, 즉 '하브루타 오리엔테이션 시간'이 필요하다. '밀하는 공부법'인 히브루터를 왜 해야 하는지, 그 효과에 대해서도 알려주는 것이 학생들이 이 특별한 수업 방법에 이의를 제기하지 않고 따라오게 한다. 하브루타 오리엔테이션 시간에 '학습 효율성 피라미드'를 보여준다.

실험 결과에 따르면, 일반적으로 강의를 듣는 방식으로는 남아 있는 내용이 강의를 들은 24시간 후에 겨우 5%에 불과하지만, 그에 비해 친구와 이야기하면서 서로 가르치고 배우면 90%가 남는다고 한다. 그러니 강의식 수업을 들은 후 다음 날 기억이 나지 않는 것은 머리가 나빠서가 아니

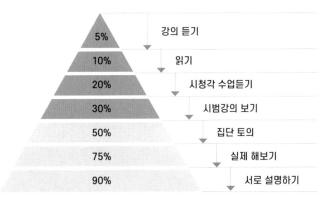

학습 효율성 피라미드

5%	강의 듣기
10%	읽기
20%	시청각 수업듣기
30%	시범강의 보기
50%	집단 토의
75%	실제 해보기
90%	서로 설명하기

출처: NTL(National Traning Laboratories)

라 당연한 것이라는 것을 이야기해준다. 학생들에게 이 결과를 보여주면서 질문한다.

"피라미드에서 진한 부분과 옅은 부분의 차이점은 무엇일까?"

학생들 스스로 하브루타를 왜 해야 하는지 답을 찾아가기를 바라는 마음으로 한 질문이다. 학생들은 '진한 부분은 보거나 듣는 것, 옅은 부분은 해보는 것'이라고 답을 찾기도 하고, '듣는 것과 말하는 것이 차이점이다'라고도 하고, '진한 부분은 학습 효율성이 낮고, 옅은 부분은 높다'라고도 한다. '진한 부분은 수동적인 활동이고, 옅은 부분은 능동적인 활동이다', '진한 부분은 혼자하는 활동이고 옅은 부분은 함께하는 활동이다.' 중학생들의 대답들이다. 결과를 스스로 분석하면서 '서로에게 설명하고 자신이 말을 해야 학습 효율성이 높아진다'는 것을 깨닫는다.

하브루타 수업은 어떻게 하는가?

하브루타는 짝을 지어 질문하고 대화하고 토론하고 논쟁하는 것이므로 어떻게 짝을 지을 것인가? 질문은 교사가 제시할 것인가, 학생이 직접 만들게 할 것인가? 처음 대화를 가능하게 하는 방법은 무엇인가? 하브루타의 토론은 어떻게 할까? 토론 시에 다툼이 생기면 어떻게 중재할 것인가? 매 차시 수업의 도입, 전개, 정리 등 모든 과정에서 하브루타 수업은 어떻게 하는가? 등의 고민이 있다.

1단계. 짝 편성하기

짝을 편성하는 방법은 여러가지가 있다. 마음에 드는 친구와 짝을 하는 방법이 가장 좋을 수도 있다. 좋아하지 않는 친구와 대화하는 것이 어려울 수 있기 때문이다. 그러나 이렇게 하면 친한 사람이 없는 학생은 짝을 구하지 못하고 그래서 마음에 상처를 받을 수도 있다.

교사가 정해주는 방법이 있는데, 성적으로 정해주는 경우도 있고, 친구 관계를 고려해 적합하게 짝을 지어주는 경우도 있다. 담임교사가 정해준 짝과 그대로 하브루타를 하면 어느 정도 잘 진행될 수도 있다.

학생들 수준차가 너무 심해서 모둠을 무작위로 편성하면 수업 진행이 어려운 경우가 많다고 호소하는 교사가 많다. 특히 과학 수업에서는 실험 설계를 생각해야 하는 경우에 실험이 제대로 되지 않고, 계산을 해야할 때 나눗셈을 할 줄 아는 학생이 없어서 실험 결과를 계산할 수 없는 경우도 있다.

일단 모둠을 편성하는 것이 중요하므로, 모둠 편성을 고려하여 짝을 편성하는 것이 좋다. 1인자-4인자, 2인자-3인자를 짝을 짓게 하는 것이다. 1인자는 그래도 4인자에게 어느 정도 가르쳐줄 수 있는 실력이 되니까 멘토-멘티의 관계로 대화보다는 설명을 해주게 되고, 2인자와 3인자는 무리 없이 대화와 토론을 한다. 4인자는 곧잘 1인자에게 질문을 하고 1인자는 알려주는 체계가 되고, 4인자도 대답을 잘해서 1인자에게 인정받는 경우도 생긴다. 물론 4인자를 무시하는 1인자도 있고, 4인자가 볼 수 없도록 손으로 활동지를 가리고 아무런 대화 없이 1인자 혼자 답을 적는 경우도 있는데 그럴 때는 교사가 "가르쳐줄 때, 설명할 때 네가 더 잘 기억할 수 있게 된단다"고 자주 이야기를 해준다. 그렇게 이야기를 해주면 혼자 하던 1인자 학생도 4인자에게 설명을 해주는 모습을 자주 본다.

2단계. 질문 만들기

질문을 누가 만드느냐 하는 것은 하브루타 수업에서 매우 중요하다. 하브루타는 원칙적으로 학생이 질문을 만들고 대화를 하는 것이지만, 수업 내용은 교육과정과 성취기준에 따른 것이기 때문에 모든 수업을 그렇게 디자인할 수는 없다. 자칫 교육과정을 벗어나는 질문과 대화로 흘러갈 수 있고, 교육과정과 상관없는 대화를 하다가 수업이 끝나버릴 수 있기 때문이다. 또한 40~50분 동안 다룰 수 있는 수업 내용은 한계가 있는데, 학생이 질문을 만들고 대화하게 하면, 정해진 분량의 학습내용을 할 수 없다. 해당 차시 수업에서 반드시 해야 하는 교육내용을 하지 못한다면 국가에서 정해 놓은 교육과정과 성취기준에 도달하지 못할 가능성도 있기 때문이다.

교사가 질문을 준비해주고 A, B 학생이 그 질문을 가지고 대화할 수 있도록 활동지 디자인을 할 것인지(교사 질문 제시 하브루타 수업 모형), 학생이 직접 교과서 본문을 읽은 후 질문을 만들고 서로 대답하게 할 것인지를 교육 내용을 보고 차분히 준비한다. 활동지는 한 차시에 앞뒤면 한 장으로 미리 제작을 하는데, 그 안에 전시학습 확인, 하브루타 활동, 모둠 활동, 인터뷰 카드(수업 정리 방법)를 넣어 한 시간 동안 알차게 수업을 할 수 있도록 준비한다. 활동지를 바탕으로 교과서를 분석하여 짝과 함께 질문을 가지고 대화를 나누면서 해당 성취기준에 충분히 도달할 수 있도록, 활동지의 구성을 꼼꼼히 해야 한다.

3단계. 대화 나누기

학생들은 누가 먼저 질문하고 대답할지 쉽게 나서지 않는다. 서로 눈치만 보고 쉽게 시작하지 못한다. 이때 가위바위보를 해서 이긴 사람이 먼저 질문하기처럼 간단한 방법으로 이 문제를 해결할 수 있다. 좀 더 재미있게 아이스브레이킹을 통해 '앞머리가 긴 사람'이 먼저 질문하게 하면 누구 앞머리가 더 긴가 짝과 따져보면서 친근감을 느끼면서 시작하게 할 수도 있다. 가위바위보 방법은 하브루타를 게임처럼 재미있게 시작하는 방법도 되지만 누가 시작을 빨리하는지, 누가 시작을 하지 않는지도 판별할 수 있어서 시작하지 않는 학생을 찾아가 격려할 수도 있다.

사람은 질문을 받으면 자동으로 질문에 대해 생각하고 답을 말하게 된다. 질문을 누군가 시작하면 이제 하브루타가 시작되는 것이다. 이때 교사는 대화가 진행되지 않는 하브루타 짝이 있는지 살펴보고 다가가 이유를 묻고, 대화가 진행될 수 있도록 도움을 주어야 한다.

4단계. 토론 및 논쟁하기

짝을 지어 대화만 해도 하브루타라고 할 수 있을까? A 학생이 먼저 활동지에 있는 질문 "식물에서 광합성과 호흡이 언제 일어날까?"를 말한다. 거기에 B 학생이 "광합성은 낮에 일어나고, 호흡은 항상 일어나지"라고 대답한다면 A 학생은 뭐라고 해야 할까? "과연 그럴까?" 또는 "과연 네 대답이 옳은 대답인가?", "그렇게 대답하는 이유는 뭐지?", "다른 답변은 뭐지?" 이렇게 추가 질문할 수 있어야 한다. 그러면 A 학생은 상대방의 의견이 옳은지 판단하고 자신의 생각을 B 학생은 다르게 말하면서 토론이 시작된다.

하브루타에서 다르게 말하는 것은 아주 중요하다. 하브루타의 시작은 3,500년 전이라고 하고, 유대인들이 탈무드를 연구할 때 주변에 스승이 없는 유목 생활을 많이 해왔는데, 하브루타를 하는 짝이 "나도 너와 같은 생각이야." 이렇게 말한다면 토론이 되지 않고, 짝에게 아무것도 배울 수 없다. 스승이 없는 대신 짝이 스승이 되어 자신과는 다른 생각을 말해줘야 배울 수 있기 때문이다. 그래서 짝과의 대화에서는 다른 답변이 필수이다. "나도 너와 같은 생각이야." 이렇게 말한다면 토론이 되지 않고, 짝에게 아무것도 배울 수 없기 때문이다. 그래서 짝과의 대화에서는 다른 답변이 필수이다.

다르게 말하기란 같은 내용이라도 표현을 다르게 할 수도 있고, 답변에 다른 내용을 첨가해도 좋고, 완전히 다른 생각을 말해도 좋고, 반대의 의견을 이야기해도 좋다. 말하는 이유와 근거는 똑같기는 어렵기 때문에 이유와 근거를 다르게 대면서 말하면 된다. 지지하기와 문제 제기하기는 하브루타에서 매우 중요한 부분이다.

다르게 말하도록 활동지에는 자신의 생각만 적는 게 아니라, 함께 학습한 짝의 생각도 적을 수 있도록 공간을 나눠주어야 한다. 자기 생각만 적게 하면 토의와 토론을 하지 않고 자기 답만 적는 개인별 자기주도학습형 수업이 되어버리지만, 공간을 나눠 제시해주면 학생들은 상대방의 이야기를 경청하게 되고, 다른 답변을 찾으려고 고민한다. 토론 중에 열띤 논쟁이 일어나면 교사는 논쟁의 내용을 파악하여 전체 학생과의 공동탐구 토론의 내용으로 삼으면 좋다.

다음은 '교사 질문 제시 하브루타 수업 모형' 활동지의 간단한 예다.

1. [하브루타] 선생님이 만들어 놓은 질문을 잘 보고 대답을 해 보세요. 질문에 번갈아 가면서 대화를 하며 답을 적어보세요. 먼저 A가 큰소리로 질문을 읽고 B가 대답하고, 그다음에 A도 B의 대답을 듣고 추가 답변을 합니다. 의견이 같거나 다를 때 왜 그런지 이유도 말하면서 적습니다. 그다음 문제는 B가 큰소리로 질문을 읽고 A가 대답하고, B도 A의 대답을 듣고 추가 답변을 적습니다. "왜 그렇게 생각해? 과연 그럴까?" 이렇게 질문도 해주세요.

질문	A (이름:)	B (이름:)
1) 백설공주란 무슨 뜻일까요?		

2) 백설공주의 계모는 왜 백설공주를 미워할까요?		
3) 진실을 알려주는 거울이 있다면 좋은 점만 있을까요?		
4) 백설공주가 독사과를 먹은 것에 대해 어떻게 생각하나요?		
5) 지금 우리에게 독사과는 무엇일까요? 왜 그렇게 생각하나요?		
6) 5)와 연관지어 '왕자의 키스'에 해당하는 것은 무엇이 있을까요?		

그 외 모둠 하브루타 수업 모형, 친구 가르치기 하브루타 수업 모형, 찬반 하브루타 수업 모형과 매 차시 수업의 도입, 전개, 정리 등 모든 과정에서 하브루타 수업을 어떻게 하는지를 수업 사례에서 소개하고자 한다.

Q&A

Q. 모든 교과에서 활용할 수 있는가?

A. 가장 많이 받는 질문이다. 답은 '그렇다'이다. 과학이나 수학 등 모든 교과에서 개념을 분석하는 경우에 쉽게 활용할 수 있다. 과학 교과로 예를 들면, 용어뿐만 아니라 일반적인 단어의 뜻을 서로에게 질문하고 답변하는 것을 흔하게 볼 수 있는데, "화합이 뭐니? 옥토가 무슨 뜻이야?" 이

런 질문을 서슴없이 하는 것을 볼 수 있었다. 자신이 모르는 단어를 모르고 넘어가게 두지 않고 밖으로 끄집어내어 질문하는 것이 자기 생각을 만드는 첫 단계라고 본다. 옥토에 대한 어휘 해석 하브루타를 하면 A학생은 "식물이 잘 자라는 땅이야", B학생은 "거름이 많은 땅이야" 이렇게 다른 답을 말한다. 서로의 경험에 따라 다르게 표현되므로 토론이 가능하고 이해되는 정도도 다르게 된다.

교과서의 글과 그림, 그래프, 사진 자료 등을 학생이 직접 파악하게 할 때도 하브루타를 활용하면 쉽게 짝과 의논하여 자세히 분석한다. 국어 교과에서는 교과서 지문을 해석하게 할 때, 짝의 해석을 들어보면서 나오는 다른 다양한 생각을 배울 기회를 얻는다. 도덕 교과에서는 도덕적 사례를 해석하면서 자기 생각을 말하게 되고, 짝의 생각을 들으면서 다각도로 분석을 해본다. 영어 교과에서는 같은 영어 문장도 짝과 다른 단어를 사용(영어사전에 있는 여러 개의 뜻에 의해)해서 해석하면서 의미가 달라지는 것을 경험한다.

지금까지 대부분의 교과 수업이 혼자서 하는 학습이었다면, 짝을 지어 짝의 생각을 묻고, 자기 생각을 말하면서 스스로 설명하는 수업을 경험하고 더 잘 기억하게 된다는 점이 하브루타의 장점이다.

Q. 질문의 의도를 파악하지 못하고 둘 다 잘못된 방향으로 가는 경우는 어떻게 해야 하는가?

A. 계속 순회하며 잘못된 방향으로 흐르는지, 활동지에 부족한 답을 적고 있지는 않은지 자세히 살펴봐야 한다. 중간에 잠깐씩 하브루타를 끊고, 어떤 대답을 썼는지 확인하는 차원으로 묻기도 한다. 한 학생이 답을

하면, 일단은 답이 옳다, 틀리다라고 판정하기보다는 다른 생각이 있는지 3~4명에게 질문을 한다. "생각이 정말 다양하구나~" 이렇게 말하기도 한다. 답이 아닌 경우에는 확실하게 답이 아니라고 말해준다.

잘못된 방향으로 흐르는 것을 막기 위해 어려운 질문은 손을 들고 선생님을 부르라고 한다. 학생 한 명 한 명의 질문과 대답을 듣는 것이 반드시 필요하지만, 수업시간은 한정되어 있으므로 질문의 의도를 잘 파악하고 있는지 확실하게 교사가 파악을 못하고 수업시간이 끝나버리는 경우도 있다. 그래서 하브루타를 진행하면서 답을 활동지에 적게 하고 수업이 끝난 후 제출하게 하여 채점해주면 질문의 의도가 빗나간 학생들에게 피드백을 해줄 수 있다.

Q. 하브루타 수업에서 교사의 역할은 무엇인가?

A. 학생들의 활동을 훨씬 유심히 관찰해야 한다. 학생들이 소통하는 것을 잘 들으면서 막히는 부분이 있다면 즉시 해결해줄 수 있어야 한다. 그리고 학생들이 서로 생각이 다를 때 판별을 해주어야 할 때가 있다. 그럴 때는 주저 없이 선생님을 찾도록 하여 응해주는 데 집중해야 한다. 하브루타 수업에서도 핵심 내용이나 개념 등에 관해 교사의 자세한 설명이 필요하다. 개념이나 핵심 내용이 어렵거나 복잡한 경우, 교사가 확실하고 자세하게 짚어줄 필요가 있다. 그런 부분은 활동지에 '선생님 설명을 듣고 해결하기' 같은 문구를 넣어둔다. 교사의 설명을 듣고 학생들이 메모하도록 칸을 만들어둔다. 그런 뒤에 하브루타 활동을 이어나가면 학생들이 강의식 수업을 벗어나 '스스로' 그리고 '함께' 학습해나가게 하는 배움 중심 수업을 하게 되는 것이다.

하브루타
_과학

한은선, 장안여자중학교

수업 전 활동

전체 교육과정을 살펴보면서 일단 한 차시 한 차시 어떻게 수업 디자인을 할 것인지를 짜야 한다. 교육내용에 따라 개인별 자기주도학습형으로 짤 것인지, 하브루타 형으로 짝끼리 질문하면서 대답하도록 할 것인지, 아니면 모둠 활동형으로 짤 것인지 고민을 한다. 고민의 중심에는 언제나 학생 중심, 활동 중심이 있다. 자신이 직접 해본 것을 학생은 더 잘 기억한다. 그래서 무엇을 가르치려고 하지 말고 무엇을 활동하게 할지를 신중하게 고민한다.

하브루타 형은 교사가 질문을 준비해줄 것인지, 학생이 직접 질문을 만들고 서로 대답하게 할 것인지도 교육내용을 보고 꼼꼼히 준비를 한다. 활동지 명은 과학워크북이라고 하고한 차시에 앞뒤면 한 장의 분량으로 미리 제작을 하는데, 그 안에 전시학습 확인, 하브루타 활동, 모둠 활동, 선택형 문항, 서술형 문항, 논술형 문항, 인터뷰 카드(수업 정리 방법)를 넣어 한 시간 동안 학습목표에 도달할 수 있도록 알차게 준비한다.

하브루타 활동을 위해 교과서를 가지고 A, B 학생이 질문에 대화를 할 수 있도록 활동지 디자인을 한다. 중간중간에 교사가 어떻게 학습지원을 할 것인지도 세밀하게 계획한다. 활동지는 전시학습 확인, 하브루타, 모둠 활동, 선생님의 이야기를 듣고 정리하기, 서술형 문항, 논술형 문항, 선택형 문항 등을 넣어 작성한다. 수업이 끝나면 교사는 활동지의 분량이나 수준이 적절했는지 반성을 하고 다음 해에는 적절한 분량, 적절한 수준으로 할 수 있도록 수정을 해서 다음 해 파일명으로 저장해둔다. 활동지가 포트폴리오 평가와 논술형 평가에 어떻게 반영되는지도 미리 학생들에게 알려주어 학생들이 활동지에 더욱 몰입할 수 있도록 한다.

수업의 도입 하브루타

우선 전시학습 확인은 '키워드 말하기 하브루타'로 시작한다. "여러분, 지난 시간에 배운 광합성작용이 어떻게 일어난다고 했지요?"와 같이 지식 확인형 질문은 절대 하지 않는다. 대신 "지난 시간에 무엇을 배웠는지 짝과 함께 1분간 대화 후에 핵심단어로 발표를 해보도록 해요"라고 해서 아이들이 스스로 지난 시간에 배운 내용에 대해 기억을 더듬어 나가도록 유도하고, 단어 수준의 키워드라도 말할 수 있게 한다.

1분 후 손을 드는 5명의 학생을 먼저 지정해주고, 순서대로 지난 시간 배운 내용의 키워드를 떠오르는 대로 말하도록 이끄는 방식을 쓴다. 학생들이 '광합성, 호흡, 광합성식, 호흡식, 미토콘드리아' 이렇게 5개의 단어를 말하면 칠판에 적는다. "2분간 짝에게 칠판에 적혀있는 단어를 넣어 질문해주세요. 먼저 가위바위보를 해서 순서를 정하세요. 이긴 사람이 먼저 질문하고 진 사람은 대답을 해야 합니다. 혹시 대답을 하지 못하면 이긴 사람이 대답을 해주면 됩니다. 또 진 사람이 대답을 하고 나면, 이긴 사람은 진 사람과는 다른 대답을 해보세요. 교과서는 보지 않습니다. 자~ 시작합니다." 모래시계를 돌려놓고 짝끼리 질문하고 대답을 하면서 5단어에 대해 생각해볼 시간을 준다.

"광합성이 뭐니? 호흡은 언제 일어나?"와 같은 질문을 만들고 자신이 아는 단어만을 이용해서 학생들은 대답을 해나간다. 자신이 아는 것이 무엇인지 모르는 게 무엇인지 낱낱이 드러난다. 그리고 아는 것조차 진짜 아는 것인지, 왜 광합성이 일어나야 하는지, 왜 우리가 호흡이라는 것을 배워야 하는지 의문이 생기기 시작한다. 전시학습 확인은 그래서 의미 있는 작업이다.

또 한 가지 교사가 전시학습 확인을 철저히 해야 하는 이유가 있다. 지난 시간에 교사는 모든 것을 설명해주지 않았기 때문이다. 질문으로 시작해 질문으로 수업이 끝났고, 활동지에 대답을 적는 것은 순전히 학생의 몫이었다. 교사가 가르치지 않은 것에 대해 학생의 배움이 일어났는지 교사는 불안함을 갖게 된다. 전시학습을 확인하면서 학생들이 부족한 부분을 설명할 수 있는 기회를 갖게 된다. 그래서 활동지를 수거해서 채점을 하나하나 해주는데, 그때 학생들이 특히 많이 틀린 문항을 발견하게 된다. 교사는 그 내용을 퀴즈 형식으로 다시 질문해서 학생들의 답변을 듣고 누구는 이렇게 틀린 내용으로 답을 했다는 말과 누구는 이렇게 독특한 생각을 했다고 칭찬도 하면서 전시학습 확인 활동을 진행한다.

때로는 하나의 단어를 기본으로 두고, 질문을 구체화해서 다시 던지면 아이들도 점차 단어에 살을 붙여 긴 문장으로 전시학습 내용을 말하게 된다. 이 '키워드 말하기'의 핵심은 학생들에게 전시학습 내용 중 어떤 내용이 선택적으로 강렬하게 인식되었는지, 그리고 그것들이 어떤 구조로 머릿속에 자리 잡았는지 교사가 짐작할 수 있게 해준다는 것이다. 그것을 파악한 교사는 전시학습 내용 중 어떤 부분이 중요한지 아이들의 머릿속에서 옅어진 학습내용을 보완해줄 수 있다. 그렇게 학습자의 스키마를 중심에 두고 학습내용을 보완하면 그것이 기억에 남을 가능성이 커진다.

교과서를 덮고 하브루타를 한 후에 교과서를 보게 하면 깔깔대는 학생들을 자주 보게 된다. 교과서 내용과는 너무나 다른 내용을 가지고 친구에게 우겼던 생각이 나서이다. 학생들이 전시학습 확인을 할 때 교사는 스마트폰의 녹음기를 켜고 돌아다니면서 학생들의 대화 소리를 녹음해두는 것도 필요하다. 하브루타를 하지 않는 학생들에게 교사가 갑자기 녹음기를 들이대면 움찔하면서 시작한다. 학생들은 자신의 목소리가 녹음되지 못하면 성적에서 불이익을 받는다고 생각하는 듯이 열심히 대화하기 시작한다. 녹음기를 두 명의 학생 사이에 두고, 교사는 다른 자리로 이동해 학생들이 어떻게 대화를 나누는지를 들어볼 수도 있다. 나중에 녹음된 학생들의 대화를 들어볼 수 있어서 여러 명의 이야기를 한꺼번에 놓치지 않고 수업 소리를 들어볼 수도 있다. 교사들은 수업을 한 시간 하고 나면 학생들이 완벽하게 이해하고 기억할 것이라고 확신하는 경우가 많지만, 학생들이 얼마나 엉터리로 기억하고 얼마나 왜곡되게 기억하는지를 이 수업 방법으로 깨닫게 된다.

동기유발은 사진 자료나 동영상으로 짧게 하거나 교과서 e-Book에 있는 플래시 자료를 보여주면서 "장대를 이용하면 더 높이 뛰어오를 수 있는 까닭은 무엇일까요?" 하는 식으로 핵심질문만 한다. 질문에 대하여 학생은 생각만 하게 하고 발표를 시키지는 않는다. 자칫 학원에서 미리 배워온 학생의 독무대가 되는 경우가 있기 때문이다. "수업을 진행한 후에는 대답할 수 있어야 해요"라고 하면서 핵심질문으로 궁금증만 남겨놓는다.

그런 뒤에 학습목표를 제시할 때도 독특한 방법을 사용한다. 학습목표를 확인하고 인지하는 과정에 모든 학생이 참여하도록 이끄는 것이다. "오늘 수업의 목표는 ~입니다"라고 일방적으로 제시하지 않고 참여형 질문을 주어서 학생들이 직접 교과서를 보고 찾아보게 한다. '(ㄱㅎㅅ)과 (ㅎㅎ)의 관계를 알 수 있다.' (답: 광합성과 호흡의 관계를 알 수 있다) 이런 식으로 초성질문으로 판서를 해놓는다. 이 퀴즈를 풀려고 교과서를 뒤적이면서 학생들은 워밍업을 한다. 과학실에 일찍 들어온 학생들은 자리에 앉아 오늘의 학습목표를 열심히 찾아보고, 대답할 준비를 한다.

"자, 오늘의 학습목표를 맞춰볼까요? 준비되었습니까?"라고 하고 학생들 번호가 적힌 룰렛을 돌려서 대답할 학생을 지명하면 긍정적인 긴장감도 높아지고, 아이들도 적극적으로 참여한다. 룰렛은 자석식으로 판서를 해야 할 때는 따로 보관해두었다가 사용할 수 있어서 편리하다.

학습목표를 찾은 뒤에는 교사는 "자, 이제 질문을 만들어볼까요? 1분의 시간을 드립니다. 1분 동안 질문을 만들어서 교과서에 오늘 배울 학습내용의 제목 옆에 적어주세요. 질문은 한 개 이상 만들기입니다. 1분 후 발표하도록 할게요." 이렇게 말하면서 1분짜리 모래시계를 돌려놓고 시간이 되기를 기다린다. "질문 만들기 한 거 발표할 사람?" 하고 먼저 손을 든 학

생 3명을 순서대로 "첫 번째, 두 번째, 세 번째" 라고 말하면서 손가락으로 학생을 가리키지 않고 정중한 제스처로 손바닥을 위로 올리고 손등을 아래로 해서 학생을 지명한 후에 각각 한 가지 질문을 발표하게 해서 판서를 해둔다. 학생들이 "광합성이란 무엇일까요?", "호흡이란 무엇일까요?" "광합성과 호흡은 어떤 관계가 있을까요?" 이렇게 발표를 하면 다음과 같이 요약해서 판서를 해둔다.

1. 광합성이란 무엇?

2. 호흡이란 무엇?

3. 광합성과 호흡의 관계는?

이렇게 해두면 수업 전개 중에도 넌지시 학생들이 궁금해한 것이 해결되고 있는지 중간중간 질문을 던질 수 있다. 수업의 시작점에서 질문을 학생들이 만들어보고, 발표하고, 공유하는 것은 동기유발 측면에서 매우 학생에게 도움을 줄 수 있다. 1분의 시간을 주고 포스트잇에 최대 개수의 질문을 만들어보게 하고, 모둠별로 4절지 종이에 붙이게 하는 방법도 대단원 시작점이나 중단원 시작점에서 학습내용에 관심을 갖게 하는 데 좋은 방법이다.

수업의 전개 하브루타의 방법 6가지

1. 질문 제시 하브루타 수업 모형

하브루타 식 질문형 활동지를 학생들에게 제공하고, 하브루타 방식으로 학생들이 짝을 지어 활동지를 스스로 해결해나가게 하고 있다. 교과서 등의 학습자료를 스스로 탐색하면서 말이다. 이때 교사의 고민이 있다. 약간의 설명을 해주고 하브루타를 시작하게 할 것인지, 설명 없이 바로 학생들이 짝을 지어 활동지를 해결하면서 스스로 파악하게 할 것인지, 즉 '강의가 먼저냐 하브루타가 먼저냐'가 고민이다. 전혀 교사의 설명 없이 스스로 찾아가도록 하는 수업을 주로 하지만, 내용에 따라 5분 정도의 수업 안내를 하는 경우도 있다. 활동지의 맨 앞부분에 질문을 5~7개 정도 준다. 너무 많은 질문을 주면 질문에 몰입도가 적어지기 때문에 10분 내외로 몰입할 수 있는 정도의 문항 수가 적당하다. 다음과 같이 하브루타 순서를 안내하여 함께 읽어보게 한 후에 하브루타를 시작한다.

① 활동지의 질문을 큰 소리로 읽고

② 짝과 함께 교과서를 찾아가면서 학습내용을 파악하고

③ 짝과는 다른 대답을 하는 대화를 하고

④ 어느 대답이 더 옳은지 토론을 하면서

⑤ 더 깊이 이해를 한다.

활동지를 받으면 가위바위보로 누가 먼저 질문할지를 정한다. A 학생이 먼저 활동지에 있는 "1. 손가락 마디를 다쳤을 때 액체 파라핀을 이용하는 원리는?"을 질문한다. B 학생은 "액체에서 고체로 상태 변화하기 때문에"라고 답한다. 여기에 A 학생이 "액체에서 고체로 바뀔 때 열에너지를 방출해 응고하기 때문에"라고 내용을 추가한다. 이렇게 내용이 더욱 풍성해진다. 그다음에 B 학생이 "2. 응고열이란?" 하고 물으면 A 학생이 "액체에서 고체로 상태가 변할 때 열에너지 방출" 하고 대답하는 방식으로 5~7개 문제를 짝과 함께 해결한다. 혼자 하는 학생도 있는데, 자기주도학습형이 되지 않도록 교사의 세심한 관찰이 필요하다.

[하브루타 활동지 사례]

1. 짝과 함께 [교과서 192~193쪽 상태 변화와 열에너지의 관계]를 보면서 질문하고 대화하면서 빈칸을 채워보세요. A를 맡은 학생이 먼저 '홀수 문항'을 질문하고, B가 대답하고, A도 자신의 생각을 말해보면서 적습니다. 다음에는 B가 '짝수 문항'을

질문하고 A가 답을 해보는 순으로 해보세요. 서로 다른 답변, 추가 답변을 해야 합니다.

	질문을 큰 소리로 읽기	대화 (A:)	대화 (B:)
A	1. 손가락 마디를 다 쳤을 때 액체파라 핀을 이용하는 원 리는?	액체에서 고체로 바 꿀 때 열에너지를 방 출해 응고하기 때문 에	액체에서 고체로 상 태 변화하기 때문에
B	2. 응고열이란?	액체에서 고체로 상태가 변할 때 열에너지 방 출	
A	3. 여름철 소나기가 내리기 전의 날씨 는 후덥지근하다. 왜 그때 더 덥게 느 껴지는 것일까?	수증기가 물로 액화 하면서 열에너지 방 출	기체가 액화하기 때 문이다.
B	4. 액화열이란?	기체에서 액체 상태 로 변할 때 생기는 열 에너지	기체가 액체로 상태 변화할 때 열에너지 가 만들어진 것
A	5. 응고열과 액화열 의 공통점과 차이 점을 설명해보자.	<공통점> 열에너지 방출	<차이점> 열에너지를 방출하는 방법이 다르다.
B	6. 눈이 올 때 날이 포 근하게 느껴지는 이유는?	액체에서 고체로 바 꿀 때 열에너지가 방 출되어서	물에서 눈으로 바뀔 때 열에너지 방출
A	7. 냉매란?	기화와 액화가 반복 적으로 일어나면서 열에너지를 출입시키 는 물질	기화와 액화가 반복 적으로 일어나면서 열에너지 출입

활동지에서 보이는 학생들의 대답이 모두 완벽하지는 않다. 6번에서 B 학생의 대답을 보면 "물에서 눈으로 바뀔 때"라고 했는데, 교사가 순회하면서 학생들이 잘못 적고 있는 내용을 파악하여 "6번을 과학용어를 사용해서 다시 이야기를 나눠보는 것이 어때요?" 이렇게 아이디어를 제공하기도 한다. 수업 중에 발견하지 못하면 교사는 이 내용을 채점하면서 승화라는 과학용어를 아직 사용하지 못하는 학생들이 있다는 것을 발견하게 된다. 또한 냉매에 대해서도 아직은 잘 모르는 학생이 있다는 것을 알게 된다. 본 차시에서 시간 부족으로 다루지 못한 내용은 다음 차시에 '에어컨과 냉장고의 차이점은 무엇일까?'라는 활동을 하면서 학생들이 집중적으로 냉매에 대해서 탐구하도록 디자인한다.

하브루타 활동을 마친 학생들은 활동지 뒷부분에 있는 객관식, 단답식, 서술·논술식 등 다양한 방식의 문항을 마치 문제집처럼 풀어본다. 짝과 함께 하브루타를 한 것만으로도 이 문제를 해결할 수 있다는 데 스스로 놀라기도 한다.

그러나 질문을 교사가 제시하기 때문에 진정한 하브루타라고 하기에는 부족하다. 하브루타는 학습자가 직접 질문을 만들어 대화를 하는 것을 원칙으로 하기 때문이다. 그래서 다음의 친구 가르치기 하브루타 수업 모형과 모둠 하브루타 수업 모형을 만들었다.

2. 친구 가르치기 하브루타 수업 모형

짝과 함께 책을 먼저 읽게 하고, 책을 두 부분으로 나누어 3분 정도 동안 자신이 맡은 부분만을 공부하게 한 후 자신이 공부한 부분에 어떤 내용이 있었는지를 짝에게 설명하는 방식이다. 서로에게 설명하면서 활동지에 핵심단어를 적어보게 한다. 설명이 끝나면 서로에게 잘 설명을 들었는지 질문을 만들고 대화를 하게 한다.

[하브루타 활동지 사례]

1. [하브루타–친구 가르치기] 짝과 함께 [교과서 49쪽 전류가 만드는 자기장]의 <그림 43>을 분석한 후에 짝에게 선생님이 되어 자기장에 대해 설명해보자. 설명할 때, 아래 표는 간단하게 메모종이로 이용합니다.

A 선생님 역할( )	B 선생님 역할( )
<메모는 간단하게>	<메모는 간단하게>

2. [하브루타–질문 만들고 대화하기] 교과서를 보면서 질문하고 대화하면서 빈칸을 채워보세요. A를 맡은 학생이 먼저 '홀수 문항'을 질문하고, B가 대답하고, A도 자신의 생각을 말해보면서 적습니다. 다음에는 B가 '짝수 문항'을 질문하고 A가 답을 해보는 순으로 해보세요. 번갈아 가면서 질문을 만듭니다.

	질문 만들기	대화 (A:)	대화 (B:)
A	1.		
B	2.		
A	3.		
B	4.		

3. 모둠 하브루타 수업 모형

하브루타는 1:1로 진행하기도 하지만, 2~4명 정도의 학생이 모여서 진행할 수도 있다고 한다. 모둠으로 진행할 수 있도록 수업을 디자인한다. 다음과 같이 학생에게 안내한다.

① 교과서를 보고 개인별 하나씩 질문을 만든다.
② 모둠이 모여서 한 개의 좋은 질문을 뽑는다. 좋은 질문이란 토론이 가능한 질문, 답이 2개 이상 있을 수 있는 질문이다.
③ 모둠판에 모둠의 베스트 질문을 적어서 칠판에 붙인다.
④ 질문 중 4개의 질문을 짝과 함께 고른다.
⑤ 4개의 질문으로 하브루타를 한다.

⑥ 학생 A, B가 대화를 해서 하나의 답으로 고쳐서 적는다.

[하브루타 활동지 사례]

1. [질문 만들기] 교과서 56~58쪽을 읽고 광물과 암석의 이용에 대한 질문을 만들어보세요.

2. [모둠 활동] 모둠원들의 질문을 보고 토론하여 가장 좋은 질문을 골라 적어보세요.

(Best 질문을 만든이:)

3. [하브루타] 짝과 함께 칠판에 제시된 질문 중 4개를 선택하여 질문하고 대화하면서 빈칸을 채워보세요. A를 맡은 학생이 먼저 '홀수 문항'을 질문하고, B가 대답하고, A도 자신의 생각을 말해보면서 적습니다. 다음에는 B가 '짝수 문항'을 질문하고 A가 답을 해보는 순으로 해보세요.

질문	대화 (A:)	대화 (B:)
1)	(합의하여 하나의 답을 적는다.)	
2)		
3)		
4)		

4. 꼬리 질문 하브루타 수업 모형

학생들 수준이 높은 경우에는 꼬리에 꼬리를 무는 질문도 가능하다. 교사가 먼저 "지구 내부는 어떤 상태일까?"를 제시하면 A란에 이 내용을 적고, B가 "어떤 상태를 알려면 지구 내부로 들어가야 할 텐데 지구 속까지 어떻게 들어갈 수 있을까?" 그러면 A가 "땅을 파는 것은 한계가 있지 않을까?" B는 "몇 m나 팔 수 있을까?" 그러면 A가 "지구 내부를 조사하려면 뭔가 다른 방법이 있어야 하지 않을까?"를 질문해서 텍스트의 핵심내용을 파악하게 하는 것이다.

활동지는 꼬리 질문을 연속적으로 만들면서 대답할 수 있는 형태로 꾸민다. 최종 질문 칸을 두어 짝끼리 합의한 질문을 적게 한 후에 발표하게 한다. 교사는 활동지 뒷장에 핵심질문 칸을 넣어서 시간이 지난 후에 핵심질문으로 '지구 내부를 조사하는 직접적인 방법과 간접적인 방법은 무엇이 있을까요?'를 판서해놓고 전체 학생을 대상으로 공동탐구 토론 형태로 진행한다. 이때 대답을 하는 학생에게는 발표 점수를 준다.

[하브루타 활동지 사례]

1. [짝과 함께 꼬리 질문 만들기] '지구 내부는 어떤 상태일까?'
   에 대해 질문을 만들어보세요. 번갈아 가면서 질문만 진행하
   고 마지막에 둘이서 협의하여 최종 질문을 정해주세요.

	질문 A	질문 B
1	지구 내부는 어떤 상태일까?	어떤 상태를 알려면 지구 내부로 들어가야 할 텐데 지구 속까지 어떻게 들어갈 수 있을까?
2	땅을 파는 것은 한계가 있지 않을까?	몇 m나 팔 수 있을까?
3	지구 내부를 조사하려면 뭔가 다른 방법이 있어야 하지 않을까?	다른 방법에는 무엇이 있을까?
최종 질문: 지구 내부를 조사하려면 땅을 파기보다는 다른 방법을 찾아야 하는데, 다른 방법은 무엇일까?		

5. 찬반 하브루타 수업 모형

찬성-반대의 토론이 가능한 경우에 사용하는 하브루타 모형이다. 짝과 함께 찬성-반대로 토론을 하고 다음에는 입장을 바꾸어 반대-찬성으로 토론을 하는 것이다. 이때 근거를 들어 토론을 하도록 한다. 짝과 토론을 한 후에는 피라미드 토론 방식으로 모둠 안에서 두 명은 찬성, 두 명은 반대 의견으로 나누어 토론을 진행하고, 그 후 다시 두 개의 모둠이 만나서 찬성 모둠, 반대 모둠으로 나누어 찬반 토론을 진행한다.

반드시 찬반이 아니어도 대립하는 내용으로 진행할 수도 있다. 1:1, 2:2, 4:4로 인원을 점점 늘려가며 의견을 모아본다. 예를 들어 "유성생식이 유리할까? 무성생식이 유리할까?"라는 주제로 토론을 한다면 아래의 활동지 디자인에 따라 수업을 진행하면 된다. 오늘의 주제를 적고, 짝이 서로 기준을 세워 유성생식이 유리하다는 지지 의견을 말하고, 상대방은 무성생식이 유리하다는 반대 의견을 말하게 하고, 그다음에는 바꿔서 다시 한 번 말하게 한다.

또한 학급에서 4개의 토론 주제를 선정해서 토론을 한다면, 두 모둠만 동일한 주제로 1:1 하브루타, 모둠 내 2:2 토론 활동을 하게 해서 마지막에 두 모둠이 4:4 토론을 진행하는 것이다. 4개의 주제로 한 학급에서 토론이 가능한 방법이기도 하고, 서로 주제가 달라서 다른 모둠의 것을 베끼는 경우도 발생하지 않는다는 장점이 있다. 마지막 시간에 어떤 주제로 어떤 찬반 의견이 나왔는지 발표를 통해 학급의 전체 학생에게 여러 가지 주제를 한꺼번에 알려줄 수 있다는 장점도 있다.

[하브루타 활동지 사례]

1. 오늘의 주제를 적어봅니다.

2. [하브루타 활동] 오늘의 주제에 대한 토론을 짝과 해봅니다.
A를 맡은 학생이 먼저 '찬성 의견'을 말하고, B는 '반대 의견'
을 내보고, 다음에는 '찬성 의견'과 '반대 의견'을 바꿔서 이
야기해봅니다. 의견을 말할 때는 근거를 확실하게 이야기하
면서 자신의 주장을 말합니다.

순서	대화 (A:　　　)		대화 (B:　　　)	
1 토론	찬성		반대	
2 토론	반대		찬성	

3. [모둠 활동] 오늘의 주제에 대한 모둠 토론을 해봅니다. 두 명
은 '찬성 의견'을, 두 명은 '반대 의견'을 말합니다.

(생략)

6. 질문 고르기 하브루타 수업 모형

대단원을 시작할 때, 동기유발 차원에서 질문을 만들어보게 한다. 아직
어떤 지식도 갖추고 있지 않은 상태에서 순수하게 질문을 만들어보게 하
면, 어떤 단어에 자신이 어려움을 느끼는지를 스스로 알 수 있고 앞으로

배울 내용에 대한 궁금증을 갖게도 해서 동기유발에 적절한 방법이다. 단순히 짝의 질문과 내 질문이 어떻게 다르게 쓰여 있는지만 확인하는 차원으로 진행한다. 별(☆)을 받은 질문을 발표하게 해서 교사는 4절지 종이 2장에 굵은 마카펜으로 적어둔다. 32명 학급이라면 16개의 하브루타 팀이 있으므로 16개의 질문이 나온다. 칠판에 붙여 놓고 가장 마음에 드는 질문을 하나 선택하게 하고 그 이유를 적게 한다.

2. [전기와 자기] 대단원에 관계된 자신이 궁금한 점을 3가지 질문해보고 짝과 비슷한 것에는 ○, 아니면 X 하세요. 짝과 협의하여 가장 멋진 한 개의 질문에는 ☆ 표를 해주세요.

	궁금한 것 질문해보세요.	짝과 비슷한 것
1		
2		
3		

3. 발표된 질문 중에서 가장 멋진 질문 적고 이유 적어보기

수업의 정리 하브루타

활동지에 수업 정리 방법으로 인터뷰 카드를 만든다. 인터뷰 카드는 활동지의 마지막 부분에 둔다. 짝과 각자 오늘의 중요 단어를 3개씩 뽑아 적고 그 이유를 인터뷰하게 한다.

[하브루타 활동지 사례]

8. 오늘 공부한 내용 모둠에게 들려주기(3단어씩 기록이->지킴이->꼼꼼이->이끔이 순으로 말하기)

기록이( )	지킴이( )	꼼꼼이( )	이끔이( )

또는 학습내용에 대해 궁금한 질문을 적고, 서로의 질문에 대답하고 생각을 나눈 뒤 그 내용을 적게 한다. 수업 정리를 반드시 교사가 해야만 한다는 생각을 버리고, 학생들 스스로 정리를 하게 한다. 마지막에도 친구를 인터뷰하면서 학습내용을 다양한 방식으로 확장시키는 것이다.

답을 모르는 질문도 자유롭게 적어 보라고 하면, 정말 놀라울 정도로 학생들의 생각이 깊어졌다는 걸 알게 된다. 교과서에 에라토스테네스라는 학자가 지구의 크기를 구하기 위해 막대기를 사용해 그림자와의 각도를 이용하는 방법이 나와 있는데, 한 학생은 "현대에는 지구의 크기를 어떻게 구하나?" 이런 질문을 했다. 때로는 짝의 질문에 대한 답으로 "모르겠다"고 적는 경우가 있는데, 이런 경우도 자신의 지와 무지의 경계를 알게 되는 것이기에 교육적이라고 생각한다. 짝이 "모르겠다"라고 답을 적은 경우에는 교사는 유심히 질문 내용을 살펴보아야 한다. 사고력이 높은 신선한 질문을 학생이 적은 경우가 있기 때문이다. 놀랍도록 성장이 일어난 질문은 학교생활기록부에 적어준다.

[하브루타 활동지 사례]

8. [인터뷰 카드] 모둠의 친구들과 인터뷰를 해주세요.

"친구야 질문 만들기를 해보자. 이번 시간에 배운 내용 중에서 나는 (   )이 궁금해." 친구의 질문에 대답도 해보세요. 모른다면 함께 토론해보고 답을 적으세요.

구분	어깨짝 (친구 이름:)	앞 또는 뒷짝 (친구 이름:)	대각선 짝 (친구 이름:)
질문			
대답			

또 인터뷰 카드 내용을 잘 구성하면 과학 지식을 암기하는 것을 넘어서 우리 삶과 연결된 과학에 대해 생각해보는 시간을 만들 수도 있다. 예를 들면 '지진의 피해를 막을 수 있는 방법을 모둠원들과 이야기하고 적어보세요.' 이렇게 삶과 연결된 자기 생각을 할 수 있게 한다.

하브루타 수업의 평가는 이렇게

수업이 마무리될 때 교사가 활동지를 모두 걷어서 활동지 전체를 채점하고 돌려주는 방식으로 배움이 일어났는지를 확인한다. 수업이 모호하게 끝나서 학생들은 자신들의 답이 맞는지 매우 궁금해한다. 사실 모호성으로 수업을 끝내는 것은 매우 찜찜해서 교사의 역할을 다 하지 못한 느낌이 들 수도 있다. 그런데 이 모호성이야말로 학생들의 '자기 생각 만들기'의 방법이라고 생각한다. 교사가 질문을 던지고 그 질문에 한두 명만이 답을 발표하면, 다른 학생들은 누군가가 알려주는 답을 적기만 하면 되기 때문에 '자기 생각'을 하지 않는다.

그래서 늘 수업이 끝나면 활동지를 모두 수거해 채점하여 오개념을 파악하고 돌려주는 것을 원칙으로 하고 있다. 정답이 있는 문제는 정답에 따라 채점을 하고, 짝과 대화하며 학습한 것을 기입하는 부분에서는 질문에 대한 답이 제대로 있는지, 좋은 질문을 만들었는지 등 미리 정해놓은 기준에 따라 채점한다. 이렇게 해야 학생들이 그날 배운 내용을 제대로 이해했는지, 틀리게 알고 있는 건 아닌지 확인할 수 있다. 또, 이 점수를 수행평가에 포함시켜 진정한 '과정 중심의 평가'를 실천하려고 신경 쓰고 있다.

활동지를 보면 학습자가 수업시간에 얼마나 참여했는지 알 수 있다. 교사가 수업 과정을 학습자 자율에 맡기더라도 학습자가 얼마나 제대로 학습했느냐 하는 부분을 관리하고 피드백해야 하는 책임은 분명히 존재하기 때문에, 활동지를 채점하여 돌려주는 활동만큼은 피치 못할 일이자 필수적인 일로 여기고 있다.

교육과정 성취기준 속으로

2015 개정 과학과 교육과정의 가장 큰 특징은 핵심역량(core competency)의 강조이다. 기본 개념의 통합적인 이해 및 탐구 경험을 통하여 과학적 사고력, 과학적 탐구 능력, 과학적 문제 해결력, 과학적 의사소통 능력, 과학적 참여와 평생 학습 능력 등의 과학과 핵심역량을 함양하도록 하고 있다. 그중 과학적 의사소통 능력은 과학적 문제 해결 과정과 결과를 공동체 내에서 공유하고 발전시키기 위해 자신의 생각을 주장하고 타인의 생각을 이해하며 조정하는 능력을 말한다. 여기에는 말, 글, 그림, 기호 등 다양한 양식의 의사소통 방법과 컴퓨터, 시청각 기기 등 다양한 매체를 통하여 제시되는 과학기술 정보를 이해하고 표현하는 능력, 증거에 근거하여 논증 활동을 하는 능력 등도 포함한다.

2015 개정 과학과 교육과정에서는 교육과정의 성취기준 진술문을 '내용'과 '기능'을 합쳐 진술함으로써 보다 구체적으로 탐구 역량 강화를 추진했다. '기능'은 학생들이 할 수 있거나 할 수 있기를 기대하는 도달점(outcome) 혹은 수행기대를 의미하는데, 2015 개정 교육과정에서는 문제 인

식, 탐구 설계와 수행, 자료의 수집·분석 및 해석, 수학적 사고와 컴퓨터 활용, 모형의 개발과 사용, 증거에 기초한 토론과 논증, 결론 도출 및 평가, 의사소통으로 8개의 기능이 제시되어 있다.

기능 8가지 중 하브루타 수업과 관련 있는 것으로 '문제 인식, 증거에 기초한 토론과 논증, 의사소통'을 찾아볼 수 있다. '문제 인식'은 자연현상과 인간이 만든 세상에 대해 경험적으로 답할 수 있는 질문을 형성하고, 그 질문을 탐구할 수 있는 문제로 정교화하는 것이고 '증거에 기초한 토론과 논증'은 자료의 견고한 기초 위에 증거를 형성하고, 증거와 다른 사람들의 충고에서 그들의 이해를 시험하고, 동료들과 협력하여 조사된 현상에 대한 가장 좋은 설명을 구하는 것이고 '의사소통'은 말, 글, 표, 그림, 그래프, 방정식을 이용하여 동료와 개방된 토론에 참여함으로써 생각과 탐구의 결과를 소통하는 것이다.

앞의 글에서 제시하고 있는 하브루타 수업 모형의 성취기준 몇 개를 예시로 찾아보았다.

[9과05-04] 상태 변화와 열에너지의 관계를 이해하고, 상태 변화 과정에서 출입하는 열에너지가 생활에 이용되는 사례를 찾고 설명할 수 있다.

[9과22-02] 자석의 운동에 의해 전류가 발생하는 현상을 관찰하고, 역학적 에너지가 전기 에너지로 전환됨을 설명할 수 있다.

   - 탐구 활동: 에너지 전환의 예를 찾고 그 과정에서 에너지가 보존됨을 설명하기

[9과01-03] 조암 광물의 주요 특성을 관찰하고, 암석이 다양한 광물로 구성되어 있음을 설명할 수 있다.

   - 탐구 활동: 광물 특성 관찰과 암석 분류하기, 국가지질공원의 암석 조사하기

[9과01-01] 지구계의 구성 요소를 알고, 지권의 층상 구조와 그 특징을 설명할 수 있다.

 - 탐구 활동: 지구 내부 구조 모형 만들기

　그중 '[9과05-04] 상태 변화와 열에너지의 관계를 이해하고, 상태 변화 과정에서 출입하는 열에너지가 생활에 이용되는 사례를 찾고 설명할 수 있다' 라는 성취기준에 도달하기 위해서 '기능' 으로 '문제 인식, 증거에 기초한 토론과 논증, 의사소통' 을 활용한 예로 들 수 있다. 상태 변화와 열에너지의 관계를 이해하기 위해, 경험적으로 답할 수 있는 질문을 만들고 그 질문을 탐구할 수 있는 문제로 정교화하는 것이고 상태 변화 과정에서 출입하는 열에너지가 생활에 이용되는 사례를 찾고 그 사례가 옳은지를 다른 사람들의 충고에서 그들의 이해를 시험하고, 동료들과 협력하여 조사된 현상에 대한 가장 좋은 설명을 구하는 것이고 '의사소통' 은 말, 글, 표, 그림을 이용하여 동료와 개방된 토론에 참여함으로써 생각과 탐구의 결과를 소통하는 것이기 때문이다. 이 성취기준에 도달하기 위해 하브루타 수업이 꽤 적절했음을 짐작해볼 수 있다.

하브루타
_수학

전안나, 조남중학교

질문 제시 하브루타 수업 모형

질문 제시 하브루타 수업 모형은 짝과 질문을 주고받으며 학생들이 스스로 탐구하도록 하는 수업 모형이다. 교사가 학생들에게 제공한 텍스트를 짝과 함께 서로 번갈아 가며 읽고, 질문에 서로 답을 찾아가는 과정에서 배움이 일어난다. 질문 제시 하브루타 모형으로 진행한 중학교 1학년 소인수분해 단원의 수업과 중학교 2학년 닮음 단원의 수업을 소개한다.

텍스트는 꼭 교과서가 아니어도 괜찮다. 시중에 다양한 수학 관련 서적에서 오히려 좋은 텍스트를 발견할 때도 많다. 이번에 소개할 수업에서는 교과서가 아닌 수학 서적에서 텍스트를 가져왔다. 수업에서 사용한 책은 『재미있는 수학 이야기』(글 권현직, 그림 김영랑, 가나출판사)이다. 이 책에서 '소수 찾기─소수를 걸러 내는 체가 있어요' 부분을 발췌해서 학생들에게 텍스트로 제공했다. 총 4쪽 분량이기 때문에 수업 초반에 읽기에 부담이 없었다. 텍스트를 제공할 때 문단별로 번호를 붙여서 제시하고 짝과 함께 번갈아 가면서 읽도록 한다. 텍스트에 번호를 붙인 것은 또 다른 이유가 있는데, 짝 토론 시 학생들이 자신의 주장에 대한 근거를 이야기할 때, 텍스트의 번호를 언급하며 구체적으로 답변을 하도록 하기 위함이다. 텍스트를 근거로 들어 말하게 함으로써 주장이 좀 더 논리적으로 탄탄해지도록 돕는다. 텍스트를 읽는 데는 보통 5~7분 정도가 소요된다.

텍스트를 다 읽으면, 하브루타 활동지*를 제공한다. 활동지는 미리 텍스트를 분석한 뒤 교과 내용을 바탕으로 텍스트에서 핵심이 되는 부분을 질문으로 구성한다.

1. 선생님이 나눠준 책을 읽고, 짝과 함께 질문하고 대화하면서 빈칸을 채워보세요.

① A를 맡은 학생이 먼저 '홀수 문항'을 질문하고, B가 대답하고 A도 자신의 생각을 말해보면서 적습니다.

② 다음에는 B가 '짝수 문항'을 질문하고 A가 답을 해보는 순으로 해보세요.

질문을 큰 소리로 읽기	대화 (A :)	대화 (B :)
1. 에라토스테네스는 누구인가?		

* 경기도교육청(2017), 「책 읽는 교실 함께하는 독서토론」, 하브루타 과학 워크북, p.49 참고

2. 에라토스테네스의 체는 무엇인가?		
3. 1은 소수인가? 그 이유는?		
4. 123은 소수인가? 그 이유는?		
5. 페르마가 찾아낸 소수를 찾는 공식은?		
6. 페르마의 공식은 소수를 구하는 완전한 방법인가? 그 이유는?		

A, B 역할 중 하나씩 맡게 한 후 짝 토론을 시작한다. 이때 자신이 말한 답변만 기록하는 것이 아니라 짝이 말한 답변도 기록한다. 짝의 의견을 활동지에 적게 하여 혼자서 해결하는 것이 아니라 짝과 함께 의사소통하며 토론에 적극적으로 참여하도록 한다. 두 학생이 서로 질문을 주고받으면서 소수의 개념, 1은 소수가 아니라는 것, 에라토스테네스의 체, 페르마 소수 등에 대해서 알게 된다. 특히 3, 4, 6번의 질문은 이유도 적게 했다.

자신의 생각에 대한 근거를 찾고 이를 제시하고 짝과 함께 의견을 교환하는 과정에서 토론이 진행된다. 교사는 순회지도 하며 토론이 원활하게 진행되도록 돕는데, 이때 짝끼리 질문이 해결되지 않더라도 바로 답을 제시하지 않고, 힌트를 주거나 세부적인 질문을 던져서 학생들이 최대한 스스로 해결할 수 있도록 한다.

학생 A　　　'에라토스테네스는 누구인가?'

학생 B　　　②*번에 보면 기원전 200년대에 이집트의 알렉산드리아에서 활동한 수학자라고 나와 있어.

학생 A　　　응. 맞아. 그리고 ③번에서 소수를 걸러내는 방법과 지구의 크기를 잰 수학자라고 나와. 옛날에는 수학자가 과학도 했나 봐.

학생 B　　　'에라토스테네스의 체는 무엇인가?'

학생 A　　　⑧에서 보면 1에서 50까지의 수를 쓰고 2의 배수, 3의 배수, 5의 배수를 순서대로 다 지워. 그러면 2, 3, 5, 7, 11, 13, 17, 19, 23, 29, 31, 37, 41, 43, 47이 남는데 이 수들이 전부 소수야. 이렇게 소수를 찾는 방법을 에라토스테네스의 체라고 해.

학생 B　　　응, 나도 그렇게 적었어. 이렇게 숫자들을 체로 걸러내는 것처럼 소수를 찾는 거라서 체라고 했나 봐.

학생 A　　　'1은 소수인가? 그 이유는?'

학생 B　　　아니야. 왜냐하면 ④번 ⑤번 문단을 보면, 1을 소수라고 했을 때 소인수분해를 하는 방법이 무한대로 늘어나기 때문이야.

학생 A　　　맞아. 나도 소인수분해를 하는 방법이 한 가지가 되게 하기 위해서 1을 소수로 보지 않는다고 했어.

학생 B　　　'123은 소수인가? 그 이유는?'

학생 A　　　넌 이거 어떻게 했어? 난 모르겠어. 숫자가 크니까 소수인지 헷갈려.

---

*　텍스트를 제공할 때 문단별로 번호를 붙였기 때문에 학생들이 발언할 때 번호를 이용하여 의사소통할 수 있다.

학생 B   너 이거 3으로 나눠봤어? 123은 3으로 나누어떨어져. $123 = 3 \times 41$이야. 그래서 123은 소수가 아니야.

학생 A   오~ 진짜 3으로 나눠지네. 괜히 숫자가 크니깐 겁먹었다. '페르마가 찾아낸 소수를 찾아낸 공식은?'

학생 B   ⑨번에 보면 나와 있어. $2^{2^n} + 1$, (n은 0 또는 자연수)래. $n = 0$을 대입하면 2^0이 되는데, 이건 뭐지?

학생 A   나도 모르겠어. 우리는 지수가 자연수인 것만 배웠는데. 선생님께 여쭤보자.

교과서가 아닌 수학 서적에서 텍스트를 가져오면 해당 학년의 교육과정에 없는 내용이 나오기도 하는데, 이럴 때는 교사가 적절히 개입하여 학생들이 토론을 이어나갈 수 있도록 돕는다. 중학교 1학년에는 지수의 범위가 자연수기 때문에 $2^0 = 1$임을 알기 어렵다. $2^0 = 1$이라는 사실을 학생들에게 안내한다.

학생 A $2^0 - 1$이니까, $2^{2^0} + 1 = 2^1 + 1 = 3$이네. 오호 3은 소수네. $n = 1$일 때는 5이고, $n = 2$일 때는 17이니까 소수 찾는 공식인가 봐.

학생 B   '페르마의 공식은 소수를 구하는 완전한 방법인가? 그 이유는?'

학생 A   ⑨번에 보면 공식으로 나오는 3, 5, 7, 17, 257, 65537이 모두 소수라고 하니까 페르마 공식은 소수를 찾는 공식인 거 같아.

학생 B   그런데 ⑩번을 보면 $n = 5$일 때, $2^{32} + 1 = 4294967297$인데 이 수는 641×6700417이니깐 소수가 아니야.

학생 A   헛 그러네. 그럼 페르마 공식도 소수 찾는 공식은 아니네. 페르마 공식 말고 소수 찾는 공식이 있는지 궁금하다. 공식이 있으면 소수인지 바로 알 수 있으니까 편할 거 같아.

이처럼 짝과 토론을 하는 것만으로도 학생들은 대부분의 문제를 해결할 수 있다. 짝 토론이 끝나면 토론의 결과를 반 전체 학생과 공유한다.

짝 토론으로 해결되지 않은 문제가 있거나 토론의 과정에서 새로운 궁금증이 생기는 경우가 있다. 그럴 경우 자연스럽게 반 전체 토론으로 연결할 수도 있고, 이후 수업의 과정에서 질문을 만들고 이 질문에 대해서 모둠 토론 또는 반 전체 토론을 하여 뒤에서 소개하는 모둠 하브루타 수업 모형과 비슷한 형태로 진행할 수도 있다. 다음은 학생들이 짝 토론 후 만든 질문이다.

- 암호와 소수는 어떤 관련이 있을까?
- 소수를 찾는 방법은 에라토스테네스가 발견한 방법밖에 없을까?
- 소수를 찾는 공식이 있을까?
- 소수를 구할 수 있는 완전한 방법이 있을까?
- 짝수인 소수가 있을까?
- 엄청 큰 수도 소수인지 아닌지 빨리 알아낼 수 있는 방법이 있을까?

교과 지식을 교사가 일방적으로 전달하는 수업과 비교했을 때 하브루타 수업을 하면 학생들이 주제에 대한 다양한 질문을 만들고 탐구하는 모습을 볼 수 있다. 학생들이 만들어낸 질문을 통해서 학생들은 소수에 대해서 탐구하게 된다. 이 과정에서 생각이 확장되고 수학의 본질에 좀 더 접근해 가는 것을 느낄 수 있다.

중학교 2학년 닮음 수업을 진행한 후 닮음과 연결하여 프랙털에 대해서 질문 제시 하브루타 수업을 진행했다. 『재미있는 수학 이야기』에서 '프랙털−현대 수학의 산책' 부분을 발췌하여 학생들에게 텍스트로 제공했다. 4쪽 분량이라 짝과 함께 문단을 번갈아 가며 소리 내어 읽으면 5~7분 정도면 다 읽는다. 다음은 프랙털 수업에 사용한 활동지*이다.

1. 선생님이 나눠준 책을 읽고, 짝과 함께 질문하고 대화하면서 빈칸을 채워보세요.
   ① A를 맡은 학생이 먼저 '홀수 문항'을 질문하고, B가 대답하고 A도 자신의 생각을 말해보면서 적습니다.
   ② 다음에는 B가 '짝수 문항'을 질문하고 A가 답을 해보는 순으로 해보세요.

질문을 큰 소리로 읽기	대화 (A :)	대화 (B :)
1. 프랙털이란 말의 뜻은 무엇인가?		
2. 프랙털 이론의 핵심은 무엇인가?		

---

* 경기도교육청(2017), 「책 읽는 교실 함께하는 독서토론」, 하브루타 과학 워크북, p.49 참고

3. 프랙털을 이용한 도형으로는 어떤 것들이 있을까?		
4. 프랙털을 어디서 발견할 수 있을까?		
5. 정삼각형의 세 변의 가운데 점을 서로 이으면 두 삼각형은 닮음인가? 그 이유는?		

모둠 하브루타 수업 모형

모둠 하브루타 수업 모형은 모둠 활동을 하는 교과에서 유용하다. 단원의 도입 부분에서 새로운 수학 개념을 다룰 때, 다양한 문제가 포함된 수업을 할 때, 단원을 마무리하는 수업을 할 때 어디에서든지 모둠 하브루타 수업 모형을 활용할 수 있다. 심도 있는 내용이라 짝 토론으로는 수업 진행이 어려울 것이라 예상되는 경우, 즉 깊은 탐구와 모둠 협력이 필요한 차시의 수업이라면 모둠 하브루타 수업 모형을 적용하는 것이 좋다.

모둠 하브루타 수업을 진행하기 위해서 모둠은 4명의 학생으로 구성했다. 경험상 4명일 때 토론 시간도 가장 적절했고, 각자의 책임감이 적절하게 분배되어 활발하게 토론을 할 수 있었다. 4명을 넘어가면 토론 시간도 길어질 뿐만 아니라 책임감도 분산되어 무임승차를 하는 학생이 생기기도 한다. 모둠 하브루타 수업 모형을 중학교 3학년 이차방정식 단원과 이차함수 단원 두 단원에 걸쳐서 진행했다.

이차방정식 단원에서는 이차방정식 문제 해결 과정을 교사가 보여주고 그대로 모방하여 문제를 푸는 것보다는 학생들이 이차방정식 해결 과정에 의문을 품고, 탐구하도록 진행했다. 이차방정식의 해결 과정에 대한 탐구를 효과적으로 하려면 학생 혼자 탐구하고 고민하는 것보다는 다른 사람들의 문제 해결 방법을 살펴보고, 어떤 것이 더 좋은 방법인지 의견을 교환하며 모둠원들과 토론하는 방법이 효율적이라 생각했다. 따라서 교사가 강의로 설명하거나 짝과 하브루타를 하기보다는 모둠원들과 다양한 생각을 공유하고, 탐구하도록 모둠 하브루타 수업 모형을 적용했다. 모둠 하브루타 수업을 통해 학생들의 생각이 확장되어 수학 문제 해결에 대한 자기 생각 정립과 이차방정식 해결의 노하우를 발견하길 바라는 마음에서 수업을 기획했다. 그중 총 2차시로 진행했던 수업을 소개한다.

전시 차시에서는 이차방정식의 다양한 풀이 방법을 배웠다. 인수분해를 이용한 이차방정식의 풀이, 제곱근을 이용한 이차방정식의 풀이, 근의 공식을 이용한 이차방정식의 풀이를 순차적으로 전시 차시에서 다뤘다. 소개할 2차시의 수업 중 1차시 수업에서는 지금까지 배웠던 이차방정식의 풀이 방법 중에서 각 이차방정식마다 적절한 해결 방법이 무엇인지 생각해보고, 분류하도록 했다. 풀이 방법 자체에 대한 메타인지적인 사고를 할 수 있도록 짝과 함께 이차방정식 생각 지도를 만들게 했다. 그 후 2차시 수업에서 1차시에 만든 생각 지도를 바탕으로 이차방정식의 해결 방법 자체에 대한 모둠 하브루타 수업을 진행했다.

함께 배우고 성장하는 우리 ♡

1. 짝과 함께 20개의 이차방정식을 <u>해결과정</u>에 따라 분류하고, 이를 바탕으로 **이차방정식 생각지도**를 만들어봅시다.

> **이차 방정식 생각지도에 들어갈 내용**
> • 20개의 이차방정식 잘라서 같은 종류끼리 모아서 붙이기
> • 분류 기준 적기
> • 해결방법의 장점 단점 적기
> • 지도 만들면서 새롭게 알게 된 것, 느낀 점 작성하기
> • <u>자유롭게 창의적으로</u> 만들어보자!

(1) $(x-2)(x-5)=0$	(2) $x^2-6x+9=0$	(11) $3(x+2)^2=6$	(12) $x^2+x+1=0$
(3) $x^2=36$	(4) $x^2+4x-3=0$	(13) $(x-1)(x+4)=0$	(14) $x^2-20x+100=0$
(5) $x^2-2x-5=0$	(6) $5x^2-4x-1=0$	(15) $x^2+16=-8x$	(16) $x^2-8=0$
(7) $4x^2-3=0$	(8) $x^2-2x-1=0$	(17) $(x-3)^2=9$	(18) $x^2+6x+7=0$
(9) $(x+1)^2=10$	(10) $x^2+x-2=0$	(19) $x^2-x-6=0$	(20) $x^2-4x+4=0$

1차시에는 짝과 함께 이차방정식 생각 지도를 만들었다. 먼저 앞의 사진과 같이 20개의 이차방정식이 들어간 생각 지도 제작 안내 활동지를 학생들에게 제공한다. 20개의 이차방정식을 짝과 함께 해결하면서 학생들 스스로 이차방정식의 기준을 세워 분류하도록 했다. 교사가 기준을 제시해주면, 교사가 제시한 이차방정식의 풀이 과정에 대한 관점 이외의 생각을 하기 어렵기 때문에 좀 더 학생들이 다양하고 창의적인 생각을 할 수 있도록 기준도 스스로 세워보도록 했다.

아래의 사진과 같이 분류한 이차방정식의 기준과 분류한 이유, 이차방정식의 해결 방법의 장점 및 단점, 생각 지도를 만들면서 새롭게 알게 된것, 느낀 점 등을 적게 하여 생각 지도를 만들었다. 학생들이 생각 지도를 만들 때 사용한 종이는 4절 크기의 색상지이다. 짝에 한 장씩 배부하여 짝

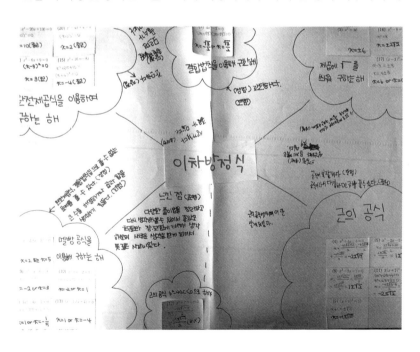

과 함께 하나의 생각 지도를 제작하도록 했다.

2차시는 모둠 활동으로 시작한다. 4명으로 이루어진 모둠의 두 짝이 모두 생각 지도를 완성하면 모둠끼리 만난다. 짝이 한 팀이 되어 2인 1조로 모둠 내에서 서로 만든 생각 지도를 공유하고, 이를 바탕으로 이차방정식의 풀이 방법에 대해서 토론한다. 먼저 생각 지도를 바탕으로 모둠 토론하면서 생겼던 의문에 대해서 각자 질문을 만들어본다. 모둠원들이 모두 질문을 만든 후에 서로 돌아가면서 질문을 공유하고, 각자 다음(234쪽)에 나오는 활동지에 모둠원들의 질문을 적고 자신의 생각을 써본 후 이를 바탕으로 모둠 토론을 한다.

모둠 토론이 진행되면 교사는 모둠을 순회하며 토론이 활발하게 이루어지도록 질문을 던지기도 하고, 도중에 막힌 질문에 대해서 도움을 주기도 한다. 이때 교사는 질문에 대한 답을 바로 하지 않고, 학생들에게 다시 세부적인 질문을 하거나 힌트 정도만 제공하여 모둠에서 학생들 스스로 결론을 내릴 수 있게 한다. 다음은 학생들이 모둠 토론 때 나눈 대화이다.

학생 A   근의 공식 $x = \frac{-b \pm \sqrt{b^2 - 4ac}}{2a}$ 는 어떻게 나오게 된 거지?

학생 B   일단 이차방정식은 계수가 다양할 수 있으니까 $ax^2 + bx + c = 0$ 이렇게 표현할 수 있어. 물론 이때 a는 0이 아니라고 하고. 그럼 이차방정식 $ax^2 + bx + c = 0$ 를 풀기 위해서 좌변을 완전제곱식으로 바꾸면, 전 시간에 배웠던 활동지를 봐봐. $\left(x + \frac{b}{2a}\right)^2 = \frac{b^2 - 4ac}{4a^2}$ 이렇게 되잖아.

학생 A   아, 그럼 이차방정식 중에서 제곱근을 활용한 풀이 방법처럼 x를 구하면, $x + \frac{b}{2a} = \pm \frac{\sqrt{b^2 - 4ac}}{2a}$ 이렇게 되고, $\frac{b}{2a}$ 를 우변으로 이항하면

나의 질문 만들기
(   )의 질문 쓰기/ 자신의 생각 쓰기
(   )의 질문 쓰기/ 자신의 생각 쓰기
(   )의 질문 쓰기/ 자신의 생각 쓰기
나의 질문에 대한 토론 후 자신의 생각 쓰기 (다른 친구의 생각 참고해서)
나의 질문에 대한 친구들의 의견 적기 베스트 답변자 (   )
친구들의 이야기를 듣고 나의 생각정리

---

*   경기도교육청(2017), 「책 읽는 교실 함께하는 독서토론」, 하브루타 & 공동탐구 독서토론 활동지,
     p.55 참고

$x = -\frac{b}{2a} \pm \frac{\sqrt{b^2-4ac}}{2a}$ 이렇게 되네. 우리가 아는 근의 공식인 $x = \frac{-b \pm \sqrt{b^2-4ac}}{2a}$ 이 되겠네.

학생 C   그럼 해결 다 된 거지? 이제 그럼 내가 질문할게. 지금까지 우리가 배운 방식들로 모든 이차방정식을 풀 수 있을까?

학생 D   우리가 지금까지 배웠던 방법이 좌변이 인수분해 되는 경우는 인수분해로 풀었고, 좌변이 완전제곱인 형태로 된 경우에는 제곱근을 구하는 방법처럼 푼 적도 있고, 그리고 마지막에 근의 공식까지 다 배웠으니깐, 이 세상의 모든 이차방정식을 다 풀 수 있을 것 같아.

학생 A   근데 근의 공식으로 풀었을 때 해가 없는 것도 있었는데. 해가 없는 경우는 뭐지?

학생 B   맞아. 해를 구했을 때 근호 안의 수가 음수인 경우가 있었는데, 우리 활동지에서 12번 문제 $x^2 + x + 1 = 0$이거 같은 경우 답이 이상하게 나와.

학생 C   맞아. 그거 근의 공식으로 풀면 $x = \frac{1 \pm \sqrt{-3}}{2}$ 이렇게 돼. 우리가 실수 단원에서 배울 땐 근호 안에 수는 양수일 때만 배웠는데. 이건 뭐지?

학생 D   근호 안에 있는 수가 음수인 수는 없으니깐 이런 경우는 방정식에 해가 없다고 해야 할 것 같아.

학생 C   그럼 $\sqrt{-3}$ 처럼 근호 안에 음수가 있는 수는 없는 건가? 어떻게 생각해?

학생 B   난 이런 수는 없을 것 같아. 어떤 수를 제곱하면 항상 양수가 나오잖아.

학생 A   난 있을 것 같은데…. 선생님께 여쭤보자.

4명이 모둠 하브루타를 하는 것이 상대적으로 짝과 하브루타를 하는 것보다 토론의 내용도 풍부하고 좀 더 심도 있는 토론이 가능함을 알 수 있다. 학생들이 다양한 답변을 주고받으면서 이차방정식의 풀이 과정뿐만 아니라 이차방정식의 해와 실수 개념, 근의 공식의 유도과정 등 다양한 주제에 관해서 토론하는 것을 볼 수 있다. 교사가 던진 질문으로만 구성한 수업보다 주제도 다양하고, 학생들이 직접 만든 질문으로 진행하는 수업이기에 참여도도 높다.

　처음 하브루타 수업을 진행하면 학생들이 스스로 질문을 만들고 대화하는 것을 어려워한다. 질문 만드는 것을 어려워할 때는 교사와 학생이 함께 질문을 만드는 과정을 넣어도 좋다. 학생이 활동지를 해결하는 도중 새롭게 생긴 궁금증이나 활동지 내용 중 이해가 안 가는 부분을 질문으로 만들어도 좋고, 모르는 내용이 없어서 질문을 만들기 어려워하는 학생의 경우에는 활동지 내용 중 가장 중요한 부분을 질문으로 구성하도록 한다. 초반에는 순회지도하며 질문 만들기를 어려워하는 학생을 지원해주고 돕는 것이 필요하다. 점차 교사의 개입을 줄이며 학생들이 스스로 질문을 만들 수 있게 한다. 학생이 질문을 만들고 대화를 나누는 것을 어려워하더라도 적극적으로 도우며 스스로 할 수 있도록 기다리는 것이 필요하다.

　모둠 토론이 끝나면 모둠 안에서 나온 질문 중 베스트 질문을 뽑는다. 베스트 질문은 답이 여러 가지로 나올 수 있고, 주제를 깊게 탐구할 수 있는 것으로 토론하기 좋은 질문을 뽑도록 한다. 이때 칠판에 베스트 질문을 게시할 수 있도록 모둠별로 모둠 칠판과 보드마카를 나눠주었다. 모둠 칠판으로는 뒤편에 자석이 있어 교실 칠판에 바로 붙일 수 있는 것이 좋다.

　모든 모둠에서 토론이 끝나고 베스트 질문까지 칠판에 붙이면, 학생들

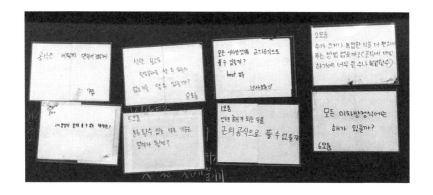

과 함께 질문을 유목화한다. 때로는 같은 질문이 나오기도 하고 관점이 비슷한 질문들이 나올 수 있다. 겹치는 질문은 한곳에 모으고, 학생들과 이야기를 나누면서 맥락이 비슷한 질문들도 한곳에 모은다. 학생들이 뽑은 베스트 질문에 따라 유목화하는 기준은 변하게 된다. 교사 혼자 기준을 정해 유목화하는 것보다는 학생들과 대화를 나누며 유목화한 후 토론을 하면, 효율적으로 질문을 다룰 수 있다는 장점이 있다.

유목화한 후 반 전체 학생들과 토론을 이어간다. 질문을 함께 살펴본 후 계열성이 느껴지는 경우 내용 계열성에 따라서 질문에 대해서 토론을 할 수도 있고, 한 가지 주제에 대해서 병렬적인 질문들이 나오는 경우 순서에 상관없이 유연하게 토론을 진행할 수도 있다.

전체 토론의 진행 방식은 다양할 수 있다. 전체 토론의 기본적인 진행 방식으로 찬반 토론 형태가 있다. 예를 들면 '모든 이차방정식에는 해가 있을까?'라는 질문에 대해서 학생들의 의견이 '있다'와 '없다'로 나뉘게 된다. '있다 팀'과 '없다 팀'의 찬반 토론 형태로 전체 토론을 이어나갈 수 있다. 모든 질문에 대해서 충분히 토론이 이루어지면 수업을 마친다.

| $1.01^{300} = 37.8$ | IV. 이차함수 | 활동지 6 |
| $0.99^{300} = 0.03$ | 2. 이차함수의 최댓값과 최솟값 2-1. 이차함수 $y = ax^2 + bx + c$의 최댓값과 최솟값 | 3학년 반 번 이름: |

배움 주제 : 이차함수의 최댓값과 최솟값을 구할 수 있다.

1. 이차함수 $y = ax^2 + bx + c$의 최댓값과 최솟값에 대해서 토론해보자. [모둠활동]

① 이차함수 $y = x^2 + 2$의 그래프는 <그림 1>과 같이 꼭짓점의 좌표가 (0, 2)이고, 아래로 볼록한 포물선이므로 함숫값은 항상 2 이상이다. 따라서 이차함수 $y = x^2 + 2$의 함숫값 중에서 가장 작은 값은 $x = 0$일 때 $y = 2$이다.

② 그러나 x의 값이 한없이 커지거나 작아질 때 함숫값은 한없이 커지므로 가장 큰 함숫값은 없다.

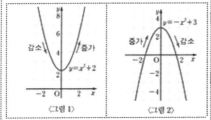

<그림 1>   <그림 2>

③ 또 이차함수 $y = -x^2 + 3$의 그래프는 <그림 2>와 같이 꼭짓점의 좌표가 (0, 3)이고, 위로 볼록한 포물선이므로 함숫값은 항상 3 이하이다. 따라서 이차함수 $y = -x^2 + 3$의 함숫값 중에서 가장 큰 값은 $x = 0$일 때 $y = 3$이다.

④ 그러나 x의 값이 한없이 커지거나 적어질 때 함숫값은 한없이 작아지므로 가장 작은 함숫값은 없다.

⑤ 이와 같이 어떤 함수에서 모든 함숫값 중 가장 큰 값을 최댓값, 가장 작은 값을 최솟값이라고 한다.

⑥ 예를 들어 이차함수 $y = x^2 + 2$의 최솟값은 $x = 0$일 때 2이고, 최댓값은 없다. 또 이차함수 $y = -x^2 + 3$의 최댓값은 $x = 0$일 때 3이고, 최솟값은 없다.

나의 질문 만들기

( )의 질문쓰기/ 자신의 생각쓰기
Q :
A :

( )의 질문쓰기/ 자신의 생각쓰기
Q :
A :

( )의 질문쓰기/ 자신의 생각쓰기
Q :
A :

나의 질문에 대한 토론 후 자신의 생각쓰기
(다른 친구의 생각 참고해서)
나의 질문에 대한 친구들의 의견적기

베스트 답변자 ( )
친구들의 이야기를 듣고 나의 생각정리 하기

함수 단원에서도 다양한 방법으로 모둠 하브루타 수업 모형을 적용했다. 왼쪽의 활동지*는 이차함수의 최댓값과 최솟값을 구하는 차시에서 모둠 하브루타 수업 모형을 적용한 것이다. 텍스트는 교과서 내용을 가져와서 편집했다.

교과서 텍스트를 문단별로 번호를 붙여서 나눴는데, 이를 짝꿍끼리 소리 내서 번갈아 가며 읽는다. 번갈아 가며 소리만 내서 읽는 것이 아니라 읽는 도중에 생기는 질문이나 이해가 안 되는 점들을 서로 설명한다. 이 과정에서 생기는 질문을 활동지 오른쪽 첫 번째 칸인 '나의 질문 만들기'에 작성한다. 교사는 교실을 순회하면서 짝끼리 해결이 안 되는 질문이 있거나 어려운 문장이 있는 경우 학생들의 이해를 돕기 위해서 보충설명을 해주기도 한다.

학생들이 '나의 질문 만들기'까지 진행하면 모둠끼리 만나서 각자 만든 질문을 공유하고 질문을 만든 사람의 이름과 질문 내용을 활동지에 기록한다. 질문 내용을 기록한 후 모둠원들의 질문에 대해 자신의 생각을 쓰고, 이를 바탕으로 모둠 토론을 진행한다. 모둠 토론이 끝나면 베스트 질문을 하나 뽑아 칠판에 붙인다.

앞의 이차방정식 수업 사례와 마찬가지로 모둠의 베스트 질문을 칠판에 게시한 후 반 전체 학생을 대상으로 전체 토론을 이어나간다. 사진에 점선으로 표시된 부분은 교사가 전체 토론을 진행하면서 한 메모이다. 예를 들면, 'a의 값에 따라 최댓값과 최솟값은 어떻게 생길까?'라는 주제로 전체

---

* 경기도교육청(2017), 「책 읽는 교실 함께하는 독서토론」, 하브루타 & 공동탐구 독서토론 활동지, p.55 참고

5장. 하브루타, 자기 생각과 타인의 생각을 비판적으로 숙고하는 질문과 대화 **239**

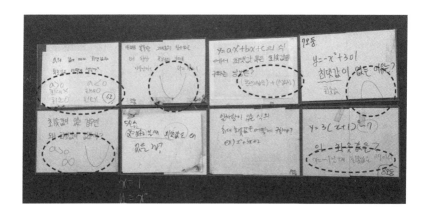

토론을 했을 때, 처음 몇몇 학생이 문자 a 대신 구체적인 수를 예로 들어 각각 최댓값과 최솟값을 갖는 경우를 제시했다. 학생들이 발언을 이어나가면서 최댓값과 최솟값을 결정하는 것이 a 의 부호라는 의견이 도출되었고, $a > 0$ 인 경우는 최솟값을, $a < 0$ 인 경우에는 최댓값을 갖는다는 것에 합의했다. 이를 발전시켜 최댓값과 최솟값을 동시에 갖는 경우도 있는지에 대해 토론한 반도 있었다.

학생들이 기록한 활동지와 학생들이 토론 과정에서 나눈 대화를 교사가 메모한 것, 칠판에 붙인 베스트 질문을 사진 등으로 남겨 이를 바탕으로 교과세부능력특기사항에 기록해두면 수업에서 실제로 나눈 생생한 지식의 구성과정을 생활기록부에 남길 수 있다. 학생들이 토론을 시작하면 교사는 학생들이 나눈 대화를 기록하는 데 좀 더 시간을 쓸 수 있어서 학생들에게 좀 더 좋은 기록과 평가를 진행할 수 있다는 장점이 있다.

하브루타 수업 활용하기

수학 교과에서 토론은 수학적 의사소통 능력과 수학적 사고 능력, 창의성, 탐구 능력을 기르는 데 도움이 된다. 특히 하브루타의 경우 짝 토론, 모둠 토론 등 다양한 형태로 활용할 수 있다는 장점이 있다. 학생들의 특성과 단원의 특성을 고려하여 수업을 적절하게 구성할 수 있기 때문에 학생들의 참여도를 높일 수 있고 이는 수업의 활기로 이어진다. 학생들이 적극적으로 참여하는 수업을 통해 학생들은 교사 한 명이 줄 수 있는 지식을 넘어서 다양한 지식을 직접 구성하고 발견하며 즐겁게 수업에 참여한다.

모둠 활동을 진행하는 것이 부담스럽다면 가볍게 질문 제시 하브루타 수업 모형을 적용해보길 추천한다. 활동지를 제작할 때 차시의 내용과 관련된 다양한 자료를 읽어보고, 하브루타 수업에 적합한 4쪽 정도의 분량의 텍스트를 찾아 편집한다. 따로 텍스트를 찾는 시간이 부족하다면 교과서를 약간 편집하는 것만으로도 하브루타 수업을 진행할 수 있는 텍스트를 구성할 수 있다. 하브루타 수업에 사용할 텍스트를 정했다면 텍스트를 바탕으로 질문을 구성하여 활동지에 넣으면 된다. 막연하게 토론을 시작하는 것이 아니라 교사가 제공하는 텍스트를 읽고 토론을 시작하기 때문에 학생들은 짝과 질문을 주고받는 것만으로도 대부분의 질문을 해결할 수 있다.

학생들이 하브루타를 하면 교사는 학생을 관찰하는 데 집중할 수 있다. 수업시간에 학생들이 토론하는 모습을 관찰하여 순회지도할 때 직접 기록할 수 있고, 학생들이 대화를 활동지에 기록하기 때문에 활동지를 보면 수업시간에 어떤 대화를 나누었는지 알 수 있다. 이를 바탕으로 생활기록부 교과세부능력 특기사항란에 적어준다면, 수업과 기록을 일치시킬 수 있다.

수업에서 교사의 주도권을 잠시 내려놓고 학생이 스스로 탐구하는 것을 옆에서 도와주는 조력자의 역할을 해보자. 교사가 수업의 전반적인 부분을 주도하지 않아도 각자의 역할이 명확히 정해져 있기 때문에 수업시간에 학생들이 적극적으로 참여한다는 큰 장점이 있다. 학생들은 생각보다 스스로 탐구하는 것을 즐거워하고 이 과정에서 다양한 지식으로 생각이 확장되며 수학을 탐구하는 자세를 배울 수 있다.

교육과정 성취기준 속으로

2015 개정 수학과 교육과정에서는 교육과정의 성취기준 진술문을 '내용'과 '기능'을 합쳐 진술함으로써 보다 구체적으로 탐구 역량 강화를 추진했다. '기능'은 수업 후 학생들이 할 수 있거나 할 수 있기를 기대하는 능력으로 교과 고유의 탐구과정 및 사고 기능을 포함한다. 2015 개정 교육과정에서는 이해하기, 계산하기, 판단하기, 표현하기, 문제 해결하기, 활용하기, 검토하기, 해석하기, 그래프 그리기, 탐구하기, 설명하기, 작도하기, 판별하기, 추론하기, 정당화하기, 수집하기, 정리하기, 표 만들기의 기능이 제시되어 있다. 하브루타 수업을 통해서 2015 개정 교육과정에서 제시한 다양한 기능을 습득할 수 있다. 제시된 기능 중 하브루타 수업과 직접적인 관련이 있는 것으로 '이해하기, 표현하기, 문제 해결하기, 탐구하기, 설명하기, 판별하기, 추론하기, 정당화하기'를 찾아볼 수 있다.

지금까지 살펴본 하브루타 수업의 수학과 2015 교육과정 성취기준을 소개한 순서대로 나열하면 다음과 같다.

[9수01-01] 소인수분해의 뜻을 알고, 자연수를 소인수분해 할 수 있다.
[9수04-13] 도형의 닮음의 의미와 닮은 도형의 성질을 이해한다.
[9수02-13] 이차방정식을 풀 수 있고, 이를 활용하여 문제를 해결할 수 있다.
[9수03-10] 이차함수의 그래프의 성질을 이해한다.

예를 들면 '[9수02-13] 이차방정식을 풀 수 있고, 이를 활용하여 문제를 해결할 수 있다' 라는 성취기준에 도달하기 위해 하브루타 수업을 하게 되면 '문제 해결하기' 기능을 습득하는 것과 더불어 수학적 사실을 추측하고 논리적으로 분석하고 정당화하며 그 과정을 반성하는 추론 역량, 수학 지식이나 아이디어, 수학적 활동의 결과, 문제 해결 과정, 신념과 태도 등을 말이나 글, 그림, 기호로 표현하고 다른 사람의 아이디어를 이해하는 능력인 의사소통 역량, 수학의 가치를 인식하고 자주적 수학 학습 태도와 민주 시민 의식을 갖추어 실천하는 능력인 태도 및 실천 역량을 기를 수 있다. 꾸준히 하브루타 수업을 적용한다면 수업 과정에서 학생들이 다양한 역량을 효과적으로 기를 수 있을 것이다.

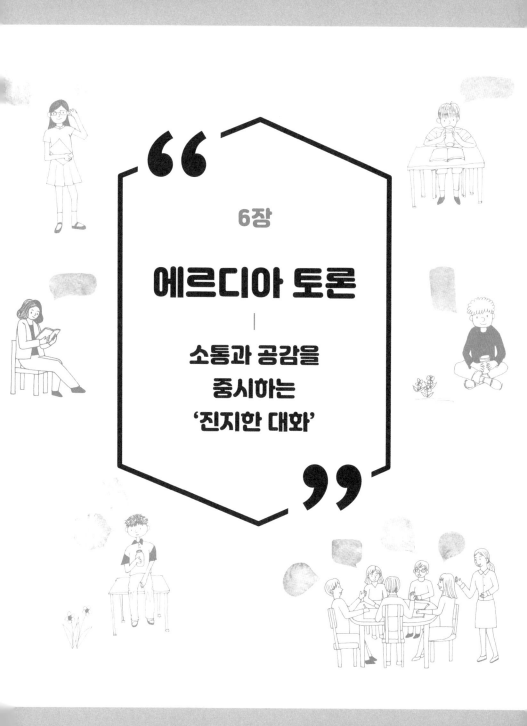

6장

에르디아 토론

―

소통과 공감을
중시하는
'진지한 대화'

의사소통 능력을 기르는
에르디아 토론

고영애, 관양고등학교

에르디아 토론이란 무엇인가?

에르디아(ERDIA)는 책을 읽고 함께 대화하는 것을 통해 배움의 재미를 깨닫고 자신의 가능성을 발견하는 청소년 독서토론 동아리에서 시작한 이름*이다. ERDIA는 'ernst'와 'dialog'의 독일어에서 유래했으며, '진지한 대화'라는 뜻이다. 에르디아 토론은 소통, 공감 등 정의적 요소를 중시한다. 즉, 주제에 대해 다양한 생각이 존재함을 알게 하고, 자신의 생각을 말할 수 있도록 최대한 기회를 주며, 자신의 삶으로 연결하는 성찰까지 편한 분위기에서 진행된다.

또한 에르디아 토론은 글이나 그림 등으로 흔적을 남기는 토론이다. 토

---

*   청소년들과 독서토론을 하고자 최송일 선생님이 만든 단체인 에르디아 모임에서 에르디아 토론이 시작되었다. 각 지역의 에르디아 모임과 책함성 연수에서 진행되는 독서토론의 모형이 바로 에르디아 토론이 된 것이다.

론이 말로만 진행되는 것이 아니라 글이나 그림 등으로 자신의 생각을 표현한 후 분임 또는 전체와 지속해서 공유하면서 진행되는 토론이다.

왜 에르디아 토론인가?

토론이란 어떤 문제에 대하여 여러 사람이 각자 의견을 말하여 논의(어떤 문제에 대하여 서로 의견을 내어 토의함)하는 것이다. 에르디아는 주제에 대해 다양한 질문을 만들어 그중 가장 궁금한 것에 대해 함께 생각을 나누는 것이다. 질문 중 열린 질문이나 찬반, 또는 선택을 묻는 질문에 대하여 쓰면서 토론이 진행된다.

에르디아 토론은 쓰면서 하는 토론이다. 주제나 질문에 대해 먼저 자신의 생각을 기록하고 기록한 내용을 공유하면서 토론을 한다. 따라서 상대방의 의견을 요약하면서 긴장감을 가지고 들을 필요가 없이 편안한 분위기에서 토론에 참여한다. 왜냐하면 상대방이 적은 의견은 언제든지 볼 수 있으며 상대방의 관점을 인정하기 때문이다. 쓰면서 하는 토론은 참여도를 높여주는 효과도 있다. 자신의 생각을 쓰면서 충분히 시간을 가질 수 있으며, 글로 적은 내용을 보며 말하게 하여 토론에 동등하게 참여할 수 있다. 한두 명이 독점하거나 순발력이 뛰어난 사람만 참여하는 것이 아니라 여러 사람에게 토론의 기회가 주어진다. 학생들의 경우 쓰면서 또는 쓴 다음 토론을 했을 때 편하게 자신의 의견을 말한다.

에르디아 토론을 통해 학생들에게 기대되는 효과는 소통과 공감이다. 즉 의견을 공유하고 대안을 탐색하는 토론, 생각을 나누고 다양한 생각과 주장이 존재함을 인정하고 확인하는 토론이다. 그러기 때문에 토론에 참여한 사람들의 모든 의견은 동등하며, 모든 의견은 귀중하다는 가치를 중요하게 여긴다.

또한 에르디아 토론은 생각, 공유, 성찰 과정의 연속이다. 주제에 대해 함께 생각하고, 궁금한 내용은 질문으로 만들어 서로의 다양한 생각을 공유하며, 자신의 삶과 연결성을 찾는 성찰로 연결한다. 그 과정에서 끊임없는 대화, 질문, 토론, 토의, 그리고 다시 대화 등으로 자유롭고 역동적으로 움직인다. 이 과정에서 자신이 생각하지 못한 관점과 방향에서 다시 한번 생각하고 의미를 되새기며 다양한 관점이 필요함을 느끼게 된다. 그리고 교사의 일방적인 가르침이 아닌 친구들과의 대화를 통해 배우는 경험을 하게 된다. 또한 이 과정이 긴장되는 시간이 아닌, 편하게 대화에 참여하는 시간이 되도록 만드는 점이 에르디아 토론의 특징이다.

에르디아 토론은 어떻게 하는가*?

1단계. 관계 맺기

관계 맺기 활동은 토론의 참여자들에게 편안한 분위기를 만들어주는 활동이다. 일반적으로 토론은 긴장감과 거리감을 느끼게 한다. 그러나 에르디아 토론에서는 함께 토론하는 사람들과 조금이라도 친밀하게 만들고 기대감을 느끼게 한다. 이 활동을 통해 서로를 탐색하여 어색함과 딱딱함

---

*   에르디아토론디자인연구소(2016), 책함성 독서토론 워크북(v.4.1), pp.36~40 참고

없애고 누구의 의견이든 그 자체로 수용해준다는 서로에 대한 신뢰의 분위기를 조성할 수 있다. 관계 맺기는 토론에 참여하는 사람들과의 관계만을 의미하지 않고 주제와 관계를 맺을 수 있도록 안내하는 것도 포함한다. 이를 위해 자기소개, 아이스브레이킹, 토론을 통해 기대하는 바, 우리만의 그라운드 룰(토론의 규칙) 등을 함께 정하고 나눈다. 그중 아이스브레이킹이 가장 많이 활용된다. 말하는 가위바위보, 미로 찾기, 협력 박수 등이 있다. 관계 맺기 활동이 잘 이루어지면 이어지는 활동에서 보다 활발한 참여와 경청이 가능해진다. 단순히 친교를 위한 활동이 아니라 토론의 주제나 방향과도 연결이 될 때 보다 의미가 있다.

2단계. 느낌 말하기

토론 주제에 대한 느낌을 공유하는 단계이다. 운동을 하기 전 스트레칭과 같은 단계이다. 처음부터 어려운 질문으로 토론을 시작하면 참여하는 데 어려움을 느낀다. 따라서 주제에 대한 생각을 편하게 표현하면서 다른 사람들의 느낌에 공감하고 있음을 나타낼 수 있는 방법을 사용한다. 또한 느낌을 표현하는 방식이나 범위는 제한이 없이 단어나 그림으로도 표현할 수 있으며 중요한 것은 다른 사람들의 감정이나 느낌을 충분히 공감하도록 한다.

여기에의 느낌이란 생각을 표현하는 것이다. 즉, "○○하면 떠오르는 생각은?", "○○은 어떤 내용일까?"를 나누는 활동이다. 이를 위해 다양한 사진으로 표현하기, 그림으로 표현하기, 잡지로 표현하기, 책에서 문장 찾아 표현하기 등의 방법을 사용할 수 있다.

3단계. 키워드로 표현하기

토론 주제에 대한 핵심적인 내용을 찾는 활동이다. 느낌 말하기가 주제에 대해 가볍게 그리고 넓게 생각하는 것이라면, 키워드로 표현하기는 좀 더 핵심적인 내용이 무엇인지 깊게 탐색하는 단계이다. 주제와 관련하여 하나의 단어로 표현하면 바로 키워드가 된다. 이 키워드는 곧 생각의 창문이며, 세상을 보는 눈이다. 따라서 관심사나 배경지식, 경험에 따라 키워드가 다르게 나타난다.

자신의 키워드와 다른 사람들의 키워드를 비교하며 다양한 관점을 가지게 된다. 이 과정에서 자신과 다른 주장이나 생각을 인정하고 수용하게 만든다. 그래서 스스로 더 생각하면서 다양한 관점을 생성하게 되고 주제는 다양한 의미로 확장될 수 있음을 경험하게 된다.

4단계. 질문 만들기

토론 주제에 대해 지적 호기심을 가지고 다양한 질문을 만드는 활동이다. 에르디아 토론에서는 느낌 나누기와 키워드로 표현하기의 단계를 거치면서 학생 스스로 질문을 만들 수 있는 기반을 마련해준다. 다시 말하면, 교사가 아닌 학생들이 토론할 질문, 생각거리가 있는 질문을 만들어내도록 주도권을 넘긴다.

학생들이 스스로 질문을 만들면서 생각 근육이 발달한다. 궁금해하는 것, 이해할 수 없는 것, 동의할 수 없는 것 등을 질문으로 만들고, 그 과정에서 생각의 잔 근육과 속 근육이 발달하는 것이다. 즉, 질문은 생각 근육을 단련시켜 생각하는 힘을 키운다.

에르디아 토론에서는 브레인스토밍을 통해 질문을 만든다. 그리고 하나의 좋은 질문을 만들게 하지 않고, 많은 질문을 만들게 한다. 처음부터 좋은 질문을 만들려고 하면 하나의 질문도 만들지 못하는 경우가 많다. 그러나 많은 질문을 만들기 위해 다양한 질문을 만들다 보면, 질문에서 파생되는 또 다른 질문을 만들게 된다. 그 과정이 반복되면서 자신도 모르게 보석처럼 반짝이는 좋은 질문을 만들 수 있다. 또한 질문을 만들다 보면 자신도 모르게 질문에 대한 답을 생각하게 된다. 질문에 답을 하면서 또 다른 새로운 질문을 만들게 된다.

5단계. 쓰면서 토론하기

주제나 질문이 결정되면 본격적으로 토론을 한다. 에르디아 토론은 눈과 귀로 하는 토론이다. 즉, 자신의 생각을 다양한 방식으로 표현하며 토론하는 것이다. 붙임 종이를 이용하여 말하기 전에 기록한 후 발표하거나, 글과 그림으로 자신의 생각을 다양하게 마음껏 표현한 뒤 의견을 나눈다.

쓰면서 토론하기는 생각을 종이에 쓰면서 정리할 수 있는 시간을 제공해주기 때문에 순발력이 뛰어나지 않은 사람에게는 좀 더 편안함을 줄 수 있다. 그와 함께 자신의 생각을 정리하여 적었기 때문에 토론에 보다 적극적으로 참여할 수 있다. 또한, 특별히 논리적으로 말을 잘하거나 성적이 우수한 사람이 먼저 발표를 한 경우, 다른 사람들은 말을 하려고 하지 않고 고개만 끄덕거리는 경우가 많은데 쓰면서 토론하기는 이와 같은 문제를 해결하는 데 도움이 된다.

큰 종이에 자연스럽게 의견을 적거나 그림으로 표현하면서 하는 경우에는 더욱 편하게 대화하듯이 토론이 진행되기도 한다. 마지막으로 쓰면서 토론을 하면 자신들이 어떠한 이야기를 나누었는지와 다른 자리에서는 어떤 토론을 했는지를 공유하는 데 도움이 된다.

단, 쓰면서 토론하는 과정에서 다른 사람의 의견을 함부로 판단하지 않아야 하며, 다양하고 좋은 아이디어를 찾는 과정이 중요함을 주지시켜야 한다. 또한 결론이나 토론 결과물은 학생들이 스스로 정리하되 협력하여 정리하도록 한다.

6단계. 성찰하기

많은 활동과 토론을 마친 후 배운 점은 무엇인지, 느낀 점은 무엇인지, 더 나아가 실천할 점은 무엇인지 성찰하는 단계이다. 토론이 토론으로 끝나지 않고, 배움이 실천으로 연결되기 위해서는 성찰의 단계가 필요하다.

'배운 점, 느낀 점, 실천할 점'은 에르디아 토론의 꽃이다. 배우고 느낀 것을 가슴 속에만 담고 있는 것이 아니라 우리의 삶에 적용하도록 실천까지 생각하는 것이다. 머리와 가슴 속에 있는 것을 실천하면서 성장하기를 바라는 의미가 숨어 있다. 특히, 실천할 점은 한 주 이내 실천 가능한 아주 구체적인 내용으로 작성하게 하거나 진로와 관련하여 어떤 점을 실천할 것인지에 대한 다짐을 기록하는 것이 의미가 있다.

또한 성찰한 내용을 토론에 참여한 사람들이 서로 공유하면서 보다 풍성해짐을 느끼게 된다. 그래서 토론이 왜 필요한지, 토론의 과정이 얼마나 중요한지를 확인하게 된다.

Q & A

Q. 에르디아 토론은 언제 하는 것이 좋은가?

A. 에르디아 토론은 의견을 공유하는 토론이며 대안을 탐색하거나 진리를 탐구하는 목적으로 사용하는 것이 좋다. 따라서 독서 토론 시간이나 독서토론 캠프 등에 적합하다. 또한 학교 공동체 안에서 토론회를 진행할 때도 편하게 다양한 의견을 나눌 수 있게 해준다. 특히, 쓰면서 하는 토론과 성찰하는 활동까지 했을 때 토론의 결과 공유가 용이하며, 토론의 결과를 어떻게 실천할 것인가까지 고민함으로써 삶으로의 실천까지도 이어질 수 있다.

Q. 에르디아 토론을 1차시 안에 진행할 수 있는가?

A. 에르디아 토론은 6단계로 진행된다. 실제 학교 수업시간인 45~50분 안에 6단계를 모두 진행하는 것은 어렵다. 6단계를 실질적으로 의미 있게 진행하기 위해서는 최소 2차시 이상의 시간이 필요하다. 그러나 일반적인 수업시간에 1차시로 적용하고 싶다면, 6단계 중 수업의 목적에 맞는 과정을 2~3개만 연결하여 진행하면 된다.

예를 들면, 일반 교실에서 학생들의 관계가 잘 형성되어 있다면 1단계인 관계 맺기를 하지 않고 다음 단계로 넘어가도 문제가 없다. 그래서 키워드로 표현하기—질문 만들기—쓰면서 토론하기를 하고 성찰하기를 과제로 부여하는 방식으로 한다면 1차시 안에서도 충분히 할 수 있다.

Q. 쓰면서 토론하기에는 무엇이 있는가?

A. 쓰면서 토론하기에는 다양한 방법이 사용된다. 붙임 종이를 사용하거나 전지 등의 큰 종이를 사용한다. 여기에 월드카페 토론, 바람개비 토론 등 다양한 형식의 토론을 활용할 수 있으며, 마인드맵, 써클맵, 핑거맵 등 다양한 씽킹맵을 활용할 수도 있다.

에르디아 토론
_사회

강현순, 백현중학교

1단계. 관계 맺기

누구에게나 첫 만남, 첫 수업은 중요하다. 학생과 학생에게도 중요하고, 학생과 교사에게도 중요하다. 짝에 대한 관심, 수업에 대한 학생의 기대, 교사의 수업 의도 등을 파악할 수 있고 래포(rapport)를 형성할 수 있는 시간이기 때문이다. 특히, 모둠 수업을 준비한다면 관계 맺기는 더욱 중요하다.

모둠을 구성하는 방법은 제비뽑기나 담임교사가 배치한 자리를 그대로 활용하여 책상만 이동하는 방법, 성적이나 기타 기준에 따라 의도적으로 배치하는 방법 등 교사가 어떤 수업을 기획하느냐에 따라 다양한 방법 중에서 선택할 수 있다. 가장 간단한 방법은 앉은 자리에서 책상만 이동하여 4인 모둠을 구성하는 것이다. 하지만 여러 차시를 지속적으로 모둠 활동을 할 예정이라면 교과시간에 따로 구성하는 것이 좋다.

먼저, 모둠을 구성해보자. 각 모둠의 모둠장은 모둠수와 동일한 인원만큼 지원받는다. 지원받아 선정된 모둠장은 모둠원 한 명을 지명할 수 있다. 그리고 나머지 모둠원 두 명은 지명받지 않은 학생들이 거꾸로 지원할 모둠을 선택한다. 이렇게 하면 학생들의 선택이 많이 반영되기 때문에 모둠구성에 대한 불만족이 줄어든다. 하지만 어떤 방법으로 구성하더라도 교사와 학생을 모두 만족시킬 수는 없다. 따라서 관계 맺기를 통해 모둠원의 친밀감을 향상시키고 미흡한 부분을 보완해야 한다. 특히, 제비뽑기나 번호, 분단 별로 모둠을 구성할 때는 관계 맺기에 더욱 공을 들여야 한다. 다양한 모둠 활동을 통해 의견을 표현하고 대화를 해야 하는 에르디아의 특징 때문이다.

에르디아는 무엇보다 편안한 대화가 되어야 한다. 어색한 관계에서는 자신의 가치판단을 표현해야 하는 경우 자칫 학생들이 침묵으로 일관하거나 건성으로 말할 가능성이 크기 때문이다. 짝 토론 수업에서 관계 맺기 단계 없이 어색한 관계를 고려하지 않고 진행했다가 토론 활동이 전혀 되지 않아 낭패를 본 적이 있다. 진도의 압박 때문에 관계 맺기 단계를 건너뛰고자 하는 유혹에 빠지기 쉽겠지만, 학생들이 새 학년, 새 모둠, 새 짝꿍과 편안하게 대화하기 위해서는 관계 맺기 단계를 절대 그냥 넘겨서는 안 된다.

관계 맺기의 첫 번째 활동은 '모둠원 역할 부여 및 수업 활동 규칙 세우기'이다. 모둠 구성 시 선택을 존중했기 때문에 모둠원끼리 만족도는 높고, 적극적으로 지원한 모둠장들이 각 모둠으로 퍼져 있어 대체로 고르게 적극성을 보이지만 친밀감이 높아 잡담을 할 수 있다. 잡담으로 이어지지 않도록 내·외적인 장치가 필요하다.

내적인 장치로는 모둠원마다 역할을 주는 것이다. 대화가 주제에서 벗어나지 않게 하고 모둠장의 역할을 하는 이끔이, 모둠 활동 내용을 대표로 적을 경우 펜을 잡는 기록이, 모둠원이 발표하면 격려하고 칭찬하여 발표 분위기를 띄우는 칭찬이, 활동 도구들을 정리하고 챙기는 지킴이의 역할을 각각 부여하고 역할에 충실할 수 있도록 각자의 역할을 반복적으로 상기시켜 자율적으로 모둠 활동에 집중할 수 있도록 한다.

　외적인 장치로는 스스로 수업 활동의 규칙을 만들어 발표하게 하는 것이다. 에르디아 토론은 대화가 중요하지만, 잡담이 되어서는 안 된다. 주제에서 벗어나지 않고, 토론에 집중하기 위해서는 최소한의 규칙이 필요하다. 이 규칙을 교사가 제시하지 않고 각 모둠원이 스스로 알아서 정하는 것이다. 학생 스스로 의견을 내어 정한 규칙은 사뭇 의미가 다르다. 교실 벽에 게시해서 항상 볼 수 있게 하면 '우리의 수업 규칙이 뭐지?' 하는 교사의 짧은 말에도 서로 챙기고 약속을 되뇌며 자제한다.

△△　　　선생님, 애는 말도 안 되는 규칙을 써요. '너나 잘해' 래요.

교사　　　아, ○○이는 왜 그런 규칙을 썼어요?

○○　　　저하테 자꾸 뭐라고 해서요. △△는 칭찬이인데, 칭찬은 안 해주고 뭐라 하니까 그렇게 썼어요. 자기의 역할은 약속이잖아요.

교사　　　와, 그래. ○○이가 선생님의 생각을 정확히 알고 있구나. 그런데 규칙을 조금 거칠게 표현해서 오해가 생긴 거 같아. 역할을 잊지 말고 각자의 역할을 잘해야 모둠 활동이 잘 이루어지지. 이 약속은 굉장히 중요해. ○○이가 아주 잘했어요. 하지만 오해가 생기지 않고 자신의 의도가 잘 전달될 수 있도록 부드러운 표현으로 바꿔보자. 의사소통을 하려면 내 의도가 잘 전달되어야 하는 게 첫 번째이니까? 그럴 수 있지?

모둠이 지켜야 할 규칙을 쓰라고 하면 '핸드폰 제출하기, 화장 안 하기' 등 교칙 수준부터 '각자 역할 잘하기, 떠들지 않기, 욕하지 않기' 등 소소한 것까지 다양하게 나온다. 앞의 사례처럼 규칙으로 넣기에 적당하지 않은 문장도 눈에 띈다. 그래도 교사는 모두 허용하며 인정해주어야 한다. 서로 존중하고 예의를 지키며 자신의 의견을 편안하게 낼 수 있는 분위기를 조성하는 것이 무엇보다 중요하기 때문이다. 이런 갈등에서 한두 번 교사가 제한하고 꾸짖으면 학생들은 대화를 멈춰버린다. 어색한 규칙은 선정하는 과정에서 다듬어진다. 논의가 길어질수록 규칙은 깊이 고민하고 내재화되며 잘 잊히지 않는다. 스스로 만든 규칙이 게시되고 반 전체가 함께 지켜가는 분위기가 조성된다면 학생들의 자존감은 높아진다.

　규칙을 정하는 방법을 좀 더 자세히 설명해보자. 메모지에 개인당 1~2개의 규칙을 쓰고 A4 종이에 하나씩 붙인다. 우선, 자신이 적은 규칙이 중요한 이유를 돌아가면서 이야기한 다음 우리 모둠원에게 가장 필요하고 지켜져야 한다고 생각하는 규칙에 별(★) 표를 하며 이유를 설명한다. 그리고 모둠이 최종으로 선정한 규칙을 A4 종이에 기록이가 다시 적고, 이끔이는 선정된 규칙과 선정 이유를 발표한다. 마지막으로 교실 벽 한쪽에 붙이고 공유한다.

　수업 규칙 세우기 과정에서 짧은 토론이 이루어진다. 별(★) 표를 한 규칙의 중요성을 설명하고 모둠원을 설득해야 한다. 이 과정에서 다른 구성원을 설득하기 위해서는 이유와 근거가 있어야 한다는 것을 경험하게 된다. 또, 토론이 특별한 것이 아니라 주변에서 많이 경험하는 일상임을 인지하게 된다. 이러한 과정이 민주주의이며 민주시민으로서 갖추어야 할 자질임을 교사가 자연스럽게 설명할 수 있다. 규칙을 지키는 것은 불편한

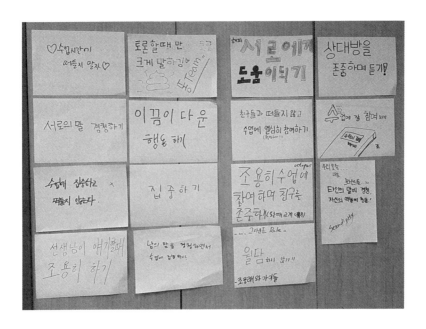

것이 아니라 나와 우리의 권리를 지키고 민주주의 질서를 완성하는 과정임을 알게 된다.

관계 맺기 두 번째 활동은, 친구를 소개하는 네임텐트 만들기*이다. 수없는 꽃 중에서 이름을 불러주면 특별한 꽃이 된다는 시가 있다. 누구를 소개하는 것은 단지 인사의 의미뿐 아니라 나를 알리고 상대를 알아가는 것이다. 서로를 하나의 인격체로 존중하고 소중히 여기게 되는 시발점이 된다. 나와의 공통점과 차이점도 찾고, 무엇을 좋아하는지, 무엇을 원하는지, 지금 상태는 어떤지 등에 서로 귀 기울여주고 알아주는 것이 존중의 시작이다. 내 이야기를 누군가가 경청해준다는 것은 자존감 향상에 큰 도

---

*   에르디아토론디자인연구소(2016), 책함성 독서토론 워크북(v.4.1), p.7

움이 된다. 따라서 네임텐트 만들기는 관계 맺기에 더없이 좋은 활동이다. 네임텐트 만들기는 교사에게도 학년 초, 학생의 이름도 익히지 못하고 성향도 파악하지 못했을 때, 학생들을 알아가는 절호의 기회이다.

먼저, A4 종이를 삼등분 하여 네임텐트를 각자 접고 나란히 앉은 A와 B가 짝이 되어 서로의 네임텐트를 인터뷰하여 작성한다. 이름, 듣고 싶은 말, 모둠 내 역할 등 교사가 인터뷰 질문 목록을 먼저 정해 설명해준다. 목록에 따라 A가 B에게 질문하고, B가 대답하면 A가 요약, 확인한 다음 네임텐트에 적는다. 여기서 중요한 것은 A가 B의 대답을 들으며 바로 적는 것이 아니라, 한 번 더 요약설명 후 적는다는 것이다. 요약설명 후 적는 것은 자신이 잘 들었는지, 그 내용을 상대방에게 확인받는 과정이다. 상대가 말한 내용에 대한 집중과 존중 그리고 경청을 훈련하기 위한 장치이다. 이렇게 인터뷰하여 네임텐트가 완성되면 모둠 내에서 인터뷰한 사람을 소개한 후 자신이 만든 네임텐트를 짝에게 선물한다.

네임텐트는 가운데에 짝의 이름을 쓰고 네 귀퉁이에 교사가 제시한 질문에 대한 답으로 구성된다. 이때, 질문 중 하나는 '우리 수업에서 기대하는 점'을 반드시 넣는다. 학생이 수업에서 무엇을 기대하는지를 생각해보는 것은 교사의 학습목표 제시만큼이나 중요한 동기부여가 된다.

학생 A	요즘에 가장 듣고 싶은 말이 뭐야?
학생 B	'잘했어' 라는 말을 듣고 싶어.
학생 A	아, '잘했어' 라는 말을 제일 듣고 싶구나. 이유가 뭔데?
학생 B	응원 받고 나의 노력을 인정해주는 것 같아서 좋아.
학생 A	아, '잘했어' 라는 말이 나를 인정해주는 것 같아서 좋구나.

그치?

학생 B   응, 맞아.

앞의 대화는 상대방의 말을 반복하는 것 같지만, 인터뷰하는 학생이 한 번 더 요약설명 후 네임텐트에 적는 과정이다. 서로 인터뷰해서 작성을 마치면 이끔이부터 모둠원에게 자신의 짝을 네임텐트로 소개하는 '내 친구를 소개합니다(내친소)'를 진행한 후 네임텐트를 짝에게 선물한다. 이때 친구가 가장 듣고 싶은 말(예: 앞의 사례에서 '○○아, 잘했어')을 모둠원이 함께 외쳐주는 이벤트를 해주어도 좋다.

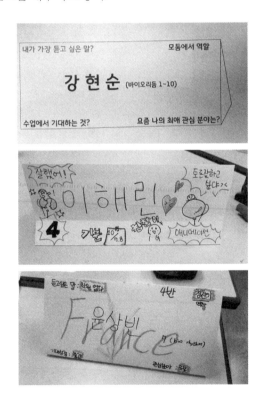

2단계. 느낌 말하기

본 수업은 2015 교육과정의 사회2의 인권 단원을 디자인했다. 인권 단원의 성취기준에서 알 수 있듯이, 인권보장의 중요성을 이해하고 사례를 보며 인권의 침해 여부를 파악할 수 있어야 한다. 인권이 무엇인지, 왜 중요한지, 인권 침해 상황은 어떤 경우가 있는지 등에 대해 우리 주변의 사례들과 연결하여 생각해보고자 했다. 교육과정 상 3학년 1학기 첫 단원에 해당하므로, 서로 어색한 학년 초에 상호존중을 기본으로 하는 에르디아 수업은 '인권'의 가치를 내면화하는 적절한 수업 활동 방법이다.

'인권'이라는 개념은 매우 추상적이어서 우리 주변의 사례를 함께 이야기하지 않으면 책 속에서만 존재하는 단어로 화석화되기 쉽다. 따라서 사례를 보여주어야 학생들이 쉽게 이해하고 삶에 적용할 수 있다. 이때 활용할 수 있는 자료는 무궁무진하다. 인권 관련 이야기가 담긴 간단한 영상물이나 그림책, 우화, 신화, 영화, 광고, 그림, 소설 등의 픽션물과 기사, 논설문, 사진 등과 같은 논픽션 자료도 모두 활용 가능하다. 단, 시간적 제약이 있으므로 쉽고 빠르게 읽을 수 있는 것이어야 한다.

본 수업에서 활용한 자료는 '동물농장'이라는 영상물과 『초코곰과 젤리곰』이라는 그림책이다. 좀 더 생각의 폭을 넓히고자 자료를 두 종류로 준비했지만, 수업 의도만 잘 설명한다면 시간을 고려하여 한 가지만 선택해 진행해도 무방하다.

첫 번째 자료는 국가인권위원회에서 만든 별별이야기 중 '동물농장'이다. '인권'이란 주제를 고려해 만든 작품이기 때문에 학생들도 쉽게 주제와 관련된 키워드를 찾을 수 있다. 주제를 너무 쉽게 찾아 느낌 나누기를 한 다음 곧바로 『초코곰과 젤리곰』 그림책을 읽었다. 그림책의 경우, 주제를 고려하지 않고 질문을 만들게 하면 질문이 너무 다양하고, 엉뚱하게 나온다. 하지만 주제를 금방 알 수 있는 '동물농장'과 연결하여 보여주니 그림책의 주제를 쉽게 찾아낸다. 예전의 수업에서 '동물농장' 영상이나 수업 의도 설명 없이 『초코곰과 젤리곰』 그림책으로 바로 진행한 적이 있었는데, 주제와 전혀 무관한 질문을 많이 만들어 수업 의도와는 전혀 다른 방향으로 흘러간 경우가 있었다. 그래서 이번에는 두 가지 자료를 모두 활용했다.

먼저, '동물농장'을 보고 간단히 느낌 나누기를 모둠별로 진행했다.

학생 1   대장은 너무 한 것 같아. 염소에 비해 어른이고 대장으로 사회적 지위도 있는데 어른답지 못하게 행동하는 것이 답답했어. 최소한 염소가 어떤 상황인지 이야기라도 들어봐 줘야지.

학생 2   맞아, 염소가 극단적인 선택을 하려던 것도 결국 아무도 도와주지 않았기 때문이야. 그리고 다른 양들도 문제야. 대장이 염소를 못 들이오게 했지만 함께 왕따를 시키잖아. 결국 공범이야.

학생 3   하지만 목장에도 룰이 있는데 그냥 들어가려는 염소도 욕심이 지나친 거 아냐? 울타리 안은 양들의 공간이잖아. 대가로 털도 깎여야 한다고! 그래서 주인이 먹이를 주는 건데, 염소가 그냥 얻으려고 하면 안 되지.

영상을 본 후, 자신의 느낌을 편하게 표현하도록 했다. 방법은 메모지에 간단하게 느낌을 쓰도록 한다. 쓰면서 생각을 정리하는 것이다. 그런 다음 모둠 안에서 이끔이부터 돌아가며 이야기한다. 먼저 느낌을 쓰게 하는 이유는 일단 쓰면서 생각을 정리하고 말하면 말하기를 어려워하는 학생도 좀 더 편안하게 말할 수 있기 때문이다. 물론 다른 친구들의 발표를 들으며 추가하거나 수정할 수도 있다.

다음은 두 번째 자료인 그림책을 모둠별로 읽고 느낌 나누기를 했다. 이때는 프리즘 카드를 활용했다. 프리즘 카드 중 그림책의 느낌과 가장 잘 연결되는 카드를 골라 그 이유를 설명하는 것이다.

학생 1   저는 이 사진을 골랐어요. 초코곰과 젤리곰이 버스를 타고 여행을 가는 기분이 어땠을까 생각해보니 이 사진이 그 기분을 가장 잘 표현하는 것 같아요. 쵸코곰과 젤리곰도 이때가 가장 행복했을 것 같아요. 희망이 있으니까요.

학생 2   저는 그림책의 색이 다양하고 젤리곰이 맛있어 보여서 이 사진을 골랐어요.

영상과 그림책을 본 후 느낌 말하기의 관건은 모둠 내에서 얼마나 편하게 자기 목소리를 내는가이다. 종종 말하기가 어색해 주춤하고 넘어가는 학생들도 있는데, 자신의 메모를 보며 이야기하는 것은 다소 부담이 적다. 게다가 무엇을 말할지 막막했던 학생도 선택한 사진과 느낌을 연결하며 좀 더 편안하게 말할 수 있다.

느낌 말하기의 정답은 없다. 누구의 발언도 틀리지 않다. 자기의 느낌에 집중하며 편하게 말할 수 있다. 느낌은 설득이 아니라 자기표현이다. 발표가 대화처럼 자연스럽게 느껴진다면, 느낌 나누기 단계의 목표가 성취된 것이다. 프리즘 카드 외에도 씨앗 카드, 낱말카드 등 다양한 카드를 활용할 수 있는데, 자신의 느낌을 가장 잘 나타내는 카드를 고르게 하고 그 이유를 설명하게 하면 된다.

3단계. 키워드로 표현하기

느낌 나누기를 하고 나면, 자료에 대한 생각이 조금씩 정리가 되어간다. 이제는 자료에서 독자나 사회에 주는 메시지를 찾아 키워드로 표현할 수 있다. 예전 질문 수업에서, 자료를 읽고 바로 질문을 만들어보게 했다. 하지만 자료를 주고 주제에 대한 고민 없이 바로 질문을 만들면 엉뚱한 질문이 꼬리에 꼬리를 물고, 수업이 자꾸 산으로 가는 난감한 상황이 발생한다. 키워드를 먼저 찾아보고 정리해보는 것은 이런 오류를 줄이는 중요한 장치이다. 교사가 수업에 자료를 갖고 온 이유, 학생들이 자료 속에서 찾아야 할 가치를 마치 체로 거르듯이 키워드를 선정하고 연관된 질문을 만들면 질문이 산만해지거나 엉뚱해지는 것을 막을 수 있다.

다음 질문은 다른 수업에서 키워드 단계 없이 바로 질문 만들기를 했을 때 학생들이 만들어낸 질문들이다.

- 뿔을 자르면서 아프고 피가 나지 않았을까?
- 염소와 양의 울음소리는 서로가 알아들을 수 있을까?
- 초코곰이 여자일까, 남자일까?
- 젤리곰이 낳은 아기의 무늬는 어떤 모양일까?

물론 이 나름대로도 의미가 있고 답을 찾아가다 보면 학생들이 배우는 것이 있다. 동아리 수업이나 자유학기 수업이라면 가능할 듯하다. 하지만 본 수업은 '인권'이라는 주제로 제한된 수업시간에 성취할 목표가 있다. 목표를 위해 체나 거름망의 역할, 질문의 갈 곳을 비추는 등대의 역할이 필요하다.

주제 관련 키워드를 표현하는 방법은 이렇다. 각자 메모지에 영상과 그림책을 보고 가장 먼저 떠오르는 단어, 행간에서 찾을 수 있는 가치, 저자의 메시지, 중요한 의미 등을 단어로 떠올린다. 그중에서 두 단어를 골라 메모지에 적고 모둠원과 돌아가며 이유와 함께 이야기를 나눈다.

학생 1　　　저는 키워드로 차별이란 단어를 선택했습니다. 양의 대장은 염소한테는 무섭고 나쁘게 대해요. 정체가 드러났을 때도 묻지도 따지지도 않고 도둑놈 취급해서 내쫓아버렸는데 뒤에 온 소나 닭들에게는 아무 소리도 못해요. 똑같은 이방인인데 다르게 대우하는 것은 엄연한 차별이에요.

학생 2　　　저는 존중이란 단어를 선택했어요. 초코곰도 젤리곰과 같은 과자 종류인데 젤리곰이 쓴 물을 흘러보내어 초코곰이 그 물에서 목욕을 해요. 초코곰은 젤리곰에 비해 존중받지 못하는 것 같아요.

학생 3　　　저는 어울림이라는 단어가 떠올랐어요. 우리는 모두 다른 개성을 지닌 사람들인데 색이 같다고, 겉모습이 같다고 자기편으로 삼고, 나와 다른 외모를 지닌 사람은 차별하는 것은 안 된다고 생각해요. 모두 함께 어울려 지내는 사회가 만들어져야 할 것 같아 어울림이라는 단어가 생각났어요.

학생 4   선생님, 저는 왕따라는 단어가 생각났는데요. 이런 단어도 키워드로 가능한가요?

교사   물론입니다. 따돌림도 여기서 생각해볼 여지가 있는 중요 단어이지요. 부정적인 느낌이든 긍정적인 느낌이든 함께 생각해볼 필요가 있다면 가능합니다.

개인별 1~2개씩 키워드를 적어 이야기를 나누다 보면, 7~8개의 키워드 중 서로 겹치기도 하고 나와 다른 키워드를 찾아낸 친구를 보며 놀라기도 한다. 이때 주의할 점이 있다. 키워드를 적으라고 하면 '대장, 초코곰, 염소' 등 등장한 인물이나 사물을 지칭하는 명사를 적는 경우가 있다. 잘못된 것은 아니지만, 가능한 한 내용과 연관된 추상명사, 가치를 표현하는 단어를 키워드로 찾도록 안내해야 한다. 이것만 잘 지킨다면 주제에 맞는 키워드로 표현하기는 더욱 잘 이루어질 것이다.

4단계. 질문 만들기

이제 본격적으로 질문을 만들어보자. 질문을 무작정 만들게 하면 학생들은 매우 당황한다. 어렸을 때는 끊임없는 질문을 해 혼나기도 했을 텐데, 크면서 어느 순간 질문을 하지 않게 되었다. 이제 다시 질문과 친해지게 해야 한다.

1. 개별 질문 만들어 전체 토론하기

먼저 '동물농장'을 바탕으로 개인당 질문을 5개씩 만들어보게 한다. 5개가 조금 부담스러울 수 있다. 첫째, 둘째 질문까지는 쉽게 나오지만 세 번째부터는 막히기도 한다. 그러면 자료의 내용을 되짚어보게 된다. 툭 튀어 나오는 질문이 아니라 고민이 필요하다. 또, 키워드를 살피고 키워드와 연관된 질문을 만들게 한다. 키워드는 질문 만들기의 징검다리가 된다. 그러다 보면 5개의 질문이 어느새 다 채워져 있다.

1. 자료를 보고 나의 질문을 적어 보세요.

	내가 만든 질문	★
1		
2		
3		
4		
5		

학생   선생님, 뭘 질문해야 할지 모르겠어요.

교사   우리가 키워드를 뽑아봤지요? 내가 만든 키워드를 보고 관련된 질문을 만들어보세요. 다른 친구들이 만든 키워드들도 질문을 만드는 징검다리로 활용해보세요. 질문을 만들고 질문의 꼬리를 잇는 질문을 연결해보는 것도 좋아요. 왜, 어떻게, 원인은, 대책은, 나라면? 등의 단어를 키워드와 연결해보면 다양한 질문이 나올 겁니다.

5개의 질문을 만든 후 자신의 질문 중 가장 괜찮은 질문에 별(★) 표를 한다. 그리고 전체가 공유하는 전체 토론을 한다. 전체 토론 방법은 간단하다. 발표하고 싶은 학생이 자신의 별(★)표 질문을 말하면 교사는 질문을 그대로 칠판에 적는다. 학생들이 말한 질문을 칠판에 순서나 종류와 상관없이 번호를 매기면서 그대로 적어 내려간다. 끝도 없이 질문이 계속될 것 같지만, 어느 정도 나오면 중복되는 질문이 생겨서인지 질문이 더 이상 나오지 않는다.

쏟아져 나온 질문을 살펴보면서 어떤 질문이 나왔는지 가볍게 짚어준다. 수업목표와 관련된 것도 있지만, 가볍거나 목표와 거리가 먼 질문들도 있다. 적힌 질문을 보고 함께 공유할 만한 가치로운 질문의 우선순위를 정한다. 우선순위는 학생들이 정한다. 그런 다음 선정된 질문에 대해 자기 생각을 표현하고 다른 학생의 생각을 들어본다. 지지 발언이나 반박도 해본다. 더 이상 추가 발언이 없다면, 다음 질문으로 넘어간다.

1. 대장이 지키려고 한 것은 무엇인가?
2. 양들 사이에 들어가려는 염소의 행동은 옳은가?
3. 대장은 왜 염소를 차버렸을까?

4. 대장은 왜 소에게는 그렇게 하지 않았나?

5. 옆에서 지켜보는 양은 무슨 생각을 했을까?

6. 자살 말고 방법은 없을까?

7. 우리에게 젖소 같은 존재는?

8. 대장은 마지막에 연못을 보며 무슨 생각을 했을까?

9. 강한 자가 지배하는 것(약육강식)은 옳은가?

10. 어른 양이 염소를 쫓아낸 것이 과연 옳은 행동인가?

11. 따돌림은 누구의 잘못일까?

12. 염소는 강물을 보며 무슨 생각을 했을까? 왜 자신에게 만족 하지 못했을까?

13. 염소는 어떻게 용기를 가질 수 있었고, 사회에서 염소로 비 유된 사람들에게 우리가 무엇을 해줄 수 있을까?

14. 왜 염소가 어린 양과 대화할 때 다른 양들이 막았을까?

학생 1   10번 질문에 대해 말하고 싶어요.

교사   다른 친구들도 동의하나요?

학생들   네.

학생 1   저는 대장의 행동이 옳지 않다고 생각합니다. 염소가 추위 에 떨면서 자살까지 시도하는데 그 정도 도와주는 건 할 수 있잖아요. 염 소에게도 생명권이 있잖아요. 서로 도와주어야죠.

학생 2   염소를 쫓아낸 것은 대장이 자신의 영역을 지키고, 자신의 권력을 지키기 위한 것이라고 생각합니다.

학생 3   대장은 한 집단을 대표하기도 하지만, 어른으로서 인성을 보여야 합니다. 어른으로서 아기 염소가 굶주려 힘들어한다면 좀 더 살펴보아야 합니다. 자기가 잘 먹고 잘 산다고 다른 사람의 어려움을 무시해서는 안 됩니다.

학생 4   대장 입장에서는 염소가 어리고 약자이긴 하지만, 자신의 영역을 침범한 외부인입니다. 그냥 방치할 수도 없지 않나요?

교사   염소의 생명권과 연결되는군요. 양 대장의 영역에 대한 권리와 염소의 생명권의 충돌이군요.

학생 4   다음 질문해도 될까요?

교사   아, 다른 질문으로 넘어갈까요? 여러분, 동의하나요?

학생들   네.

학생 4   11번과 12번은 비슷한 질문인 거 같아요. 결국 왕따는 왕따를 시키는 사람의 문제도 있지만, 본인의 문제도 크다고 생각해요. 스스로가 만족하지 못하고 갖지 못한 것에 대한 부러움으로 강물에 비친 자신의 모습에 불만족해서 결국 자신의 뿔까지 자르는 잘못을 저질러요. 염소는 양들의 목장만을 원할 게 아니라 다른 곳으로 가면 더 당당하게 살 수 있는 곳이 있다고 생각해요.

학생 5   염소가 가다가 굶어 죽을 수도 있잖아요. '여기는 우리땅이니, 넌 딴 데로 가'는 아닌 거 같아요. 왕따는 왕따를 시키는 사람의 문제가 더 커요. 그냥 함께 어울리면서 지내도 되는데, 꼭 왕따를 시켜서 상처를 줘요. 왕따를 시키는 사람이 없다면 당하는 사람도 당연히 없을 거예요.

전체 토론의 장점은 큰 준비 없이 전체가 함께할 수 있다는 것이다. 또한 토론의 흐름을 교사가 정확히 파악할 수 있고 교사의 진행에 따라 조절도 가능하다. 단, 시간상 발표하는 학생의 수가 제한적이고 발표의 부담이 있어서 많은 학생의 참여를 이끌기가 어렵다. 따라서 다음과 같은 모둠 토론으로 보완 단계를 설정했다.

2. 생각하는 피자*로 질문 만들기

이름하여 '생각하는 피자'이다. 기존의 4인 1모둠을 2개씩 하나로 합쳐 8인 1모둠으로 구성한다. 학급 상황에 따라 모둠 수가 홀수로 1모둠이 남으면 한 모둠은 4인으로 그대로 진행한다.

모둠 가운데 전지를 펴고 3개의 동심원을 그린 후 피자 형태로 8등분 한다. 7명의 모둠이라면 7칸으로 한다. 한 칸을 비워두는 것보다 7칸으로 나눠 모두 채우는 것이 좋다. 가장 가운데 원에는 주제어인 '인권'을 적는다. 모둠원 한 명당 피자 한 조각씩 위치를 잡고 두 번째 원에 개인 키워드를 적는다. 키워드는 가능한 8명의 모둠원이 겹치지 않도록 서로 협의하며 적는다. 그리고 키워드에 연관된 질문을 만들어 세 번째 원에 적는다. 학생들은 키워드와 연관된 질문을 만드는 것이 쉽지 않게 느껴질 수 있다. 질문을 잘 만드는 학생도 있지만, 어려워하는 학생도 있다. 이때 모둠원들이 서로 의견을 내며 도와주는 모습을 쉽게 볼 수 있다. 이러면서 경쟁이 아닌 협력을 경험하게 된다. 단, 아이디어를 나누며 협의는 가능하지만, 전지에 쓰는 것은 본인이 직접 쓰도록 한다.

---

* 에르디아토론디자인연구소(2016), 책함성 독서토론 워크북(v.4.1), p.41

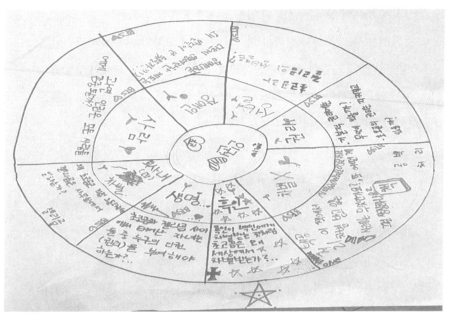

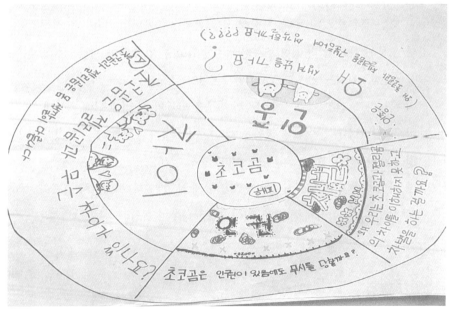

협의해서 키워드를 정하고 질문을 만들면 혼자 여러 개의 질문을 만들어야 할 때보다 부담감은 줄면서 함께 협의하는 과정에서 완성도 높은 질문이 나온다. 또 혼자 만들다 포기해 버리는 경우도 방지할 수 있다.

전지가 완성되면 자신의 키워드와 질문을 돌아가며 의견을 나눈다. 그리고 가장 좋았던 질문, 반 전체와 함께 나눠도 좋은 질문을 골라 투표하고 모둠 대표 질문을 선정한다. 마지막으로 이끔이 두 명이 나와 토론 과정을 발표한다.

질문 만들기 연습을 좀 더 강화하고 싶다면, 4인 1모둠으로 전지 피자를 옆으로 돌리면서 친구들의 키워드에 질문을 하나씩 만들어 봐도 된다. 즉,

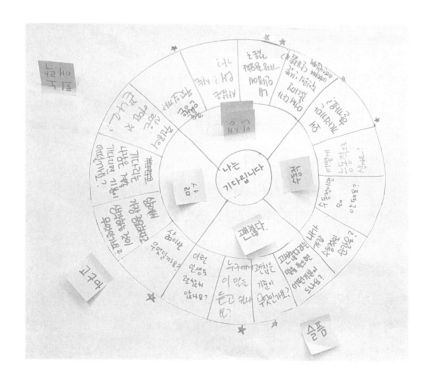

첫 번째 원에는 주제를 적고 두 번째 원에는 키워드를 적는다. 그리고 세 번째 원을 4칸으로 다시 나눠 질문을 하나씩 만들어 적는다. 질문을 만들기 어렵다면 한 번쯤은 패스할 수 있지만, 친구들의 질문을 참고한다면 연상되는 질문까지는 만들 수 있다. 이렇게 하면 모든 키워드에 대한 질문도 해보고, 친구의 질문도 한 번 더 생각해보게 되어 질문을 만드는 수준이 많이 향상된다.

5단계. 쓰면서 토론하기

이제 선정된 모둠 대표 질문이나 키워드로 '둘 남고 다 가기'를 진행해보자. 선정된 질문으로 해도 되지만 질문이 길고 어려우면 이전에 선정된 키워드로 대신 할 수 있다. 본 수업에서는 학생들이 질문보다 키워드로 하고 싶다고 해서 마지막 5단계는 질문으로 하지 않고 키워드로 진행했다. 키워드가 겹치지 않는 것이 좋지만, 한두 개 겹쳐도 크게 문제가 되지 않으니 적절히 감안하여 조정한다.

8인 모둠원들은 해당 키워드에 대한 자신의 생각을 각자 다른 색 펜으로 전지에 쓴다. 그리고 적은 생각을 순서에 상관없이 이야기한다. 이때 진행은 이끔이가 하는데 두 모둠이 합쳐졌기 때문에 이끔이가 두 명이다. 서로 도와주며 진행하면 부담이 덜 된다.

일정 시간의 토론 활동이 끝나면 8인 모둠원 중에서 2명은 남고 6명은 2명씩 짝을 지어 다른 모둠으로 이동한다. '둘 남고 다 가기'이다. 이때 같은 모둠원 4명이 한 모둠으로 가지 않도록 한다. 남은 2명은 다른 모둠에

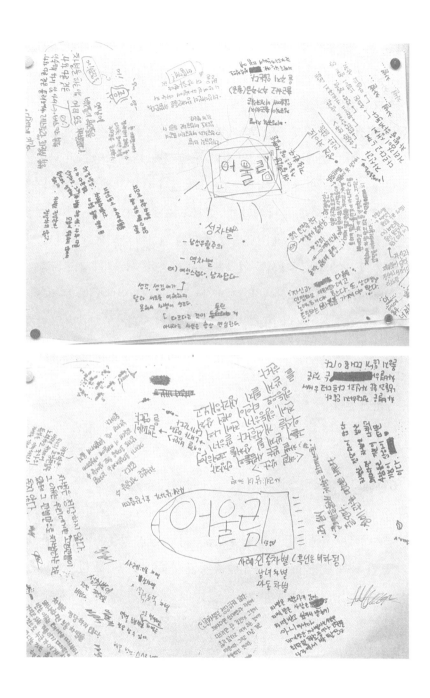

서 온 학생들에게 기존의 토론 과정을 간단히 설명하고 그들의 생각을 들어본다. 한 번 더 이동하고 원래 모둠 자리로 이동한다. 자리에 계속 남은 사회자 2명은 전지를 갖고 나와 토론 진행 과정을 설명한다. 이때 생각하는 피자 결과지를 함께 붙여 발표하면 내용이 훨씬 풍성해진다.

혹시 교사가 인권 문제 발생의 원인, 문제 사례, 해결 방안 등의 단계적 토론을 진행하고 싶다면, '둘 남고 다 가기'에서 키워드나 질문 대신 문제 발생 원인, 문제 사례, 문제 해결 방안으로 토론을 진행할 수도 있다. 즉, 8인 1모둠이 1차 토론할 때는 인권 문제 발생 원인에 대해서 토론하고, 첫 번째 이동 후 2차 토론에서는 인권 문제가 발생한 사례에 대해 토론하며, 두 번째 이동 후 3차 토론에서는 인권 문제의 해결 방안에 대해 토론하고 자기 모둠으로 돌아온다. 이 경우 남았던 두 명의 사회자도 단계별로 함께 토론하기 때문에 소주제에 대해 소외되지 않는 장점이 있다. 수업의 의도와 학생 수준, 주제 난이도, 토론의 목적 등을 고려하여 교사가 선택하여 운영하면 된다.

6단계. 성찰하기

에르디아는 토론 활동에서 끝나지 않는다. 토론 과정을 거치는 동안 내가 느낀 점은 무엇인지, 새롭게 배운 것은 무엇인지 그리고 앞으로 마음에 새겨 실천에 옮길 점은 무엇인지 성찰하는 과정을 매우 중요시한다. 성찰의 과정은 메모지에 간단하게 써서 함께 나눌 수도 있고, 시간의 여유가 있다면 도화지를 원 모양으로 잘라 모둠원 수대로 4등분 하여 색을 섞어 피자처럼 붙여 나누고 벽에 게시해 자신의 성찰에 대한 실천의지를 굳건히 하게 해도 좋다. 즉, 학생들이 수업을 하면서 느낀 점, 배운 점, 실천할 점을 각자 적어 함께 나누고 정리하고 게시하는 것이다. 이런 내용을 기초로 학교생활기록부의 정의적 평가도 가능하다. 벽에 게시된 자신의 약속을 본다면 인권에 대해 자신이 활동하며 느낀 것을 다시 상기하게 되고 인권지킴이가 되어 볼 수도 있을 것이다.

- 배운 점
  - 사람으로서 기본적으로 누려야 할 인권과 부당한 차별에 관해 생각해볼 수 있었다.
  - 인권이 중요한 이유와 차별을 해서는 안 되는 까닭을 알게 되었다.
  - 어울림이란 주제를 통해 사회에서 사람들이 모두 노력해야 할 점을 배웠다.
  - 팀원들과의 단합과 협동심을 배웠다.
  - 우리가 다르다는 것은 틀린 것이 아니라 당연한 것이라는 것을 알게 되었고, 활동을 하며 협력하는 것이 중요하다는 것을 깨달았다.
  - 동물농장 영상을 보며 서로 달라도 같이 어울릴 수 있다는 것을 배웠다. 또 그림책을 보며 차별이 이 세상에서 많이 일어난다는 것을 알았다.

- 느낀 점
  - 다른 사람의 의견을 존중하는 방법과 항상 차별, 인권 등 사회적 문제가 될 때, '헐, 진짜? 그런 일이 있었어?' 라는 생각밖에 안 들

었는데 수업 후에 가볍게 생각하지 않고 진지하고 깊게 생각하도록 하겠다.

- 이 활동을 하면서 인권과 존중을 잘 알게 되어서 좋았고 한 번 더 해보고 싶다.

- 생활 속에서 그냥 잊고 지나칠 수 있었던 문제들을 다시 돌아볼 수 있었고 한 가지 단어(인권)에 대한 다른 친구들의 생각을 들어볼 수 있어 좋았다.

- 이 활동을 하면서 인권과 차별에 대해서 더 많은 생각을 해볼 수 있었고 나를 되돌아보는 기회가 되었다.

- 인권을 주제로 사람마다 다양한 관점을 가질 수 있음을 느꼈다. 생각보다 우리 사회에 어울리지 못하는 사람이 많음을 느꼈다.

- 많이 발전하고 문명화된 지금도 크고 작은 차별과 따돌림이 발생한다는 것이 충격으로 다가왔고 이걸 고치려면 나부터 남에게 마음을 열어야 한다는 것을 배웠다.

- 세상은 넓고 아직 차별은 많다.(최근에도 다수 존재)

• 실천할 점
- 나의 인권을 지키기 위해서 남의 인권을 먼저 존중할 것
- 서로 갈등을 일으키지 않도록 노력할 것
- 앞으로 사회적 문제에 대해 항상 생활 속에서 관심을 갖고 깊게 생각해 봐야겠다. 또 가족이나 친구들과 수업에서 나눴던 이야기를 함께 나눠보기도 해야겠다.
- 사회적 문제에 대해 더 관심을 가져야겠다.

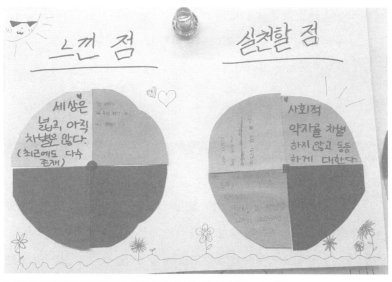

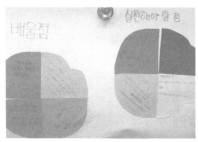

- 영상을 보고 인권에 대해 배웠으므로 소외되는 사람이 없도록 하
  고 다른 사람을 이상하게 바라보지 않아야겠다.
- 인권을 더욱 존중하고 남의 인권도 내 인권처럼 지켜 주어야겠다.
- 사회에서 어울리지 못하고 배척당하는 사람을 돕는다. 인권을 침
  해당하는 사람들의 권리를 보장해줄 수 있도록 노력한다.
- 나도 살짝 외모지상주의를 가지고 있다고 생각하는데, 이러한 선
  입견과 편견을 없애야겠다고 결심했다.

– 나와 다른 사람들을 차별하지 않고 서로 어울리며 살아가야겠다.

– 나와 다르다고 무시하거나 따돌리지 않을 것이다.

– 사회적 약자를 차별하지 않고 동등하게 대한다.

교육과정 성취기준 속으로

지금까지 살펴본 수업은 '인권보장의 중요성을 이해하고, 일상생활에서 인권이 침해되는 사례를 통해 침해되는 기본권을 분석한다'로 성취기준을 재구성하여 토론 활동을 통해 인권보장이라는 가치를 인정하고 내재화하며 실천의 의지를 기르도록 하고자 했다. 특히, 교과 내용의 단순 지식보다는 핵심 개념에 동의하고 이해하며 토론 활동을 통해 사회문제를 공감하고 소통할 수 있는 능력을 키우고자 했다.

이러한 에르디아 토론 활동으로 다양한 상황에서 자신의 생각과 감정을 자연스럽게 표현하고 다른 사람의 의견을 경청하며 존중하고 의사소통할 수 있는 역량과 공동체의 구성원으로서 요구되는 가치와 태도를 지니고 사회문제를 함께 해결하고자 하는 공동체 역량을 키워 미래 사회를 이끌어나갈 수 있기를 기대한다.

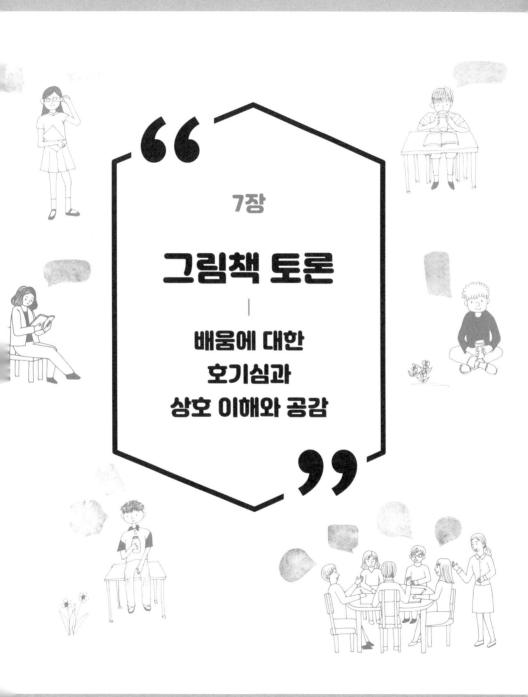

7장

그림책 토론

—

배움에 대한
호기심과
상호 이해와 공감

" "

공감 능력을 기르는
그림책 토론

권현숙, 호평고등학교

"

그림책 토론이란 무엇인가?

그림책 토론이란 그림책을 교과 수업의 핵심 교재로 선정, 활용하여 학생들이 질문을 만들고, 그 질문을 토대로 해당 그림책 주제의 쟁점이나 토론 논제를 만들어가는 수업 활동이다. 그림책 토론의 목적은 배움에 대한 호기심을 갖게 하고 지식의 체득과 함께 학생 간, 학생과 교사 간 상호 이해와 공감이 자연스럽게 이루어지게 하는 데 있다. 학생들은 자신이 가진 내적 정보와 교과 내용, 자신의 감정을 그림책을 매개로 하여 토론으로 펼쳐 보이게 된다. 서로 다른 생각, 타자의 관점을 경청하는 과정에서 공감, 수용, 이해의 다양한 반응이 이루어진다.

그림책 토론 수업은 그림책 등장인물이나 상황을 통해 자연스럽게 자기 노출이 이루어지며, 그러한 자기 노출이 타인에게도 받아들여지는 보편적 경험을 하게 된다. 동시대를 살아가는 한 인간으로서의 '타자 이해'와

'공감'이라는 지극히 일상적인 정서적 교류가 교실에서 경험된다.

왜 그림책 토론인가?

그림책은 그림이 주체가 되어 글과의 조합을 통해 흥미로운 언어 소통을 하는 책이다. 그림책에서 독자들은 글 이외 그림에서도 추가적인 정보를 읽어낸다. 그림책은 글과 그림이 유기적으로 결합하여 독자 나름의 상상과 추론을 할 수 있는 문학작품인 동시에 복합예술 매체로 볼 수 있다. 또한 다양한 메시지 전달이 가능한 책, 글과 그림의 융합으로 제3의 새로운 의미를 창출하는 책이라고 볼 수 있다. 즉 그림책은 글과 그림의 이중 서사구조를 가진 예술작품으로써, 문자 언어와 시각 언어라는 고유의 기호 체계를 통해 하나의 새로운 텍스트를 완성해가는 복합적인 문학 장르라고 할 수 있다.

이러한 그림책을 활용하는 토론은 학생들이 수업에서 교과와 관련 있는 삶이 이야기를 하며 상호 소통하고 교감하게 하는 데 목적이 있다. 자신이 궁금해하는 지점에서 질문이 만들어진다. 교사는 그 질문이 탄생한 배경과 그에 대한 답변을 연결 지으며 공감적 대화에 기초한 토론을 진행한다. 학생들은 자신의 주장과 이유에 대해 자유롭게 토론하고, 타인의 입장에서 그 주장이 어떻게 이해되고 해석되는지를 나눈다. 이러한 질문과 답변, 학생 나름의 추론, 상호 검증 과정이 토론이라고 말할 수 있는 부분이다. 또한 자신이 전혀 예측하지 못했던 생각과 관점이 타인의 언어로 표현될 때 보편적 감정의 교류가 일어나게 된다. 이 경우 타인과 나, 나와 등장인물, 학급원 상호 간 공감이 이루어진다. 이러한 논리적, 정서적, 감정적 의사소통 과정이 바로 우리가 추구하는 토론 교육의 목적 중 하나이다.

그림책 토론 수업 모형*은 학생이 그림책을 자세히 읽고 글과 이미지를 통해 질문을 직접 만들도록 한다. 학생들이 질문을 만드는 그 지점이 학습자들이 배우기를 원하고 호기심을 일으키게 하는 요소이다. 그 지점을 교사가 주입하지 않고 학생들로 하여금 직접 찾도록 한다는 것이 이 수업의 핵심이다. 학습자가 배움에 대한 동기와 호기심을 갖게 하려면, 교사가 큰 틀에서만 성취기준을 제시하고 학습자에게 무엇이 궁금한지를 물어보아야 한다. 질문이 생성되고 그 질문에 대한 이유를 찾고 해결 방안을 추론해가는 과정에서 학생 상호 간에, 교사는 학생에게, 학생은 교사에게서 배움이 일어난다. 여기서 교사는 수업의 촉진자, 매개자, 동기부여자, 질문의 연결자, 토론 진행자의 역할을 한다.

그림책 토론의 효과 중 가장 중요한 것은 학생들의 마음을 열게 한다는 점이다. 먼저 배움에 대한 동기부여가 되고 나면 그다음 학습의 과정은 자연스럽다. 대부분의 학생은 어릴 적에 그림책을 경험해보았다. 따라서 매우 쉽고 편안하고 재미있다는 기억이 남아 있다. 이처럼 그림책 자체가 주는 편안함, 그림이 주는 무한한 상상, 다양한 이야기를 추론할 수 있는 그림책의 텍스트 구조는 우리가 일상을 바라볼 때 기존의 방식과 다르게, 좀 더 세심하게 관찰할 수 있는 힘을 길러준다.

또한 토론하는 과정에서 상대방의 질문과 이야기에 대한 경청, 공감, 논

---

* 수업실천 연구사례로 발표한 이후(권현숙, 경기도수업실기연구대회, 2011), 경기도토론교육연구회에서 꾸준히 실천하고 있으며, '그림책 토론 수업'으로 범교과 및 타 연구회에서도 다양하게 활용되고 있는 수업 실천 모형이다.

리적 추론, 비판력이 길러진다. 학생들이 살아가면서 부딪치는 문제 상황에서 그 사건을 해석하는 힘을 키울 수 있고 자기만의 이야기를 만들어가는 콘텐츠 능력을 기를 수 있다. 디지털 시대는 이미지가 더욱 중요해지고, 개별적이면서 동시에 공감할 수 있는 이야기가 매력적인 콘텐츠로 등장하고 있다. 그림책 토론은 이야기와 이미지의 힘을 통해 자기와 타인을 읽어내는 힘을 기르는 활동이다.

그림책 토론 수업은 어떻게 하는가?

1단계. 그림책 읽기 및 마음 열기

그림책을 들고 교실에 들어가면 이상하게도 학생들의 마음이 쉽게 열린다. 학생들이 호기심을 갖도록 매력적인 그림책을 선정한다. 먼저 그림책의 앞뒤 표지와 그림, 제목과 작가 등 서지사항을 간단히 소개한다. 책을한 장씩 넘기며 천천히 읽어준다. 그림책은 글과 그림을 함께 엮어서 읽어야만 비로소 의미전달이 되는 경우가 많다. 따라서 텍스트를 읽으면서도그림을 더 세심하게 읽어야 함을 설명해주어야 한다. 이때 주의할 것은 교사가 그림에 내재된 가치나 의도, 의미를 직접 강조하는 것이 아니라 학생들이 스스로 이끌어낼 수 있도록 그림의 독특함을 한번 짚고 넘어가는 정도로 읽어주는 것이 좋다. 직접 교실 앞에 나와서 읽기를 원하는 학생이있으면, 그 학생이 읽게 해도 무방하다.

모둠별로 그림책을 한 권씩 나눠준 뒤에 그림책을 다시 읽게 한다. 이때모둠별로 구성원이 책을 돌려보거나 함께 보며 그림책을 더 자세히 들여

그림책 읽기 (마음 열기)	그림책 읽으며 마음 열기 (마인드맵, 느낌 표현)
개인 활동 (개인 질문 만들기)	한 문장의 질문으로 만들기 (그림책과 자신의 생각, 경험 연결)
모둠 활동 (모둠 대표 질문 선정하기)	모둠 대표 질문 선정 토의하기 (질문의 배경, 이유, 증거 토의)
전체 토의하기 (교사 토론 진행)	전체 토의하며 쟁점 찾기 (재질문, 지지, 반박, 보강, 추론)
전체 토의하기 (교사 토론 진행)	토론하기 좋은 질문으로 논제 도출하기 (가치 논제, 정책 논제, 사실 논제 도출)

다볼 수 있다. 책을 다시 보며 등장인물이나 핵심 키워드, 주제를 중심으로 마인드맵 활동을 하거나 해당 그림책에 대한 첫 느낌을 그림으로 간단하게 표현해보게 한다. 자신이 느낀 감정이나 책에 대한 서사 구조, 인상을 표현해가는 과정에서 학생들은 그림책에 마음을 열게 되고 정서적으로 편안해진다.

2단계. 개인별 질문 만들기

그림책을 읽고 떠오르는 질문을 개인별로 작성한다. 이때 질문 개수를 정해주는 것이 좋다. 정해주지 않으면 학생마다 질문의 개수 차이가 많이 나며, 질문을 하나도 만들지 않고 모둠에 무임승차하려는 학생이 생길 수 있다.

각자 1~2개씩 만들면 4인 1모둠인 경우 4~8개까지 질문이 만들어진다.

질문은 대개 등장인물에 자신의 감정과 마음을 투영시킨 질문, 이야기의 전체 구조나 배경에 대한 의문점, 현실 생활에 비추어 보았을 때 비교되는 점, 자신의 생각과 논리에 비추어 보았을 때 이해되지 않는 점 등 다양하다. 등장인물의 관점에서, 그림의 한 장면에서, 또는 학생 개인의 경험에 바탕한 궁금점들이다.

　학생들이 처음 질문 만들기를 할 때 매우 당황스러워한다. 질문을 만들어본 경험이 없기 때문이다. 대개 수업에서 학생들은 주어진 질문에 정답을 찾아야만 하는 경우가 일반적이었기 때문에 질문을 만드는 수행 활동은 매우 낯설다. 이때 교사가 좋은 질문을 유도하기 위해 학생들에게 많은 요구를 하면 오히려 학생들은 질문 만드는 활동을 어려워하고 기피하게 된다. 질문의 위계가 있다거나 질문의 유형을 구분하라는 등의 주문은 가급적 하지 않는 것이 좋다. 학생들 내면의 창의력을 발산시키려면 질문의 종류나 수준, 유형에 대해 개방적이고 허용적이어야 한다. 즉 모든 질문은 의미 있고 좋은 질문이 될 수 있다고 말해준다. 생각나는 점을 모두 질문으로 만들어도 된다고 자신감을 갖도록 격려해준다. 다만 그림책의 경우 텍스트와 함께 그림도 주의 깊게 보아야 하고 그림에서도 질문이 나올 수 있다는 점도 강조한다.

3단계. 모둠별 대표 질문 선정하기

　학생들이 각자 만든 질문들은 대체로 하나의 문장으로 잘 다듬어지지 않은 '날 것' 그대로이다. 그러한 질문 중에서 모둠의 대표 질문을 1개 선정하게 하는데, 선정 과정이 또 하나의 토론이다. 선정 과정에서 학생들은 그림책을 근거로 자기 생각, 경험, 추론 등 다양한 정황증거와 해당 질문에 대한 생성 이유 등을 말하게 된다. 서로 자신의 질문 의도와 배경을 말하고 상호 토의를 통하여 가장 토론하기 좋은 질문을 선정한다.

모둠별로 1개 질문을 선정하고 칠판에 작성한다. 1차시에 대표 질문 수는 최대 5~6개를 넘지 않도록 한다. 질문은 많을수록 좋겠지만, 50분의 수업 동안 다룰 수 있는 질문의 수는 한계가 있고 전체 학급 구성원이 함께 토론하며 생각해보게 하는 것이 이 수업의 궁극적 목적이기 때문이다. 모둠에서 선정한 대표 질문 내용이 비슷하여 겹칠 수 있다. 그런 경우에는 칠판에 먼저 나와서 쓴 모둠에게 그 질문에 우선권이 있다는 규칙을 정해 두는 것이 좋다. 따라서 대표 질문이 같은 경우 나중에 칠판에 쓴 모둠은 다른 질문으로 바꾸어야 한다.

토론에 참여하는 학생 수가 적은 경우에는 모둠 대표 질문 선정하기는 생략할 수 있다. 그럴 경우에는 각자 개인 질문 1개씩을 칠판에 작성하고 바로 학급 전체 대표 질문을 선정하면 토론을 진행할 수 있다.

4단계. 교사 진행으로 전체 토론하기

학생들이 칠판에 모둠별 대표 질문을 순차적으로 적은 후에 교사 지도로 전체 토론을 진행한다. 먼저 교사가 모둠별로 질문이 생성된 이유에 대해서 질문하고 질문의 의미를 명확히 하여 중심 주제나 개념을 이끌어내고 파생될 수 있는 주제나 개념으로 확장시키는 토론을 진행한다.

대개 학생들은 자신이 질문을 쓰고도 그 질문의 의미를 명확히 모르는 경우가 많다. 이런 경우 학생들의 질문에 숨어있는 전제나 의도가 무엇인지를 명확하게 이해할 수 있도록 교사가 재질문을 한다. 교사의 질문으로 애매했던 질문의 이유와 의미가 명료해지고 전체 토론 흐름이 훨씬 더 자연스러워진다. 따라서 전체 토론을 진행하는 이 과정에서 교과 교사로서의 전문성과 토론 진행자로서의 노련함이 요구된다.

5단계. 학급의 토론 논제(쟁점) 도출하기

여러 개의 모둠 질문 중 학생들의 호기심이 가장 많이 반영된 질문을 학급의 대표 질문으로 선정한다. 예를 들면, 재질문이나 반박이 많이 제기되었던 질문, 개인의 상상력으로 전혀 새로운 관점을 제시한 질문, 또는 교과의 개념을 잘 적용하여 만들어낸 질문이 주로 선호되는 질문들이다.

해당 그림책의 핵심 주제에 대한 토론을 다음 차시에 기획하고 있다면, 학급의 대표 질문을 토론 논제로 바꾸어야 한다. 가치 논제이든 정책 논제이든 논제의 형식에 맞게 다듬는 작업이 필요하다. 그림책으로 토론 수업을 했을 때 대체로 학급 대표 질문은 가치 논제로 도출되는 경우가 많다. 이때 논제의 형식과 논제 만드는 과정을 교사가 간단히 교수한 뒤, 선정된 학급의 대표 질문을 논제로 만드는 과정을 학생들과 함께해볼 수 있다.

Q&A

Q. 그림책 선정할 때 유의할 점은 무엇인가?

A. 그림책은 글과 그림의 유기적 결합으로 독자 나름의 상상과 추론을 할 수 있는 문학작품인 동시에 복합예술 매체로 볼 수 있다. 교과 수업에 도입 시 국내외 창작 그림책, 전통 그림책, 패러디 그림책 등 어느 것이나 활용 가능하다. 단, 중등 수업에서는 글이 적고, 이미지가 더 비중을 차지

하는 그림책을 활용하는 것이 경험적으로 볼 때 좋은 수업을 만들어갈 수 있있다. 이는 단순히 그림책의 정보를 전달하는 것만이 그 수업의 목표가 아니기 때문이다.

Q. 그림책은 유아나 초등학생용 도서이지 않나?

A. 그림책에 관한 오해 중 하나는 유아용 또는 아동용 도서라는 것이다. 그림책은 내용이 쉽고 분량도 적으며 글과 그림으로 구성되어 문자를 읽을 수 없는 미취학 아동에게도 적용 가능한 것은 사실이며 또한 학계에서도 유아 대상 교재로서 연구가 가장 활발하다. 그러나 이렇다고 해서 그림책이 유아용이나 아동용 도서로만 보는 것은 편견이다. 외국에서는 이미 그림책을 유아용 도서로 한계 짓지 않는다. 최근 우리나라에서도 철학적 주제를 담고 있는 그림책의 경우 남녀노소 할 것 없이 여러 연령대가 함께 즐겨 보는 도서로 자리매김해 가고 있다. 이제는 교육 분야뿐 아니라 심리학, 상담, 의료 분야에서도 그림책의 이용가치가 높이 평가되고 있다.

실제 교실 수업에서 그림책을 활용하여 깊이 있는 토론과 질문이 가능함을 경험해본 중학생, 고등학생들은 그림책의 가능성에 대해 한결같이 놀라워하며 자신들의 고정관념을 깨는 계기가 되었다고 말한다.

Q. 그림책 토론에서 교사의 역할은 무엇인가?

A. 교사는 학습동기부여자, 질문과 대화를 연결하는 토론 진행자의 역할을 한다. 교과 성취기준에 맞는 그림책을 선정하지만, 성취기준이나 핵심 개념을 먼저 교사가 강요하거나 제시하지 않는다. 그림책 토론 수업은 교사가 학생들의 내적인 힘과 인지적 기량을 믿어야만 가능하다. 물론 교

사가 그 수업을 이끌어갈 핵심 질문 2~3가지는 반드시 준비하고 있어야 한다. 학생들의 질문이 교사가 전혀 예측하지 못한 방향으로 만들어진다 할지라도 억지로 교정하려고 하지 않도록 주의한다. 질문과 대화를 통해 토론하는 과정에서 추후 교사가 발문하거나 교과의 성취기준과 연결할 기회가 충분히 있다는 것을 믿어야 한다.

그림책 토론
_도덕

조형옥, 도래울중학교

그림책 토론으로 교육과정 재구성하기

그림책 토론 수업을 위해 교육과정을 재구성하는 것도 다른 재구성 과정과 크게 다르지 않다. 먼저 교육과정의 내용 체계를 꼼꼼히 점검하여 구체적인 내용 요소와 필요로 하는 기능을 읽어내야 한다.[*] 또한 교육과정의 성취기준을 점검해야 한다.

교과의 내용 체계와 성취기준을 점검했다면 교과서에 담긴 내용 중 어느 주제가 학생들이 깊이 탐구할 만한 것인지, 어떤 내용이 교육과정에서 무난하게 제외할 수 있는지 고려해야 한다. 왜냐하면 요즘 교과서는 한껏 욕심을 내서 굉장히 많은 자료를 넣어 놓고 있다. 너무 많은 자료와 정보를 다루는 것은 수박 겉핥기가 될 수 있다. 따라서 주제에 대해 깊이 생각

---

[*]   교육부 고시 제2015-74호 [별책6] 참고

하고 탐구할 수 있도록 교육과정을 재구성해야 한다.

다음으로는 학생들이 능동적이고 비판적인 탐구 자세로 공부할 수 있도록 고민해야 한다. 따라서 학생들 스스로 선정된 교과 내용이 얼마나 중요한지 인식하게 하고, 교실 밖에서 어떻게 활용할 수 있는지 고민하여 지식의 전이가 극대화될 수 있도록 학생들에게 학습 경험의 기회를 제공해야 한다.

학생들에게 학습 경험이 일어나도록 하기 위해서 지금까지는 교사가 '무엇을 가르칠 것인가?' 라는 교사 주도적 태도에 머물렀었다면, 이제는 '학생이 학습 경험을 통해 무엇을 배우게 되는지, 배운 지식을 삶의 장면에서 실제로 활용할 수 있는지?' 에 초점을 맞추어 학생 주도적 학습 경험이 일어나도록 해야 한다.

다음은 도덕과 내용 체계와 성취기준을 점검한 후 교육과정을 재구성한 사례이다.

영역(핵심가치)/ 내용요소	성취기준	그림책 읽기 (토론 주제)
Ⅰ. 자신과의 관계(성실) 나는 어떤 사람이 되고자 하는가?	[9도01-03] 도덕적 정체성과 선한 성품을 지니기 위해 자신이 본받고자 하는 사람을 그 이유와 함께 선정하고 자기 자신을 도덕적 관점에서 인식·존중·조절할 수 있다.	점/강아지똥/슈퍼거북 (자아 정체성)
Ⅰ. 자신과의 관계(성실) 행복을 위해 어떻게 살아야 하는가?	[9도01-05] 행복한 삶을 위해 좋은 습관과 건강의 필요성을 설명하고, 정서적 건강과 사회적 건강을 가꾸기 위한 방안을 제시하고 실천 의지를 함양할 수 있다.	행복을 파는 남자/행복한 청소부 (행복한 삶)

II. 타인과의 관계(배려) 가정에서의 갈등은 어떻게 해결할 것인가?	[9도02-01] 현대 한국 사회의 가정에서 발생하는 갈등을 구체적 사례를 통해 생각해보고, 좋은 가족 구성원이 되기 위한 방법을 제시하고 실천 의지를 함양할 수 있다.	돼지책 (가정윤리, 양성평등)
II. 타인과의 관계(배려) 폭력은 왜 비도덕적이며 어떻게 대처해야할까?	[9도02-07] 폭력의 결과를 상상해보고 그 속에 내재한 비도덕성을 지적할 수 있고, 일상생활에서 일어나는 폭력 상황에 민감하게 반응하고 대처하는 능력을 가질 수 있다.	내 탓이 아니야 (학교폭력/평화적 갈등 해결 방법 제시)
III. 사회 · 공동체와의 관계(정의) 세계시민으로서의 도덕적 과제는 무엇인가?	[9도03-03] 세계 시민으로서 요구되는 도덕적 가치를 이해하고, 지구 공동체에서 일어나는 다양한 도덕 문제를 인식하며, 이러한 문제를 개선하려는 참여적 태도를 가지는 등 세계 시민 윤리의식을 함양할 수 있다.	벌집이 너무 좁아(난민문제)/초코곰과 젤리곰(다문화)/내가 라면을 먹을 때(전쟁, 가난, 자연재해, 노동력 착취)/거짓말 같은 이야기
III. 사회 · 공동체와의 관계(정의) 정의란 무엇인가?	[9도03-04] 정의로운 국가의 조건을 이해하고 시민이 갖추어야 할 자질이 무엇인지 탐구 하는 과정을 통해, 준법 의식을 길러 공동체의 일원으로서 책임감 있게 행동할 수 있다.	무엇이 모두를 위한 것일까/종이 봉지공주 (사회정의, 용기, 책임)
IV. 자연 · 초월과의 관계(책임) 자연과 인간의 바람직한 관계는 무엇인가?	[9도04-01] 인간과 자연의 조화를 통한 삶의 중요성과 환경 보호의 필요성을 다각적으로 이해하고, 생태지속가능성의 관점에서 소비 생활과 환경에 대한 가치관을 평가해 보며, 환경 친화적인 실천 기술을 익힐 수 있다.	투발루에게 수영을 가르칠걸 그랬어 (환경)
IV. 자연 · 초월과의 관계(책임) 삶과 죽음의 의미는 무엇인가?	[9도04-03] 삶과 죽음의 문제를 도덕적으로 성찰하고, 평정심을 추구하며 자신의 삶의 의미를 구성할 수 있다.	내가 함께 있을게/100만 번 산 고양이 (죽음/삶의 소중함)

지금부터는 'Ⅱ. 타인과의 관계' 단원에서 '[9도02-07] 폭력의 결과를 상상해보고 그 속에 내재한 비도덕성을 지적할 수 있고, 일상생활에서 일어나는 폭력 상황에 민감하게 반응하고 대처하는 능력을 가질 수 있다'는 성취기준에 맞추어 설계하여 실행한 그림책 토론 수업의 실제 사례를 소개한다.

그림책 읽기

우선 『내 탓이 아니야』(레이프 크리스티안손, 고래이야기)의 저자와 출판사를 소개하고 함께 읽어본다. 그림책이므로 학생들이 좀 더 편안한 자세로 보고 들을 수 있도록 안내한다.

그림책을 읽는 방법은 다양하다. 교사가 그림책을 직접 보여주며 펼쳐가며 읽어준다. 학생들과 그림책 사이가 멀어서 잘 안 보이지만 아날로그 형식의 정겨움이 느껴지는 방법으로 학생들은 생각보다 그림책에 시선을 주며 집중한다. 물론 PPT로 스캔해서 전체적으로 보여주며 교사가 구연해줄 수도 있다. 학생이 직접 읽도록 할 수도 있다. 학생이 읽는 방법은 더욱 다양하다. 한 명의 학생이 구연할 수도 있고 희망자 2~3명이 함께 읽을 수도 있다. 물론 모둠별로 읽는 방법도 있다. 모둠에 각각 그림책을 한 권씩 주고 각 모둠 안에서 읽도록 하는데, 읽는 방식은 모둠에서 결정하도록 하는 것도 좋다. 직접 그림책을 넘겨가며 읽을 수 있는 장점이 있어 학생들이 꽤 좋아하는 방식이다.

그림책을 읽고 학습활동으로 질문 만들기를 할 때 학생들은 그림책을 좀 더 보여줄 것을 희망한다. 즉 학습 과정에서 학생들은 계속 그림책을 꼼꼼히 펼쳐 읽어보면서 그림책이 주는 정보를 더 이해하려 한다. 그래서 그림책을 PPT로 만들었어도 학습활동 과정에서 계속 볼 수 있도록 모둠 별로 한 권씩 확보해주는 것이 좋다.

그림책 공감 토론

가. 등장인물 감정 읽기

먼저 그림책에 등장하는 인물의 감정을 읽어내는 활동을 한다. 등장인물의 감정을 공감할 수 있어 그림책을 깊이 있게 이해하는 데 도움이 된다. 나는 다양한 감정을 담은 카드를 직접 제작하여 사용했으나 이 활동에 활용할 수 있는 감정이나 느낌을 담고 있는 카드*는 다양하다. 대부분의 카드에 담긴 감정은 기쁨, 슬픔, 화남 등 4~5개이다. 이 카드를 활동 참가자들은 감정(느낌)별로 나누어 갖고 등장인물의 감정을 표현하며 카드를 내려놓으면 된다. 게임의 형식을 갖추고 있어서 학생들이 역동적으로 참여하게 된다.

활동 방법과 유의점을 안내해준다. 활동 인원은 4~6명 정도가 적합하다. 모둠원이 각각의 감정 카드를 종류별로 나누어 갖도록 한다. 카드에 5개 종류의 감정이 들어 있다면, 한 개씩 감정 카드를 나누어 갖고, 기쁨과

---

*   등장인물의 감정을 읽어낼 수 있는 감정이나 느낌이 들어 있다면 어떤 카드를 사용해도 무방하지만, 감정별로 카드가 구분이 되어 있는 것이 나누어 갖기에 좋다.

같은 긍정의 감정 카드는 한 장을 더 갖도록 한다. 긍정적인 마음의 표현 기회를 더 갖게 하기 위해서이다. 모둠원들이 돌아가며 등장인물의 감정을 읽어내며 카드를 내려놓는다. 카드를 내려놓았을 때 나머지 모둠원들이 억지스럽다며 인정해주지 않으면 내려놓은 카드를 다시 집어 들어야 한다. 모둠원이 감정을 읽으며 카드를 내려놓을 때 다른 모둠원은 경청한다. 자신의 차례에 감정을 쉽게 읽어낼 수 없을 때는 '패스'를 할 수도 있다. 이렇게 해서 가장 먼저 자신의 카드를 모두 내려놓는 모둠원이 우승하는 게임이다. 우승자가 나와도 모둠원들이 카드를 모두 내려놓을 때까지 게임을 진행한다. 끝까지 카드를 내려놓지 못하는 모둠원이 있으면 감정 카드를 내려놓고 모둠원이 모두 함께 감정을 읽어주도록 한다.

학생들의 '등장인물 감정 읽기 게임'[*]의 실제를 들여다보자.

교사 　　각 모둠에 나누어준 카드 중 감정별로 한 장씩 가져가세요. 그리고 기쁨의 감정 카드는 두 장을 가져가세요. 그러면 각 6장의 카드를 갖는 거예요. 모두들 나누어 가졌나요?

학생들 　　네.

교사 　　남은 카드는 중앙에 모아두세요. 이제부터 여러분이 읽었던 『내 탓이 아니야』 그림책에 등장했던 인물의 감정을 읽어주며 카드를 내려놓는 것이에요. 선생님이 한번 해볼게요. 선생님은 6장 중 '슬픈', '두려운'이라는 감정 카드를 가지고 있어요. "그림책 속에 등장하는 주인공인 피해자는 아무도 내 탓이 아니라고 하면서 도와주지 않았

을 때 학교 오기가 너무 두렵고 슬펐을 것 같아요"라고 말하면서 '슬픈'과 '두려운'의 카드를 내려놓으면 되어요. 이제 여러분도 모둠별로 돌아가면서 등장인물의 입장에서 감정을 읽으며 카드를 내려놓으세요. 가장 먼저 모든 카드를 내려놓는 사람이 우승하는 게임이에요.

학생   선생님, 자신의 차례에 몇 장의 카드를 내려놓을 수 있나요?

교사   1~2장으로 정하기로 합시다. 물론 한 장도 내려놓지 못할 상황일 때는 '패스'도 가능합니다. 이제부터 모둠별로 시작해보세요.

교사는 모둠별로 활동이 잘 이루어지는지 돌아보며 질문을 받는다. 학생들은 다른 친구의 감정을 읽어주는 것을 듣기보다 자신이 말할 것을 구상하느라 자신의 카드를 보는 데 더 집중한다. 이럴 때 교사가 한번 주의를 환기시켜줄 필요가 있다.

"다른 모둠원이 발표할 때 자신의 카드만 보지 말고 경청해주세요."

학생들은 의외로 다양한 감정을 잘 몰라서 해당 감정의 의미를 묻는 질문을 가장 많이 한다. 실제로 감정 읽어 주기를 해보면 학생들은 다양한 감정의 의미를 이해하지 못할 뿐만 아니라 표현하지 못한다. 그저 나쁜 감정은 '짜증나'로, 좋은 감정은 '사랑해'로 통합해서 표현한다.

"'당혹스런', '얕보는' 이런 감정은 어떤 감정인지 몰라서 등장인물에게 연결을 잘 못시키겠어요."

"그래, 연결시키기 어려운 감정이구나. 다른 모둠원이 감정을 읽어주는 걸 들으면 떠오를 수도 있으니 좀 더 들어보자."

이런 상황이 생기면 교사는 그 감정이 어떤 의미인지 직접 설명해주기보다는 감정 카드 게임을 통해서 감정을 느낄 수 있도록 '패스'를 허용하고 기다리도록 안내한다.

다음은 학생들의 모둠 활동 대화 내용이다.

모둠원 1   가해 학생은 피해자를 <u>얕보았을</u> 것 같아요.

모둠원 2   피해 학생은 가해 학생들의 태도에 자신이 <u>하찮은</u> 존재라고 느꼈을 것 같아요.

모둠원들은 친구들이 내려놓은 카드가 합당하다고 생각할 때 긍정의 끄덕임을 자연스럽게 한다. 자신이 읽어내지 못한 감정들을 다양하게 듣고 공감하는 순간이다.

모둠원 3   피해 학생도 학교생활을 <u>즐겁고</u> <u>유쾌하게</u> 하고 싶은 마음이 간절했을 것 같아요.

이렇게 두 장의 카드를 내려놓는 학생이 생기면 다른 모둠원들은 더욱 게임에 승부욕을 가지게 되면서 의욕적으로 참여하고자 하는 동기가 유발된다.

모둠원 4   피해 학생의 학부모는 불안하고 <u>염려스러운</u> 마음으로 자녀를 학교로 보낼 것 같아요.

모둠원 1   가해 학생과 피해 학생을 모두 돌보아야 하는 선생님은 너무 <u>막막할</u> 것 같아요.

학생들은 게임이 진행될수록 바로 앞의 두 학생처럼 그림책에 등장하는 인물은 아니지만, 현실과 연계시켜 이면에 있는 인물, 즉 교사나 피해 학생 부모의 감정까지도 읽어내기 시작한다.

모둠원 2   가해 학생은 피해 학생을 때리면서 짜릿한 느낌이었을 것 같아요.

순간 모둠원들이 '짜릿하다'고 하면서 카드를 내려놓는 것을 받아들이려 하지 않는다. 물론 가해자가 짜릿할 수도 있겠지만, 이 감정 표현을 부정적인 상황에서 사용하는 것을 거부하는 것이다. 이것을 보면 학생들도 보편적 가치에 바탕을 둔 도덕적 사고를 한다는 것을 알 수 있다.

모둠원 3   방관하는 학생은 피해 학생을 도우려는 마음이 있어도 자신도 피해자가 될까 봐 두려웠을 것 같아요.
모둠원 4   패스.

이렇게 『내 탓이 아니야』 그림책으로 감정을 읽어주는 모둠 활동에서 '개운한', '멸시하는', '울적한' 감정 카드를 들고 있던 친구는 게임이 끝날 때까지 감정 카드를 내려놓지 못했다. 이럴 때 감정 카드를 바닥에 내려놓고 서로 도와 감정을 함께 읽으며 마무리하도록 지도한다.

모둠원 1, 2, 3   왕따 당했던 친구는 자신이 멸시당한다고 생각해서 울적했을 것 같아요. 하지만 모두 노력해서 이 문제를 해결한다면 모두의

마음이 개운해질 것 같아요.

이렇게 어려운 감정 카드도 여럿이 도와가며 읽어내면 잘 마무리된다.

나. 핫시팅 공감 활동

1단계 토론: 등장인물 성격에 따른 역할 나누기

등장인물들의 감정을 충분히 읽어냈다면, 이제 더 깊이 공감할 수 있게 하는 핫시팅 활동을 한다. 핫시팅 토론은 그림책에 등장하는 인물과 이들을 집중적으로 취재할 질문자로 역할을 나누어 질문하고 답변하는 활동이다. 이 활동을 통해 등장인물의 입장을 이해하고 공감할 수 있다.

『내 탓이 아니야』에는 손으로 얼굴을 가리고 울고 있는 아이 한 명과 내 탓이 아니라고 독백하듯 말하는 14명의 아이가 등장한다. 14명의 아이는 모두 내 탓이 아니라고 주장하지만, 그 독백의 글을 함께 분석하며 등장인물을 가해자와 방관자로 역할을 나누어보았다. 등장인물을 가해자와 방관자로 나누는 과정에서 학생들은 자유롭게 토론을 이어나갈 수 있다.

교사   9쪽의 등장인물은 가해자일까? 방관자일까요?

학생 1   '난 겁이 났어. 말릴 용기도 없었고. 그래서 그냥 보고만 있었어'라고 말한 것으로 보아 방관자라고 생각합니다.

학생 2   저도 동의합니다.

교사   다른 생각을 가진 친구는 없나요? 그럼 9쪽의 친구는 방관자로 분류하죠.

(중략)

교사   그러면 15쪽의 등장인물은 가해자일까? 방관자일까?

학생 3   '그 앤 멍청해. 바보처럼 서서 그냥 울기만 했어'라고 이야기한 걸로 보아 방관자라고 생각합니다.

학생 4   저는 생각이 다릅니다. '그 앤 멍청해'라고 말한 것으로 보아 가해자라고 생각합니다.

학생 5   저도 가해자라고 생각합니다. 왜냐하면 '바보처럼'이라고 그 친구를 비난했기 때문입니다.

교사   또 다른 생각을 가진 사람은 없나요?

학생 6   멍청하고 바보라고 말했다고 해서 가해자라고 하기는 어렵다고 생각합니다. 왜냐하면 스스로를 지켜내기를 바라면서 안타까운 마음에 그렇게 이야기했을 수도 있다고 생각합니다.

교사   충분히 이야기를 나누었으니 거수로 결정하겠습니다. 가해자라고 생각한 친구가 25명, 방관자라고 생각한 친구가 6명이므로 가해자로 분류하겠습니다.

이런 방법으로 등장인물의 독백을 분석하며 토론을 거쳐 가해자와 방관

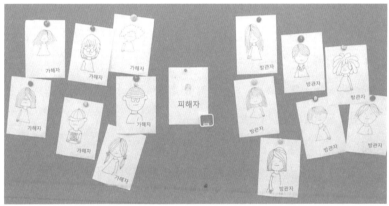

자로 분류해낸다. 그러고 나서 각각의 인물 사진에 준비한 가해자, 방관자라고 표시된 라벨을 붙인다. 이런 토론 과정으로 등장인물들의 감정을 깊이 있게 공감할 수 있다.

핫시팅은 각 인물의 역할을 나누어 질문과 답변으로 활동을 이어간다. 등장인물을 가해자, 피해자, 방관자로 나누고 역할을 맡을 학생들을 선정한다. 각각의 역할을 맡은 학생들은 예상 질문을 생각하고 주인공에 몰입하여 답변을 준비한다. 질문자들은 세 그룹의 역할을 맡은 학생에게 질문할 것들을 준비한다. 각각의 역할에 맞는 질문과 답변 준비가 끝나면 역할자들은 세 구역으로 나누어 앉는다. 질문자들은 세 그룹으로 나누어 각 역할을 맡은 학생들에게 질문을 한다. 한 차례의 활동이 끝나면 각 역할을 맡은 학생들은 그대로 앉아 있고 질문자들은 옆으로 이동한다. 다시 두 번째 질문과 답변을 이어가며 활동을 진행한다. 두 번째의 활동이 끝나면 다시 세 번째 활동을 이어간다. 이렇게 3차례의 활동을 이어가면 모든 역할을 맡은 학생에게 세 그룹의 질문자들이 질문을 끝내게 된다. 역할을 맡은 학생들에게는 가장 인상 깊었던 질문이 무엇인지를 묻고, 질문자들에게는 가장 인상 깊었던 답변을 이야기하면서 정리한다.

학생들의 핫시팅 활동 안내 과정과 핫시팅 활동의 실제를 들여다보자.

교사　　　앞서 등장인물들을 피해자 1명, 가해자 7명, 방관자 7명으로 분류했죠! 이제 그 역할을 맡은 학생을 정해보도록 해요. 칠판에 붙은 등장인물의 역할을 원하는 사람은 종이를 가져가세요.

학생 1　　선생님, 피해자는 1명밖에 없는데, 그럼 1명이 해요?

교사　　　피해자를 원하는 사람이 있으면 더 해도 돼요.

학생들　　저요! 저요! 저요!

교사　　　그럼 피해자는 4명, 방관자 7명, 가해자 7명 이렇게 역할이 정해졌네요. 32명 중 나머지 14명은 질문자 역할을 맡으면 되겠네요. 그럼 각 역할을 맡은 사람끼리 모여서 피해자, 가해자, 방관자는 답변을 준비하도록 하고, 질문자들은 5명씩 모여서 의논하면서 질문을 준비하도록 해요.

학생 2　　선생님, 질문을 어떻게 준비해야 할지 모르겠어요?

교사　　선생님이 주는 활동지에 물어보고 싶은 것을 질문으로 만들면 되어요. 질문자끼리 의논하면서 만들어보아요.

학생 3　　선생님, 답변은 질문이 없는데 어떻게 만들어요?

교사　　예상되는 질문을 생각한 후 답변을 만드는 거예요. 답변 준비를 위한 활동지를 줄게요.

학생들은 교사가 만들어준 활동지에 예상 질문에 대한 답변과 질문을 준비한다. 이때 교사는 자신의 생각이 아니라 진짜 주인공의 심정으로 답변을 준비하도록 안내한다.

교사　　이제 활동을 시작할게요. 교실 정면에는 피해자, 우측 뒤는 가해자, 좌측 뒤는 방관자 역할을 맡은 학생들이 앉아주세요. 질문자 세 그룹은 각각의 역할자 앞에 위치해주세요. 이제부터 집중 인터뷰를 시작할게요. 질문자들은 돌아가며 질문을 해주시고 역할자도 돌아가며 답변을 해주세요.

질문자 1　　왜 선생님을 부르거나 소리를 지르지 않았어?

피해자　　가해자의 폭력 수위가 높아질 것 같았고, 버티기 위해서 소리를 내지 않았어. 경험상 선생님은 여건상 도와주기가 어렵다는 것도

◇◆◇ 핫시팅 활동 질문지 ◇◆◇

도서명	내 탓이 아니야	저 자	레이프 크리스티안손
		출판사	고래이야기
활동명	핫시팅 활동	학번( ) 이름( )	

대상자	질 문 지
가장 감명 깊은 답변	

〈질문자들이 질문을 준비하는 활동지〉

◇◆◇ 핫시팅 활동 답변지 ◇◆◇

도서명	내 탓이 아니야	저 자	레이프 크리스티안손
		출판사	고래이야기
활동명	핫시팅 활동	학번( ) 이름( )	

대상자	예상 질문	답변 준비
피해자	1.	
	2.	
	3.	
	4.	
	5.	
	6.	
	7.	
	8.	
	9.	
	10.	
가장 감명 깊은 질문		

〈피해자들이 답변을 준비하는 활동지〉

◇◆◇ 핫시팅 활동 답변지 ◇◆◇

도서명	내 탓이 아니야	저 자	
		출판사	
활동명	핫시팅 활동	학번( ) 이름( )	

대상자	예상 질문	답변 준비
방관자	1.	
	2.	
	3.	
	4.	
	5.	
	6.	
	7.	
	8.	
	9.	
	10.	
가장 감명 깊은 답변		

〈방관자들이 답변을 준비하는 활동지〉

◇◆◇ 핫시팅 활동 답변지 ◇◆◇

도서명	내 탓이 아니야	저 자	
		출판사	
활동명	핫시팅 활동	학번( ) 이름( )	

대상자	예상 질문	답변 준비
가해자	1.	
	2.	
	3.	
	4.	
	5.	
	6.	
	7.	
	8.	
	9.	
	10.	
가장 감명 깊은 답변		

〈가해자들이 답변을 준비하는 활동지〉

알고 있기 때문에….

질문자 2   선생님을 부르지 않은 이유가 뭐야?

방관자   일이 더 커질 것 같았고, 또 내가 제2의 피해자가 될까 봐….

피해자도 방관자도 일이 커질까 두려워하며 문제를 해결하는 데 교사가 큰 도움이 되지 않는다고 생각하고 있었다. 교사를 신뢰하지 않는다는 점이 교사로서 반성이 되며 가슴이 아팠다. 이런 활동을 통해 교사도 학생도 다른 사람의 입장에서 이해하고 해결 방안을 모색해본다는 점이 좋았다.

질문자 3   네가 피해자라면 어땠을 것 같아?

가해자   선생님에게 빨리 이야기했을 거예요. 왜냐하면 폭력은 결코 피해자 혼자 해결할 수 없기 때문이예요.

가해자 학생의 대답은 의외였다. 피해자들이 보복이 두려워 선생님에게 이야기하지 못할 것이라고, 또 선생님에게 이야기해도 선생님이 해결해주지 못할 것이라고 생각한 것과는 다르게 가해자 학생은 학교폭력의 실마리를 선생님에게서 찾겠다고 대답했다. 이는 가해자가 여전히 어른들이나 선생님에게 알려지는 것을 제일 두려워하고 있다는 것을 보여준다. 모든 문제가 그렇지만 피해자들이 신고 후에도 안심할 수 있도록 하는 노력이 필요하다고 생각한다.

교사   이제 피해자에게 질문했던 그룹은 시계 반대 방향으로 돌아서 가해자들에게 2차 인터뷰를 진행해주세요. 모두들 시계 반대 방향으로 한 칸씩 이동해주세요.

이렇게 3차까지 진행한다. 한 학급에 대개 30명 정도이므로 역할자들을 여러 명으로 나누어 진행했다. 입장이 같은 친구들이 여러 명이 있어서 답변의 부담은 적었으나 자기 역할에 좀 덜 몰입하게 되었다. 여러 명이다 보니 질문과 답변이 단답으로 이어지는 경우가 많았다. 3차례를 돌아가며 하다 보니 같은 질문이 반복되는 경향도 있었다. 또 너무 취조하는 듯한 질문 때문에 답변하는 역할을 맡은 친구들이 약간 당황하는 경우도 있었다. 또한 다른 친구들의 질문과 답변을 모두 들을 수 없다는 단점도 발견되었다. 30명의 학생과 밀도 있는 수업을 진행하는 것이 늘 고민이다.

다음은 핫시팅 활동을 위한 질문과 답변 활동 결과지 예시이다. 무엇보다 다툼이 잦은 1학년 학생들인데 핫시팅 활동 때문일까 학급에 사소한 갈등이 생겨날 때 스스로 잘 해결해가는 모습을 보여준다.

도서명	내 탓이 아니야	저 자	레이프 크리스티안손
		출판사	고래이야기
활동명	핫시팅 토론활동	(	).)
대상자		질 문 지	
가 해 자	피해자 학생도 당신과 같은 아인인데 어떤 이유로 폭력을 가했나요?		
방 관 자	왜 선생님이나 부모님께 알리지 않았나요?		
가 해 자	당신은 당신이 누군가를 해칠만한 자격이 있다고 생각하시나요?		
피 해 자	누군가가 당신에게 폭력을 가했을때 왜 가만히 있었나요?		

활동 후 가장 인상 깊었던 질문이나 가장 인상 깊었던 답변 등을 함께 나눈다.

다. 그림책 공감 활동 후 이어가는 다양한 토론 활동

토론 활동을 위한 논제는 개인 질문에서 모둠 질문으로, 모둠 질문에서 학급 대표 질문으로 수렴해가는 방식으로 진행하면 된다.[*]

학생들이 만든 대표 질문은 적합한 토론 논제로 다듬어가는 과정이 필요하다. 만약 선정된 대표 질문이 토론을 진행하기에 적합한 논제가 아닐 경우 학생들과 논제에 대한 학습을 잠시 진행할 수 있다. 학습을 한 후 학생들의 질문과 응답으로 논제를 수정해야 한다. 이때 이 논제를 처음 낸 학생이 먼저 수정해보도록 기회를 주는 것이 좋다. 그다음 추가로 다른 학생들이 의견을 내어 논제를 다듬어간다. 학생들은 적합한 논제에 대해 학습하고 나면 자신들이 만든 질문을 매우 잘 수정한다. 교사도 늘 학생들을 믿고 기회를 주는 것이 학생과 함께 성장할 수 있다고 생각한다.

다음은 학생들이 만든 논제의 예시이다.

1. 방관자도 가해자이다.
2. 학교폭력 현장을 보았을 때 그냥 방관하는 것은 죄이다.
3. 직접 해를 가하지 않은 방관자도 처벌을 받아야 한다.
4. 방관자는 자신이 피해자가 될 우려가 있어도 피해자를 도와야 한다.
5. 학교폭력에 어른과 국가의 개입은 필요한가?

---

[*]   앞서 다른 사례에서 다양한 방식으로 제시되어 있다.

6. 학교폭력 현장을 보았을 때 피해자를 도와주어야 할까?

7. 자살은 가해자와 피해자 중 누구의 책임이 더 큰가?

학생들과 만든 질문에 따라 다양한 토론을 적용할 수 있다. 앞의 1~4번은 성격상 찬반 토론으로 진행할 수 있는 논제이다. 5번은 어른의 개입과 국가의 개입이라는 두 개의 논제라 찬반 토론으로 진행하고자 한다면 하나의 중심 논제로 바꾸어야 한다. 6번과 같이 어느 한쪽을 택해야 하는 성격의 논제라면 두 마음 토론 방식을 적용할 수 있다. 만약 여러 개의 논제가 다 이야기해볼 만하다면, 모둠별로 각각의 다른 논제로 토론을 할 수 있는 월드카페 토론 방식을 적용할 수도 있다. 교사는 학생들이 만든 논제가 어떠한 토론 방식에 적합한지 고려하여 다양한 토론 방식을 진행시킬 수 있다. 만약 논술평가까지 진행하고 싶다면 자기 생각을 분명하게 주장할 수 있는 찬반 토론 방법을 권한다. 나는 위 1~4번 논제로 찬반 토론을 진행하고 논술평가까지 진행했다. 다른 장에서 찬반 토론을 다루고 있어서 여기서는 생략했다.

그림책 『내 탓이 아니야』를 읽고 브레인라이팅 토론으로 진행할 수도 있다. 그림책을 읽고 나서 자연스럽게 그럼 '누구의 탓일까?', '학교폭력의 문제점과 해결 방안은 무엇일까?' 등 다양한 주제로, 다양한 생각을 종이에 어떠한 제약도 없이 자유롭게 적는 브레인라이팅으로 간단하게 토론 활동을 할 수 있다.

앞으로 전개될 활동은 도덕 교과 역량인 윤리적 성찰 및 실천 성향을 기르기 위해 학교폭력의 원인과 문제점을 진단하고, 해결을 위한 실천 방안을 구체적으로 제시하는 정리 활동이라고 할 수 있다. 이때 학교폭력의 원

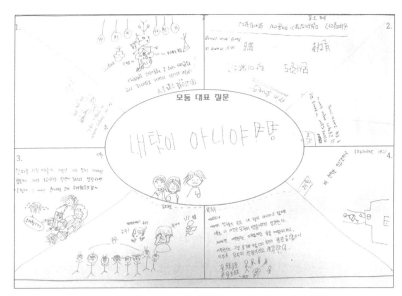

'내 탓이 아니야! 그럼 누구의 탓일까?' 에 대한 토론 과정

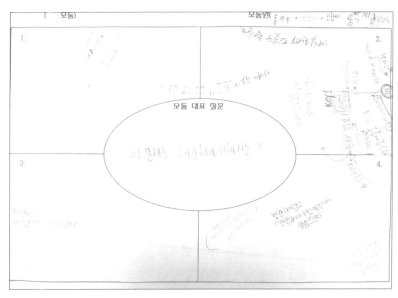

'학교폭력 왕따의 문제점과 해결 방안은 무엇일까? 그리고 이 문제를 해결하기 위해서는?'

인, 문제점, 해결 방안에 대한 다양한 의견을 수렴하는 활동으로는 피라미드 토론을 적용할 수 있다.

피라미드 토론의 방법은 다음과 같다.

1. 학생들에게 개인당 A4 색지 3장을 나누어준다. A4 색지를 3면으로 접어 자른다.(학생들에게 나누어주고 자르라고 할 수도 있고 직접 잘라서 나누어 줄 수도 있다) 잘려진 3장에 의견을 한 개씩 3개를 적는다.
2. 자신과 어깨 짝의 각 3장을 모아 6장을 놓고 1:1 토론을 거쳐 3장을 선정한다.
3. 2명이 고른 각 3장의 의견을 모아 6장을 놓고 2:2 토론을 거쳐 다시 3장을 선정한다.
4. 2:2 토론 즉, 4명이 토론을 거쳐 선정한 3장과 다른 팀 3장의 의견을 모아 6장을 놓고 4:4 토론을 진행하여 3장을 선정한다.
5. 이렇게 1:1, 2:2, 4:4로 토론이 순차적으로 진행되면서 의견이 수렴되어 가는 방법이다.
6. 이처럼 많은 의견이 토론을 거쳐 모아져 올라간다고 해서 피라미드 토론이라고 한다.

본 수업 과정에서는 학교폭력의 원인, 문제점, 해결 방안을 모두 피라미드 토론을 거쳐 수렴했고 이렇게 모은 3가지 의견을 전지에 그대로 붙여서 정리했다.

　피라미드 토론 과정에서 나온 의견들을 위의 사진과 같이 전지에 정리할 수도 있다.

　실천 의지를 키우는 활동이 더 필요하다면 역시 피라미드 토론을 통해 학교폭력예방선언문을 작성해보아도 좋다. 각자 쓴 선언문을 어깨 짝 두 명과 토론을 거쳐 하나로 좁히고, 또 모둠 안에서 4명이 토론을 거쳐 하나

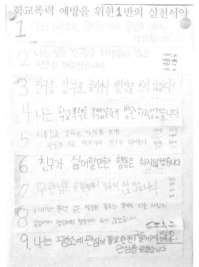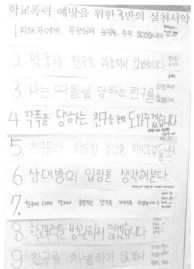

로 좁혀 놓는다. 그리고 4명이 하나의 선언문을 공동으로 작성한다.

피라미드 토론을 거쳐 모둠에서 선언문이 선정되면 긴 종이에 옮겨 적고 끝에 서명을 한 후 앞에 나와 이구동성으로 선언문을 외치고 각 모둠의 선언문을 붙여서 학급 실천서약을 완성한다. 학교폭력에서 사실 대부분의 학생은 방관자이기 때문에 방관자의 입장에서의 실천 방안에 대한 의견이 가장 많이 모아졌다. 각 반의 학교폭력 예방을 위한 실천서약은 복도에 게시한다.

피라미드 토론은 각자의 의견을 적어 놓고 토론을 진행하기 때문에 누구나 자신의 의견을 이야기할 수 있는 공평한 기회가 주어진다는 장점이 있다. 토론 과정에서 대개는 목소리가 크거나 주장이 강한 사람의 의견이 더 집중적으로 반영된다. 피라미드 토론은 이런 점을 보완할 수 있다.

또 하나의 장점은 수렴하고자 하는 의견에 대해 3개의 카드를 작성한다는 점이다. 한 사람당 하나의 의견이 아니라 3개의 의견을 내기 때문에 의견이 풍부해진다. 선정되는 의견도 6개 의견 중 3개를 뽑는다는 점에서 자신의 의견이 모두 선정될 수도 있고 모두 선정되지 않을 수도 있다. 물론 하나의 의견만으로도 피라미드 토론을 할 수 있지만, 대부분은 3개의 의견을 제시하면서 토론을 진행한다. 왜냐하면 다양한 의견을 좁혀나가 가장 최선의 의견을 선정해가는 것이 이 토론의 목적이기 때문이다.

다음은 그림책(내 탓이 아니야) 토론 활동을 하고 나서 한 학생이 작성한 소감이다.

> 배운 점은 그림책으로 한 가지의 주제를 이렇게 여러 가지로 생각할 수 있어서 사람들이 생각하는 것이 다르다는 것을 알게 되었다. 감정카드게임으로 주인공의 마음을 잘 알 수 있었다.
>
> 느낀 점은 그림책을 읽고 나는 가해자, 방관자는 물론 피해자도 잘못이 있다는 것을 깨달았다. 피해자는 아무에게도 도움을 요청하지 않았다. 물론 가해자에게 보복을 당할 수 있어서 도움을 요청 안한 거 일수도 있다고 느꼈다.
>
> 실천할 점은 나는 피해자처럼 당하지 도 않을 거고, 가해자처럼 누군가에게 상처를 주지도 않을 것이고, 방관자처럼 지켜만 보지도 않을 것이다. 앞으로 누군가에게 따돌림을 당하거나 맞고 있거나 그런 상황이 눈앞에 있다면 그 피해자 대신 내가 아니 우리가 신고해줄 것이다.

　앞에서 소개한 그림책 토론 수업 사례는 '[9도02-07] 폭력의 결과를 상상해보고 그 속에 내재한 비도덕성을 지적할 수 있고, 일상생활에서 일어나는 폭력 상황에 민감하게 반응하고 대처하는 능력을 가질 수 있다'의 성취기준에 맞추어 설계되었으며 수업을 통해 도덕 교과 역량인 자기존중과 관리 능력, 도덕적 사고 능력, 도덕적 대인 관계 능력, 도덕적 정서 능력, 도덕적 공동체 의식, 윤리적 성찰 및 실천 성향을 기르고자 한다.

　그림책은 그림과 간단한 글줄들이 많은 생각을 하게 하여, 수업의 전개가 무궁무진하게 펼쳐질 수 있다. 이러한 활동을 통해 도덕적 대인관계 능력에 해당하는 다른 사람의 관점 채택하기나 도덕적 갈등 해결하기 등의 기능을 익히게 된다. 또한 무엇보다 이 그림책 공감 토론 수업을 통해 도덕적 의사소통 능력인 공감 및 경청하기나 다양한 방식으로 의사소통하기 기능이 향상될 것이라고 생각한다. 마지막으로 이 수업을 통해 기르고자 하는 것은 도덕적 정서 능력에 해당하는 도덕적 정서 이해 · 표현 · 조절하기와 해약금지 능력에 해당하는 행위 결과 상상하기와 책임감 있게 행동하기의 기능을 높이는 데 있었다.

　마지막의 학교폭력예방을 위한 실천서약 활동은 실천 방법 탐구하기와 실천 의지 함양하기의 기능을 기르고자 했다.

　평가 방법으로는 논술 평가, 발표, 토의 · 토론, 포트폴리오, 자기평가, 동료평가, 교사 관찰 평가를 적용할 수 있다.

이 책은 경기도토론교육연구회 소속 12명의 교사가 그동안 실천한 것을 정리한 토론 교육의 결과물입니다. 토론이라는 인연으로 만나 서로 의지하고 함께 배우면서 성장했습니다. 그리고 학생들과 함께 토론하면서 생각하는 학생, 좀 더 상식이 통하는 민주적인 사회를 꿈꿀 수 있어서 행복했습니다. 그래서 앞으로도 우리는 학생들과 토론의 끈을 놓치 않으려고 합니다.

토론은 어렵다는 편견이 있습니다. 선생님들이 연수나 관련 도서를 통해 많이 배우고 난 후 수업에 토론을 적용하려고 합니다. 아직 배움이 부족하다고 느껴 선뜻 수업에 적용하기 힘들어합니다. 하지만 배움에는 끝이 없기 때문에 배우기만 하다 보면 실천하기가 어렵습니다. 배운 내용을 바로 적용하면서 내 것으로 만드는 과정이 필요합니다. 토론을 실천하고 적용하며 성장하는 교사가 되기를 바랍니다 여러 선생님의 성장 과정에 이 책이 작은 도움이 되었기를 희망합니다.

참고 문헌

• 경기도교육청(2017), 「책 읽는 교실 함께하는 독서토론」

• 경기도교육연수원(2016), 「토론으로 만드는 참여와 소통의 학생중심수업」

• 교육부(2015), 과학과 교육과정, 교육부 고시 제2015－74호 [별책 9]

• 교육부(2015), 국어과 교육과정, 교육부 고시 제2015－74호 [별책 5]

• 교육부(2015), 도덕과 교육과정, 교육부 고시 제2015－74호 [별책 6]

• 교육부(2015), 사회과 교육과정, 교육부 고시 제2015－74호 [별책 7]

• 교육부(2015), 수학과 교육과정, 교육부 고시 제2015－74호 [별책 8]

• 교육부(2015), 실과(기술가정) 정보과 교육과정, 교육부 고시 제2015－74호 [별책 10]

• 교육부(2015), 음악과 교육과정, 교육부 고시 제2015－74호 [별책 12]

• 교육부(2015), 초·중등학교 교육과정 총론. 교육부 고시 제2015－80호 [별책 1]

• 교육부(2017), 2015 개정 교육과정 총론 해설(고등학교)

• 권현숙 외(2018), 『생각이 자라는 그림책 토론 수업』, 학교도서관저널

• 권현직(2007), 『재미있는 수학 이야기』, 가나출판사

• 김혜진 외(2017), 『토론 그림책 365』, 학교도서관저널

- 낸시 C. 안드리아센(2006),『천재들의 뇌를 열다』, 허원미디어
- 다니구치 에리야(2016),『라퐁텐 우화 1』, 황금부엉이
- 박재현(2018),『교육토론의 원리와 실제』, 사회평론아카데미
- 신광재 외(2011),『토론을 알면 수업이 바뀐다』, 창비
- 신광재 외(2013),『즐거운 토론 수업을 위한 토론교과서』, 창비
- 오스틴 J. 프릴리 외(2018),『논증과 토론:합리적인 의사 결정을 위한 비판적 사고』, 사회평론아카데미
- 유동걸(2012),『토론의 전사 2 – 디베이트의 방법을 찾다』, 해냄에듀
- 이광우 외(2015),「2015 개정 교과교육과정 시안개발연구」, 국가교육과정각론조정연구, 한국교육과정평가원
- 이선영(2011), '토론 교육 내용 체계 연구－초 · 중 · 고 토론대회 담화 분석을 바탕으로', 서울대학교대학원 박사 논문
- 임정진 글, 이혜주 그림(2015),『공연을 보러 갔어요』, 산하
- 에르디아토론디자인연구소(2016), 책함성 독서토론 워크북(v.4.1)
- 전성수(2012),『부모라면 유대인처럼 하브루타로 교육하라』, 예담프렌드
- 정문성(2017),『토의토론 수업방법 84』, 교육과학사
- 조셉 윌리엄스 외(2008),『논증의 탄생』, 홍문관
- 조월례 외(2013),『북북서로 진로를』, 나무늘보
- 현은자 외(2004),『그림책의 그림 읽기』, 마루벌
- EBS 왜 우리는 대학에 가는가 제작팀(2015),『우리는 왜 대학에 가는가』, 해냄
- Copeland, M.(2005). *Socratic Circles: Fostering Critical and Creative Thinking in Middle and High School*. Portland, ME: Stenhouse Publishers.
- Victor J. Moeller and Marc V. Moeller.(2015). *Socratic Seminars in Middle School: Texts*

and *Films That Engage Students in Reflective Thinking and Close Reading*. New York, Routledge.

- Wanda H. Ball and Pam Brewer.(2000). *Socratic Seminars in the Block*. Larchmont, Eye On Education.

학급긍정훈육법 실천편

PD 코리아 지음

한국 교사들이 학급긍정훈육법(PDC)을 실천하고 적용해본 이야기를 담았다. 한국 교실의 사례를 담은 최초의 책으로 마치 '내 교실', '내 이야기' 같은 생생함과 공감을 느낄 수 있을 것이다.

리질리언스   ★ 2018 세종도서 교양부문

천경호 지음

현직 교사인 저자는 '어떻게 하면 아이들이 역경을 성장의 밑거름으로 삼도록 도울 수 있는지', 아이들에게 리질리언스를 키워주려면 가정과 사회가 어떤 노력을 해야 하는지 이야기한다.

교육학 콘서트

밥 베이츠 저 / 사람과교육 번역연구팀 지음

소크라테스, 플라톤, 아리스토텔레스에서 듀이, 비고츠키, 몬테소리, 가드너, 드웩, 블룸 등 고대에서 현대에 이르는 백여 명의 사상가와 그 이론과 모델을 구체적인 도표와 다양한 사례로 쉽게이해할 수 있다.

교사, 여행에서 나를 찾다   ★ 2019 세종도서 교양부문

차승민 지음

마흔 넘어 여행을 시작한 현직 교사의 여행 이야기이면서 동시에 교육 이야기인 이 책을 통해서 여행을 떠나야 하는 자신만의 이유와 여행을 떠나는 작은 용기를 얻을 수 있을 것이다.

서준호 선생님의 토닥토닥

서준호, 노동현 지음

"괜찮아요." "완벽하지 않아도 돼요." "잘하고 있어요." 교실과 학급, 수업, 학생, 학부모, 학교 내관계 그리고 업무까지. 고민하고 아파하는 교사들에게 건네는 따뜻한 위로와 부드러운 조언.

나랑 너랑 우리랑

박광철, 박현웅, 임대진, 공창수, 황정회, 정유진 지음

건강한 관계는 평화롭고 행복한 교실의 시작과 끝이다! 첫 만남의 순간부터 헤어짐의 순간까지일 년 동안 학급에서 건강한 관계를 맺고 유지하고 회복하는 데 도움이 되는 활동을 소개한다.

그림책 토론

권현숙, 김민경, 김준호, 백지원, 조승연, 조형옥 지음

누구나 쉽고 재미있게 생각과 감정을 나눔으로써 토론이 재밌어지고, 수업이 즐거워진다. 책 선정에서 읽는 방법, 실제 수업 이야기까지 그림책 토론을 해보고 싶은 교사를 위한 친절한 가이드

민주학교란 무엇인가

이대성, 이병희, 이지명, 이진희, 최종철, 홍석노 지음

민주학교의 길을 먼저 걸어간 저자들이 민주적인 구조와 과정을 실천하는 학교문화 속에서 민주시민교육을 핵심 교육과정으로 민주시민을 양성하는 '민주학교'가 무엇인지를 보여준다.

그림책, 교사의 삶으로 다가오다

김준호 지음

저자는 개인의 삶과 교사로서의 삶을 그림책을 통해 돌아보고 성찰한다. 학교와 교실에서 필요할 때마다 공감과 위로, 지혜와 통찰을 준 그림책이 자신에게 가져온 변화를 나눈다.

아마도 난 위로가 필요했나보다

이의진 지음

'학교'라는 직장으로 출근하는 교사이며, 가족들의 끼니를 걱정하고 집안일을 챙기고 자녀의 육아에 힘쓰는 엄마와 아내이기도 하며, 또 때때로 딸과 며느리로 살아가는 당신의 이야기.

그림책 생각놀이

그림책사랑교사모임 지음

기억 놀이에서 창의 놀이까지 그림책을 읽고 나서 할 수 있는 생각놀이를 소개한다. 그림책을 처음 접하는 사람도 쉽게 이해하고 활용할 수 있도록 친절하게 안내한다.

격려 수업

김성환 옮김

지금 겪고 있는 문제를 해결하도록 돕는다. 무엇보다 용기를 잃고 낙담한 자신에게 용기를 준다. 주위 환경을 탓하고 자신을 비난하는 것이 아니라 어떻게 노력하여 성장하는지에 초점을 둔다.

격려 수업 워크북

린 로트, 메릴린 켄츠, 드루 웨스트 지음 / 김성환 옮김

새로운 사람처럼 생각하고 느끼고 행동하게 하는 아들러 심리학에 기반한 8주간의 '격려 상담' 당신이 겪고 있는 문제와 관련된 정보를 찾고 그로부터 그 문제를 해결하도록 돕는다.

초등교육실습운영시스템

김동민, 고은별, 김호정, 노진영, 안나, 정호중, 정유진 지음

교육실습생과 지도교사에게 꼭 필요한 교육내용과 효과적인 교육 방법, 지원체계 등을 통합해 '교육실습운영시스템'을 체계화했다. 교육실습에 필요한 운영 서식과 지도안, 큐시트도 수록했다.